지구지역 시대의 문학경계

* 이 학술총서는 정부(교육과학기술부)의 재원으로 한국학술진흥재단의 인문한국지원사업 지원을 받아 발행되었음(KRF-2007-361-AL0015).

탈경계
인문학
학술총서 1

지구지역
시대의
문화경계

| 이화인문과학원 편 |

이화여자대학교출판부

지구지역 시대의 문화경계

펴낸날 1판 1쇄 2009년 8월 14일
엮은이 이화인문과학원
펴낸이 최민숙 | **펴낸곳** 이화여자대학교출판부
주소 서울특별시 서대문구 대현동 11-1(우 120-750)
등록 1954년 7월 6일 제9-61호
전화 02) 3277-2965, 2966(편집기획)
02) 3277-3164, 362-6076(경영지원)
팩스 02) 312-4312 | **전자우편** press@ewha.ac.kr
인터넷서점 www.ewhapress.com
디자인 정혜진
찍은곳 한영문화사

ISBN 978-89-7300-835-3 94300
ISBN 978-89-7300-834-6(세트)

값 15,000원

| 발간사 |

〈탈경계인문학 학술총서〉는 이화인문과학원이 수행하고 있는 한국학술진흥재단 인문한국(HK) 지원사업인 '탈경계인문학의 구축과 확산'을 위해 기획된 출판 사업이다. 이화인문과학원은 기존의 인문학이 오늘날의 사회문화적 변화를 해석하고 새로운 비전을 제시하는 데 한계가 있음을 비판적으로 성찰하면서, 새로운 인문학의 방향으로 '탈경계인문학'이라는 개념을 제안했고, 한국학술진흥재단 2007년 선정 인문한국연구소로서 '탈경계인문학'을 구축하고 확산시키는 프로젝트를 수행하고 있다.

오늘날 우리는 그 어느 때보다 문화적 경계들이 빠르게 해체되고 재편되는 변화의 시대를 살고 있다. 국가를 넘나드는 사람들의 언어와 문화 간에는 다양한 교차와 혼종이 이루어지고 있으며, 디지털 기술에 기반을 둔 매체의 발전은 시간과 공간의 제약을 뛰어넘어 새로운 언어와 상상력의 공유를 가능하게 하고 있다. 이런 변화의 주체 역시 '중심'에서 '주변'의 다중성으로 확대됨으로써, 이제 기존의 경계를 넘어서는 탈경계적 문화 변동은 우리 삶의 중요한 근간이 되었다.

탈경계인문학은 이러한 시대적 문화 변동 과정에서 탈경계 문화 현상 속의 인간과 인간의 관계를 탐구하는 학문으로서, 구체적으로는 세계, 인간, 언어의 측면에서 지구지역성glocality, 젠더gender, 다매체multimedia에 대한 연구를 촉진하며 소통 · 공존 · 융합을 추구하는 인문 지식을 생산하고 있다. 방법론적으로는 대립과 갈등을 야기하는 '경계짓기'를 반성적으로 성찰하고, 인문학과 타학문, 학문과 일상을 잇는 모델을 개발하는 것을 목표로 한다.

이를 위해 탈경계인문학은 인문학 내 여러 학문 분과들의 유기성을 강화할 뿐만 아니라 인접 학문들, 즉 사회과학 분야, 예술 분야, 나아가 자연과학 분야의 학문들과도 유기성을 강화해 나가고 있으며, 기존의 인문학 연구 대상을 확장시켜 문화 전반을 연구 대상으로 삼고, 주변자와 소수자의 다양한 시각을 확보하여 탈경계의 지점들을 연구하고 있다. 또한 빠르게 변화하는 매체 환경에 대응하고 인간과 기술의 조화로운 발전 방안을 모색하고 미래 인간학 모형을 개발하고 있으며, 나아가 인문 지식의 현실성과 실용성을 강화하고 대중화와 현장화를 추구함으로써 학문과 삶을 연결해 나가고자 한다.

이러한 목표를 가지고 진행되는 탈경계인문학 연구의 성과를 학술총서로 출간하되, 이 학술총서는 매년 세 권의 책을 10년 동안 출판할 계획이다. 해마다 출판되는 세 권의 책은 각각 탈경계인문학의 핵심 주제인 '지구지역성', '젠더', '다매체'를 주제로 다루며, 각 주제는 10년 동안 연구를 발전시켜 나가면서 10권의 책으로 완성될 것이다.

〈탈경계인문학 학술총서〉가 새로운 인문학의 방향을 제시할 뿐 아니라 창조적이며 미래 지향적인 인문학을 선도하고 학문적 완성도를 발전시켜 나갈 수 있기를 기대하며, 〈탈경계인문학 학술총서〉 출판에 참여해 주신 모든 연구자의 노고에 감사드린다.

2009년 7월

이화인문과학원장 오정화

| 차례 |

발간사 5

서문 10

제1부 신자유주의 시대의 문화 풍경

지구화 시대 도시 중산층 개신교 신자들의 삶의 조건과 종교적 신념 _ 백소영 23

1. 교회 쇠퇴기에도 흥하는 교회는 있다?: 1990년 이후 수도권 · 신도시 지역 '복음주의적 초교파교회'의 부흥 23
2. 사회현상학적 방법론: 도시 중산층 개신교 신자들의 수평이동 현상을 인문학 텍스트로 옮겨오기 25
3. 도시 중산층 개신교 신자들이 말하는 수평이동의 변辯 30
4. 압바와 맘몬이 손에 손을 잡고: 신자유주의 지구 경제구조 속 교회의 생존 전략 37
5. 90년대형 교회들에게 남겨진 과제: 교회론의 지역적 표현 53

국제 혼인 이주 여성 피해 실태 연구 _ 차옥숭 58

1. 들어가는 말 58
2. 국제 혼인 이주의 발생 요인과 피해 이주 여성들의 인권 실태 61
3. 중개업소를 통한 결혼의 문제점과 실태 72
4. 한국 정부의 정책과 문제점 74

5. 다문화주의와 상호문화주의 77
6. 나오는 말 82

디지털 정보상품의 가치와 가격 : '버전 단위의 가치'는 성립 가능한가?
_ 강성윤 86
1. 들어가는 말: 문제의 제기 86
2. 논의의 대상과 특성 89
3. 논쟁의 진행과정에 대한 검토 92
4. 연구개발노동의 성격과 디지털 정보상품의 가치 96
5. 지적 재산권과 디지털 정보상품의 가격 103
6. 나오는 말 108

제2부 배제와 통합의 수사

다문화주의와 급진적 인권 _ 진은영 117
1. 들어가는 말: 세계화와 다문화 현상 117
2. 다문화주의 담론의 지형 119
3. 다문화주의와 인권 132
4. 급진적 · 집단적 열린 주체의 형성 139

민족 · 신화 · 영화 : 바이마르 공화국의 '프리드리히 대왕 영화'
_ 고유경 148
1. 들어가는 말 148
2. 독일 '민족 만들기'와 프리드리히 2세의 신화화 152
3. '프리드리히 대왕 영화'에 반영된 독일 민족주의 158
4. 나오는 말 175

해방 이후 우익 민족 담론의 공고화 과정 _ 김수자 180
1. 들어가는 말 180
2. 해방 후 민족 담론의 지형도 182

3. 이승만 정권의 민족 담론 장악 190
4. 민족 · 반공 담론의 결합 198
5. 나오는 말 204

제3부 경계의 문화, 문화의 경계

아시아계 이민의 확산과 미국 주도문화 세력의 경계짓기 고찰 _ 이선주 209

1. 들어가는 말: 아시아계 이민의 확산과 이민법 209
2. 모범 소수민족과 L.A. 폭동: 아시아계 이민자와 미국 주도 세력의 시각 차이 215
3. 이창래의 『네이티브 스피커』: 한국계 정치인과 미국 주도문화 사회의 견제 224
4. 나오는 말 233

유럽의 오리엔탈리즘에 대한 카프카의 문학적 유희 : 「만리장성 축조 때」에 나타난 중국 이미지를 중심으로 _ 김연수 238

1. 들어가는 말 238
2. 유럽의 오리엔탈리즘 담론과 카프카의 중국 연구 239
3. 카프카의 '만리장성'의 문화적 상징성 읽기 250
4. 나오는 말 266

'경계' 개념에 대한 문화기호학적 접근: 구별의 원리에서 교환의 메커니즘으로 _ 김수환 272

1. 들어가는 말: 탈경계의 시대와 경계 개념의 재고 272
2. 문화유형론과 경계: 안과 밖의 대립적 분할 275
3. 기호계의 이질성과 비대칭성: 중심과 주변의 동역학 282
4. 기호계의 경계: 이중언어적 교환의 메커니즘 292

찾아보기 299
저자 소개 302

| 서문 |

지구지역 시대의 문화경계

이 책에서는 사회 곳곳에 존재하는 다양한 '경계'들이 중첩되고 변형되면서 빠르게 변화하는 오늘날의 세계를 '글로컬리티glocality'라는 키워드로 파악한다. 오늘날 지구지역 시대에는 특정 지역, 특정 국가가 자문화의 고유성을 간직한다는 것이 불가능해 보이기도 한다. 노동 · 정보 · 상품 등의 자유로운 경계 이동으로 인해 문화 또한 자연스럽게 경계를 넘나들면서 잡종화 · 혼종화되거나, 새로이 창출되는 경향들이 나타나고 있어서, 이제 지리적 경계와 문화적 경계가 딱히 일치하지 않을 수도 있다. 지구화는 명과 암이 동전의 양면처럼 공존한다. 급속한 지구화에 따라 중심global은 강화되지만 지역local은 주변화 · 무력화無力化되기도 하기 때문이다. 지구화를 신자유주의 시장경제의 전면적 확장으로 보면, 인간의 자유로운 이동을 통해 인간 삶의 내용을 풍부하게 할 수 있다는 장점을 가지고 있기는 하지만, 국가/지역 간의 경제적 불평등을 악화시켜 인간을 더욱 피폐하게 할 수도 있기 때문이다. 이러한 지구화의 두 얼굴이 세계 곳곳에서 드러나고 있다.

그래서 '지역'은 '중심'에 '빨려들지 않기' 위해 오히려 국가/민족을 강조하는 한편 문화, 종교적 정체성을 배제와 통합의 기제로 적극 활용하며 지역공동체의 해체에 대한 불안감을 해소시키고자 하는 움직임들 또한 세계 곳곳에서 출현하고 있다. 이와 같은 긴장 관계 속에서 지구지역시대 각종 탈경계 문화 현상은 점차적으로 각 문화와 문화, 인간과 인간 사이에 소통의 필요성을 낳고 있다. 이러한 상황에서 우리는 기존의 인위적 · 문화적 경계들을 반성적으로 사유하고 그 함의를 철저하게 파헤침으로써, 소외되어 있는 다양한 사회적 존재들의 목소리를 공론의 장으로 이끌어 내고 이들 모두가 동등한 주체로서 상호 소통하게 만드는 대안적인 인문학을 모색해 보자는 문제 의식을 가지고, 지구성, 지역특수성, 문화중층성 등 일련의 다문화 현상과 시대적 문화 변동을 성찰 · 연구하여 하나의 결과물로 이 책을 발간하게 되었다. 구체적으로는 크게 두 가지 점에 주목해 보고자 했다.

첫째, 탈경계하는 사람들의 일상생활과 의식 및 문화에 대한 연구에 천착하여 디아스포라 문제에 초점을 맞추고, 이 범주 안에서 탈경계인의 문화적 정체성과 주도문화와의 관계를 고찰하여 문화 경계가 강화되거나 혹은 약화되는 현시점에서 문화 소통의 가능성을 보고자 했다. 그리고 세계 질서에 대한 기존의 유형론적 분류와 특정 담론의 문화적 콘텍스트를 분석하여 세계 이미지가 인간의 활동 방식을 조건짓는 상황을 비판적으로 고찰해 보고자 했다. 나아가 탈경계인들의 자문화 전통과 스스로 선택한 타문화 사이에 나타나는 문화적 경계짓기의 본질을 파악하여 문화 경계의 충돌 및 융합의 방향을 탐색해 보고자 했다.

둘째, 탈경계 시대 경계를 강화시키는 요인으로 작동하는 민족/국가, 종교 등의 문화적 정체성에 중점을 두어 민족, 국가의 개념 형성과 전개

과정을 지역사 및 세계사의 차원에서 고찰하여 문화 경계 현상에 대한 통찰의 단초를 마련해 보고자 했다. 이러한 문제 의식을 가지고 진행된 이 책은 3부로 구성되어 있다.

제1부 '신자유주의 시대의 문화 풍경'에서는 이른바 '지구화'의 확산으로 사회적 · 문화적 변모를 보이는 현대 한국 사회에 초점을 맞추어 신자유주의 시대의 풍경들을 종교적 차원, 국제 결혼으로 인한 다문화 사회 현상 차원, 경제적 차원에서 그려 보고 있다.

백소영의 "지구화 시대 도시 중산층 개신교 신자들의 삶의 조건과 종교적 신념"에서는 1990년대에 급성장한 중 · 대형 교회들에 출석하는 도시 중산층 개신교 신자들이 주로 수평이동한 신자들임을 밝히면서, 그들이 왜 수평이동을 하게 되었는지를 사회현상학적 방법론을 적용하여 그들 자신의 의미 해석을 인문학 텍스트로 옮겨와 분석한 독창적 연구라 할 수 있다. 1990년대 서울(수도권)이라는 삶의 공간과 조건이 전 지구적으로 확산되는 신자유주의적 자본주의 문화에 의해 지배되고 있었다는 것을 고려할 때, 동시성을 가지고 등장한 이 교회 유형에 대한 연구는 지구화 시대 문화 풍경의 일면을 보여 주고 있다고 하겠다. 이 연구는 그간 인문학이 연구 대상에 '대한' 지식인의 관찰이나 묘사였다는 점을 반성하며, 연구 대상 스스로 말하게 함으로써 텍스트의 경계를 허물고 생동하는 현장의 인문 지식을 생산해 내었다. 특히 이 연구는 단지 현상 분석으로 끝나지 않고 인문학자로서 현상 이면에 대한 성찰과 대안을 제시하고자 했다는 점에서도 의의가 있다.

차옥숭의 "국제 혼인 이주 여성 피해 실태 연구"에서는 1990년 후반 이후 지속적으로 증가하고 있는 한국의 '결혼 이주자' 그 중에서도 이주 여성들의 피해 실태를 중심으로 문제점과 원인을 살펴보고, 해결책을 모색하는 데 중점을 두고 있다. 피해 실태는 연구자가 직접 심층 면접 조사한 사례들을 중심으로 하고 있으며, 그 밖의 사례들을 참고로 구술사 분석을 연구방법론으로 택하여 심도 있는 연구를 진행시켰다. 구술사 분석을 통해 연구는 관찰자의 입장이 아닌 혼인 이주 여성들의 관점에서 경험을 생생하게 그려내 연구의 현장성을 담보해 냈다. 그리고 연구를 진행하면서 연구자는 혼인 이주 여성들이 하나의 논리로 단일화할 수 없는 다양한 삶의 경험을 지닌 주체라는 점을 분명히 밝히고 있다. 면접 지역은 공장이 없어 생산 기반이 약한 전라북도 전주 지역이며 면담 내용은 혼인 이주 여성들이 한국에 오게 된 동기와 기대, 그리고 한국에 와서 자신의 결혼을 어떻게 경험하고 해석하고 의미화하는지, 당면한 문제점이 무엇인지를 심층 면접하여 그들이 겪고 있는 고통뿐만 아니라 전반적인 혼인 이주 여성들이 안고 있는 문제점의 원인과 해결책을 모색한다. 또한 이 연구는 국제 혼인 이주 여성들의 피해 실태를 통해 한국형 다문화 사회의 법률적 · 정책적 현주소를 밝히는 것뿐 아니라 사회 통합의 관점에서 다문화 담론 및 독일형 상호문화주의 교육을 고찰함으로써 이후 한국 사회의 통합을 시도하고 있다는 점에서도 의의가 높다.

강성윤의 "디지털 정보상품의 가치와 가격: '버전 단위의 가치'는 성립 가능한가?"에서는 오늘날 자본주의 방식으로 가치 실현이 어려운 상품, 예컨대 디지털 정보상품의 가치를 맑스주의적 경제이론의 관점에서 논하면서 디지털 혁명이 초래한 변화가 신자유주의 세계화로 일컬어지는 오늘날의 자본주의에 어떤 영향을 미치고 있는가에 대해 풍부하고 심화된 분석을 제공하고 있다. 그는 "최근 진행되고 있는 '정보재 가치 논쟁'에 대한 비판적 검토를 통해 디지털 정보상품의 가치와 가격을 맑스주의 독점가격이론으로 설명하는 입장이 올바름을 확인할 수 있다"고 밝히고 있다. 정보기술 혁명이 초래한 많은 변화들 중 하나는 첫 번째 단위의 생산에는 많은 시간과 비용이 들지만, 두 번째 단위부터는 거의 무상으로 획득할 수 있는 재화들이 등장했다는 것이다. 소프트웨어, DVD, MP3 파일, e-book 등 디지털 형태로 생산되고 유통되는 이와 같은 재화들은 사실상 별도의 자본 투하 없이도 정상적인 복제, 즉 재생산이 가능하며, 따라서 복제 방지 장치나 지적 재산권 등의 법률적 강제를 통한 독점권 부여 등 인위적인 제한을 가하지 않을 경우 상품으로서 생산되고 소비되기 어려운 특성을 갖는다. 즉 지적 재산권이라는 인위적 장치를 통해서만 연구개발 노동은 투하 자본 가치의 보전과 이윤 획득의 원천으로 될 수 있으며, 디지털 정보상품의 문제는 이것이 극단적으로 나타난 형태라고 할 수 있다.

제2부 '배제와 통합의 수사'는 경계짓기의 과정에서 구현되는 '중심'의 다양한 전략들을 포착하고 그 극복을 모색함으로써 지구화에 어떻게 대처해야 할 것인가에 대한 고민과 역사적으로, 각 나라별로 배제와 통합의 기제로 활용된 민족이라는 신화가 어떻게 재현되고 공고화되었는가를 분석했다.

진은영은 "다문화주의와 급진적 인권"에서 문화적 다양성의 존중을 윤리적 · 정치적 원리로 제안하는 다문화주의 이론이 오히려 문화를 고정된 것으로 전제하고 각각의 문화 내부의 갈등을 무시함으로써 개인의 인권을 침해하는 전체주의적 이데올로기로 작용할 위험성이 있다는 도발적인 문제를 제기한다. 그는 지구화 시대에 유행하는 많은 '~주의ism'들과 개념들이 어느 정도는 방관적 수사들일 때가 많다는 점, 그리고 그것들은 우리가 타인이나 타문화에 대해 연민이나 호의, 혹은 존중감을 가지고 있음을 표현하는 수준에서만 작동하면서 실제로는 차별의 메커니즘을 방기하는 측면이 있다는 점에 착안, 연구를 진행했다. 그의 연구는 다문화주의가 여러 문화에 대한 존중이라는 부드러운 수사 아래 혹시 감추고 있을 수도 있는 배제와 일방적 통합의 경향을 검토하고 있다는 점에서 시사하는 바가 크다. 특히 이 연구는 다문화주의가 실질적으로 다른 문화에 대한 존중과 그에 기반한 다양한 문화의 공존을 실현하기 위해 고려해야 할 점들이 무엇인지에 대해 심층적으로 고찰하고 있다. 그는 다문화주의의 문제점을 해결하기 위해 많은 난점들을 내포한 보편적 인권 개념을 다시 불러들이기보다는 다른 해결책을 모색하고 있다. 그것은 상탈 무페의 민주주의에 대한 사유와 친화성을 지닌 '급진적 인권' 개념이다. 아울러 이 연구에서는 급진적 인권을 도입함으로써 성취되는 새로운 정치학의 가능성을 탐색하고 있다. 즉 이 연구는 다문화주의에 갈등과 투쟁의 모델과 열린 주체의 형성을 강조하는 개방적인 '급진적 인권' 개념을 도입함으로써 그 한계를 극복하고자 한 것이다.

고유경의 "민족·신화·영화: 바이마르 공화국의 '프리드리히 대왕 영화'" 연구는 역사 영화가 갖는 현실 정치적·이데올로기적인 함의와 그 사회적 영향을 분석함으로써 민족 신화가 문화적으로 재현되는 양상과 그 영향을 검토하는 데 있다. 사례로 선택한 독일 바이마르 공화국 시기의 '프리드리히 대왕 영화'는 보수 민족주의 세력에게 전유된 민족 신화가 향후 역사상 가장 극단적인 민족/인종 간 경계짓기의 비극을 초래한 나치즘의 심리적 지지 기반의 하나로 활용될 수 있었음을 예증한다. 이 연구에서 분석한 〈프리드리히 대왕〉, 〈노왕 프리츠〉, 〈상수시 궁전의 플루트 연주회〉는 제1차 세계대전 패전 이후의 위기 의식과 과거에 대한 향수, 영웅에 대한 갈망을 역사적 리얼리즘으로 치장함으로써 독일인들에게 프리드리히라는 통합의 구심점을 제공했으며, 그 이면에는 바이마르 독일이 당면한 고난을 초래한 가상의 '민족의 적'들에 대한 강력한 비판과 배제의 의도를 표출했다. 1929년의 대공황으로 인해 더욱 고조된 이러한 배제와 통합의 양상은 신자유주의가 초래한 새로운 경제 위기가 우리의 삶을 지배하는 오늘날 지구촌 곳곳에서 벌어지고 있는 또 다른, 다양한 '경계짓기'의 위험성에 대한 경각심을 불러일으킨다. 그리고 이 연구에서 분석 도구로 활용된 영화는 근대 이후 가속화된 매체 다원화 현상의 한 단면을 보여 주며, 나아가 오늘날의 변화된 문화 지형에서 매체가 경계를 '짓고', '넘는' 과정에서 수행하는 모종의 역할을 예고한다는 점에서도 주목할 가치가 있다.

김수자의 "해방 이후 우익 민족 담론의 공고화 과정"은 지구화 시대에도 여전히 공고하게 유지되고 있는 지역화의 위력을 민족/국가 정체성 형성 과정에서 작용하는 배제와 통합의 복합적인 기제를 통해 조명한다. 특히 이 연구는 한국 사회에서 민족 담론이 반공 · 근대화 · 산업화를 지향하는 보수 진영의 국가주의적 권력 담론으로 작동하기도 하지만 다른 한편으로는 통일 · 민주화를 지향하는 진보 저항 담론의 기제로도 활용되고 있다는 점을 놓치지 않고, 민족 담론이 가지고 있는 복합적 성격의 형성 배경과 그 과정을 분석해 내고 있다. 시기적으로 민족 담론은 해방 직후 '짧은 시기' 동안 일제 시기 민족해방운동을 전개한 민족운동 세력들의 전유물처럼 여겨졌으나, 신탁통치를 둘러싼 찬탁, 반탁운동이 전개되면서 민족 담론의 성격과 내용이 변화하기 시작했음을 밝혔다. 아울러 이 연구는 대한민국 수립과 한국전쟁이 민족 담론의 내용을 확실하게 역전시켰으며, 이후 우익 민족 담론은 반공과 결합, 공고화되었음을 밝힘으로써, 민족 정체성의 형성 과정에서 반공주의라는 강력한 배제의 이데올로기가 민족 통합의 기제로 얼마나 효과적으로 활용되고 있는지를 잘 보여 주었다.

제3부 '경계의 문화, 문화의 경계'에서는 급속히 증가하고 있는 다문화 사회 내에서 문제시되는 문화내적 경계, 혹은 서양과 동양 사이의 경계

및 문화 간 이미지에 대한 다양한 논의를 탈경계 시대 중요한 이슈가 되는 중심문화와 지역문화의 경계와 그들의 시각 등을 구체적인 문학작품을 통해 탈경계적 현상을 성찰할 뿐만 아니라, 다른 한편으로는 이러한 현상을 메타적인 차원에서 좀 더 본질적으로 파악하기 위해 '경계'의 개념을 문화기호학적으로 접근 · 분석했다.

이선주의 "아시아계 이민의 확산과 미국 주도문화 세력의 경계짓기 고찰"은 미국 주도문화 세력의 경계짓기에 의한 아시아계 미국인의 경제적 · 문화적 지위 간의 괴리에 대해 연구했다. 그는 20세기 들어와서 급격히 팽창한 아시아계 이민의 확산이 가져온 미국의 경제적 · 사회적 여파를 고찰하고, 아시아계의 팽창을 우려하는 미국 주도문화 세력의 경계짓기와 변두리로 제한하기를 살펴보고 있다. 이를 위해 구체적으로 어떤 문제적 사안이 생겼을 때 아시아계 미국인의 시각과 미국 주류문화의 시각은 똑같은 사안에 대해 매우 다른 이야기를 하고 있음을 밝혔다. 두 입장의 시각 차이는 아시아인 특히 태평양 연안의 아시아 국가들을 지칭하는 모범 소수민족 담론에 대해 아시아계 미국인 학자와, 미국 주류사회 쪽의 전통적인 시각의 학자 간의 시각 차이에서 현격히 드러남과 또한 1992년 L.A. 폭동에 대해 한국계 미국인이 파악하는 당시의 상황과 문제점 인식이 미국 주류사회 쪽의 학자가 보는 시각과 중대한 차이가 있음을 밝혀냈다. 특히 이러한 이론적 논의를 구체적인 작품을 통해 점검해 보기 위해 이창래의 『네이티브 스피커』에서 한국계 미국인의 시각과 미국 주류사회의 시각 차이와 경계짓기를 살펴보았다. 그는 한국계 미국인으로 뉴욕 시장 후보자인 존 강이라는 인물이 품은 담대한 꿈과 노력과 좌초를 통해 미국 주도문화 세력의 경계짓기로 인해 오해와 배척을 받는 아시아계 미국인들의 문제를 심도 깊게 분석했다.

김연수의 "유럽의 오리엔탈리즘에 대한 카프카의 문학적 유희 : 「만리장성 축조 때」에 나타난 중국 이미지를 중심으로" 연구는 지구화의 확산으로 인해 문화 간의 경계를 넘나드는 문화 변동 현상을 구체적으로 문화 간의 상호 이미지, 예컨대 오리엔탈리즘에 주목하여 비판적으로 고찰했다. '오리엔탈리즘'이라고 하면, 이 논의를 활성화한 에드워드 사이드의 이론이 중요하게 언급되지만 그에 못지않게 그의 논리의 편협성을 비판하는 목소리도 큰 것이 사실이다. 이 연구에서는 오리엔탈리즘에 대한 좀 더 다원적이고 총체적인 접근을 위해 유럽의 오리엔탈리즘 담론을 살펴보았고, 이 맥락에서 카프카의 작품에 나타난 중국 이미지 분석을 토대로 유럽의 부정적인 오리엔탈리즘에 대한 카프카의 문학적 입장을 고찰했다. 이때 카프카가 중국 이미지의 하나로 작품에 도입하고 있는 '만리장성'의 문화적 상징성을 성찰해 봄으로써 장성이 긋고 있는 경계선에 투사된 이념적 · 문화적 차이와 긴장, 경계의 안과 밖, 중심과 주변의 관계에 대한 논의를 서양과 동양 사이의 경계로 생성된 오리엔탈리즘의 콘텍스트에서 교차시켜 보고 있다.

김수환의 "'경계' 개념에 대한 문화기호학적 접근: 구별의 원리에서 교환의 메커니즘으로"는 세계화가 몰고 온 탈경계적 문화 변동의 시대를 맞아 경계 개념 자체에 대한 좀 더 철저한 재검토가 필요하다는 문제 의식에 따라, 러시아의 문화기호학자 유리 로트만의 이론 중에서 '경계' 개념과 관련된 사유들을 면밀히 살펴보고, 이를 오늘날의 사회문화적 현실에 비추어 적극적으로 재해석해 보고자 시도한 연구이다. 안과 밖의 대립적 분할, 즉 포함/배제의 이분법적 원리를 따르는 초기의 경계 개념으로부터, 내적 이질성과 중심/주변 관계의 비대칭성 및 역동성을 원리로 삼는 기호계 semiosphere의 개념에 이르는 로트만 기호학의 발전 과정은 차별화와 정체성의 기초적 메커니즘이라 할 경계 개념에 대한 다면적 성찰을 잘 보여 준다. 대립적 분할의 원리로부터 창조적 변형과 혼종성을 가정하는 이중언어적 교환의 메커니즘으로 발전하는 로트만의 사유는 문화의 경계들의 횡단과 재구축을 둘러싼 현대적 (탈)경계 담론에 생산적인 시사점을 제공한다는 점에서 눈여겨볼 만하다.

2009년 7월
저자들을 대표하여
김수자 씀

제1부

신자유주의 시대의 문화 풍경

지구화 시대 도시 중산층 개신교 신자들의 삶의 조건과 종교적 신념 _ 백소영

국제 혼인 이주 여성 피해 실태 연구 _ 차옥숭

디지털 정보상품의 가치와 가격: '버전 단위의 가치'는 성립 가능한가? _ 강성윤

지구화 시대 도시 중산층 개신교 신자들의 삶의 조건과 종교적 신념*

백소영

1. 교회 쇠퇴기에도 흥하는 교회는 있다?: 1990년 이후 수도권 · 신도시 지역 '복음주의적 초교파교회'의 부흥

1990년을 전후로 서울 신개발 지역과 인근 신도시가 형성된 지역에 교회를 개척 혹은 이전하면서 그 규모가 급성장한 교회들이 있다. 자그마한 지하셋방 혹은 빌린 오피스텔에서 스무 명 남짓 첫 예배를 드린 것이 20년 내외였으나 이제는 주일 예배 참석 신도 수가 2천에서 많게는 4만을 육박하는 대형 교회로 발전하게 된 교회들이다. 연수가 짧다 보니 아직 창립 목회자 1세대인 경우가 많고, 혹은 본교회(모母교회)는 창립자가 담임을 하되 훈련을 받은 부교역자 주도 아래 별도의 지枝교회나 독립교회

* 이 글은 『탈경계인문학』 2호, 2009년 봄, 77-110쪽에 실린 연구 논문을 읽기 쉬운 언어로 풀어 다듬은 것이다.

로 분리되어 나간 사례가 상당수 있다. 이 교회들의 수적 증대는 기하급수적이어서, 심지어 2007년 한 교회는 더 이상 기존 신자들의 교인 등록을 허용하지 않는다는 목회 방침까지 정한 바 있다. 한국 개신교 전체를 볼 때 20세기 후반 수적인 면에서 상향곡선의 정점을 찍고 난 뒤 하향곡선으로 내리닫게 된 시점에, 그 대세와 상반되게 날로 커가는 이 새로운 교회들의 등장은 주목할 만한 현상임이 분명하다.

나는 이 범주에 속하는 교회들을 '90년대형 교회'로 부르려 한다. 물론 같은 특성을 공유하는 교회들이 2000년대에도 활발하게 개척되고 있지만, 기존 교회들과 구별되는 한 유형으로서 이 교회들은 대부분 1990년대를 시점으로 시작되었기 때문이다. 이 교회들은 교단적 배경을 가지고 있지만(주로 보수적인 예수교 장로회나 침례교단) 한국 개신교 선교 초기부터 강한 특성이었던 '교파주의denominationalism'적 교리를 강조하지는 않는다는 공통점을 지닌다. 대부분 교파에는 소속되어 있되 특정한 사회문화적 이슈나 종교적 모임에서 교파를 초월한 연대를 보여 주며 이를 활발히 추구하고 있다는 점에서 '초교파적trans-denominational'이라 하겠다. 스스로도 '네트워킹 사역' 혹은 '네트워킹 선교'라는 용어들을 즐겨 쓰듯이 교파를 초월하여 신앙·신학적 동의를 갖는 목회자 간 연대도 활발하고('교회갱신협의회', '한국목회자협의회' 등), 영미권의 유명 목회자 초청 집회나 음악(공연) 예배, 선교 집회 등을 함께 기획하고 잠실운동장 등 큰 시설을 빌려 함께 참여하거나 같은 성향의 세계적 집회에 목회자나 음악예배단을 파견하는 등, 신앙적 동의가 같은 교회 간의 교파를 넘나들고 가로지르고 초월하는 '초교파적' 특징을 보인다.

그런데 재미있는 것은 '90년대형 교회'들이 급성장한 상당 부분이 무신론자들의 회심보다 기존 교회 신자들의 수평적 대이동에서 비롯된 것이라는 점이다. 기존 교회를 다니던 교인들은 왜 이 새로운 '유형'의 교회들로 옮겨간 것일까? 이 교회들이 신도시, 신개발 지역에 몰려 있는 것을 보면 거주지 이전과도 무관한 일은 아니겠으나, 그게 다일까? 실제로 교회 출석자들 중 원거리 교인들이 오히려 더 많다는 사실은 이들을 '90년대형 교회'들로 끌어들인 다른 동인에 대한 궁금증을 불러일으킨다. 이에 대해 내부자적 목소리를 통해 이 현상의 의미를 이해해 보고 싶었다. 기존 교회에서 새로운 형태의 교회로 옮겨간 사람들, 익숙한 신앙공동체의 경계를 넘어간 사람들은 기존 교회에서 어떤 점들이 채워지지 않았고 새로운 교회에서 무엇을 기대 혹은 경험하고 있는지를 직접 들어보고 싶었다. 또한 1990년대라는 시점이 신자유주의적 자본주의 제도와 문화가 전 지구적 차원에서 강조되고 있던 시점임을 상기할 때, 이 시기 신자들이 경험한 그들의 삶의 조건이 '대이동' 현상과 어떻게 맞물려 있는지, 그들이 어떠한 종교적 신념에 의미를 부여하게 되었는지를 분석 · 평가해 보고 싶었다. 지구 역사상 처음으로 도시 인구가 농촌 인구보다 더 많아지게 되었다 한다. 특히 서울과 신도시 주변은 인구 집중 비율이 전체 인구의 절반을 육박하는—마이크 데이비스Mike Davis의 표현으로는 "뉴욕에 버금갈 비참함과 화려함이 공존하는 거대 자본주의 메트로폴리스"(데이비스, 2007 : 8)인—공간이다. 이 공간에서 진행된 중산층 개신교 신자들의 '90년대형 교회'로의 이동 현상은 지구화 시대 인간의 삶의 조건과 신념의 맞물림을 보여 주는 문화 풍경의 한 모습이라고 본다.

2. 사회현상학적 방법론: 도시 중산층 개신교 신자들의 수평이동 현상을 인문학 텍스트로 옮겨오기

'탈경계인문학'이 추구하는 지향점 중 하나는 문서 텍스트를 '넘어' 현장을 '인문학 텍스트'화하는 작업이다. 이를 위해 궁극적으로는 사회과학적 방법론과 차별성을 가지는 인문학적 방법론을 개발해야겠지만, 이제 막 그 고민을 시작한 시점에서 기존의 사회과학적 방법론을 적용해 보는 시도도 유의미하다고 본다. 현장 자료를 모으고 분석하는 과정에서 사회과학적 방법론은 이미 어느 정도 탄탄한 패러다임을 가지고 있기 때문이다. 나는 경험자 스스로가 경험한 현상을 설명하도록 하고 싶었고, 그래서 "자료를 만들어 내는 방법이 융통적이고, 자료가 창출되는 사회적 맥락에 더 관심을 기울이는"(메이슨, 2008 : 20) '질적 연구qualitative research' 전통을 따르기로 했다. 질적 연구가 무엇이냐? 양적 연구quantitative research와는 어떻게 구분되어야 하느냐? 이런 물음에 대해 그간 사회과학 내 많은 논의들이 있어 왔으나 아직까지 뚜렷한 합의가 도출되지는 않은 듯하다. 학자들은 이런 현상을 질적 연구의 특성 자체에서 찾고 있다. 즉 질적 연구는 단순한 기법들이나 특정 철학을 대변하는 것이 아니기 때문이라는 것이다. 자료 분석과 설명 방법의 복잡성과 세밀성, 맥락 이해가 주는 다양한 방법론들, 또한 왜곡이라는 의미에서가 아닌, 참여자요 적극적 해석자로서 연구자의 위치에 대한 긍정이 열어놓는 무수한 상황들은 결국 질적 연구에 단 하나의 왕도가 없음을 증명한다고 한다(메이슨, 2008 : 18-20). 이러한 특성들은 장점인 동시에 객관성이나 효율성, 명료성 등의 덕목에서 단점으로 작용할 가능성도 있지만, 개별자의 다양하고 깊은 의미의 문제를 담아내려는 인문학적 접근을 시도하려는 내게는, 인문학적 의도에 가장 근접한 사회과학 방법론 중 하나라고 생각되었다. 그 중에서도 사회현상학적 방법론으로 자료를 수집 · 분석했다. "평범한 사회 구성원들이 어떻게 일상 세계를 구성하고 의미를 해석 · 발전시키는지"(크레스웰, 2005 : 78) 집중적으로 연구하는 사회현상학을 통해, '종교적 인간들' 스스로가 자신들에게 의미 있는 것들을 직접 설명하게 하고 이를 '텍스트화'하고 싶었다.

사실 기독교 신학 2천 년을 돌이켜볼 때 주류 신학의 출발점은 상당 부분 사변적 교리 논쟁이었다. 물론 교리의 형성 배경이 실존적 경험과 투쟁 속에서 제기된 질문에 대한 답변들이었다는 점에서 현실과 유리되었다고 단언하기는 힘들 것이다. 하지만 그 경험이란 것이 서구 유럽의 남성, 소수 엘리트들의 경험이었고 자신들의 경험을 넘어서는 대상에 대해서는 타자화된 시각을 극복하지 못했다고 본다. 물론 1960년대 남아메리카의 현장과 경험에서 출발하는 신학적 시도들(대표적으로 구티에레즈Gustavo Gutierrez의 『해방신학*Liberation Theology*』)이 등장한 이래 현장을 신학적 본문으로 담아 오려는 움직임이 있어 온 것이 사실이지만, 이 역시 상당 부분은 현장과 그 안의 사람들에 '대한' 엘리트 신학자들의 서술이었다. 이러한 현실을 보면서, 나는 가능한 한 '종교적 인간들' 스스로가 자신들에게 의미 있는 것들을 설명하도록 열어놓고 싶었다. 그 때문에, 이미 많은 선입견을 가지고 있는 학자로서는 참으로 유혹이 컸음에도 불구하고, 정보 제공자의 목소리를 통해 현상을 이해하기 위해 자료 수집과 정리 과정에서 현상학에서 요구하는 '판단중지epoche'를 염두에 두려 노력했다. 그러나 범주화하고 분석 · 평가 부분에서야 어쩔 수 없이 연구자인 내 개인의 주관성이 어느 정도 반영되지 않았을 리 없음을 고백한다. 덕분에 이 글이 사회학적 논문이 아닌 인문학 냄새가 나는 글일 수 있기를 희망한다.

대상 선정 시, 현상을 경험한 사람들 중에서 선택하기 위해 '무작위 표본추출'을 피하고 사전 정보에 의해 조건 부합 대상과 접촉했다. 기독교인이 된 지 10년 이상 되는 교인으로, 다른 교회에 다니고 있다가 1990년대 이후 건립 혹은 급성장한 초교파형 교회로 옮겨 온 경우로 조건을 제한했다. 자료 수집은 개방형 질문을 묻고 자유롭게 이야기를 풀어가는 과정에서 연관된 세부 질문을 더하는 방식으로 이루어졌고 개별 인터뷰의 경우 1시간 반에서 2시간, 2~3명의 그룹 인터뷰의 경우 3시간 정도가 소요되었다. 개방형 질문은 크게 하나였다: "왜 다니던 교회에서 지금의 교회로 옮겨오게 되었는가?" 이야기를 풀어가면서 이전 교회에서의 갈등, 불만, 부족함 등에 대한 자기 설명과 해석이 나왔고 지금 교회에서 크게 의미를 부여하는 특징들에 대한 설명이 이어졌다. 연구 동기와 의도를 나누고 인터뷰를 시작했으며, 처음 세 응답 대상자들이 녹취를 기피한 이후 대부분의 응답자들이 녹음을 불편해 하는 것을 보면서, 응답자의 자유로운 구술을 연구자가 현장에서 직접 기록하는 방식으로 정리했다. 그리고 주요 내용이 오해되지 않았는지의 여부를 확인한 후에 익명의 경우 연구 본문 내에서 부분적인 인용 가능성에 대한 동의를 얻었다. 인터뷰 일시는 1차 2008년 1월 9일부터 7월 27일까지 21명을 인터뷰했고, 일차적인 자료 분석과 구조화 작업을 진행한 후에, 대상자 수가 늘었을 경우 어떠한 변동이 있을지에 대한 궁금함이 생겨 7~9월 동안 다시 해당되는 조건의 신자들을 11명 더 인터뷰했다. 지구촌교회(분당, 수지, 기흥, 인천 성전), 온누리교회(양재, 부천, 수원 성전), 사랑의 교회(강남), 분당우리교회(분당), 큰믿음교회(강남), 열린교회(안양), 에스더선교회(서울), 남서울밀알교회(서울)에 등록 · 출석 중인 인터뷰 응답자 32명의 개별 정보는 다음과 같다.

인터뷰 응답자	정보[성별/ 연령 / 신앙 연수/ 현재의 교회로 적을 옮긴 연도/ 직업]	인터뷰 응답자	정보[성별/ 연령 / 신앙 연수/ 현재의 교회로 적을 옮긴 연도/ 직업]
사례 1	남/ 39세/ 21년/ 2001/ 자영업	사례 8	여/ 40세/ 30년/ 1996/ 대학강사
2	남/ 45세/ 모태/ 2002/ 회사간부	9	여/ 35세/ 모태/ 1999/ 전업주부
3	여/ 33세/ 25년/ 1998/ 전업주부	10	여/ 37세/ 20년/ 2003/ 전업주부
4	남/ 47세/ 30년/ 1997/ 자영업	11	여/ 50세/ 31년/ 2000/ 전업주부
5	여/ 41세/ 모태/ 2003/ 전업주부	12	여/ 37세/ 20년/ 1999/ 학습지교사
6	여/ 24세/ 20년/ 2000/ 대학원생	13	남/ 43세/ 22년/ 2000/ 회사원
7	남/ 27세/ 모태/ 2004/ 대학복학생	14	여/ 40세/ 모태/ 2000/ 전업주부

15	남/ 37세/ 모태/ 2001/ 광고업	24	남/ 47세/ 40년/ 1999/ 회사원
16	여/ 37세/ 모태/ 2001/ 디자이너	25	여/ 22세/ 20년/ 2007년/ 대학생
17	여/ 26세/ 모태/ 2003/ 회사원	26	여/ 24세/ 15년/ 2006년/ 대학생
18	여/ 29세/ 23년/ 1999/ 대학원	27	여/ 29세/ 17년/ 2005/ 회사원
19	남/ 32세/ 25년/ 2000/ 회사원	28	여/ 33세/ 20년/ 2001/ 전업주부
20	남/ 52세/ 35년/ 1998/ 자영업	29	여/ 31세/ 15년/ 2004/ 전업주부
21	여/ 49세/ 모태/ 1998/ 전업주부	30	여/ 35세/ 25년/ 2000/ 전업주부
22	여/ 30세/ 모태/ 2004/ 파트타임	31	여/ 42세/ 모태/ 1999/ 전업주부
23	여/ 44세/ 25년/ 2003/ 전업주부	32	남/ 44세/ 모태/ 1999/ 회사간부
총계	32명 남자 10명, 여자 22명 (20대 7명, 30대 12명, 40대 11명, 50대 2명)		

아무래도 남자 응답자들은 여성 연구자를 불편해 하는 경향이 있어 접근이 쉽지 않았다. 직 · 간접적인 연결고리가 있는 경우 인터뷰가 수월했고, 그 때문에 수적으로 성별 비례는 이루어지지 않았다. 서른 두 명의 이야기로 '90년대형 교회'로 이동한 모든 개신교 교인들의 의미 구조를 일반화할 수는 없을 것이다. 그러나 서른두 명이라는 표집집단의 수는 일반적인 현상학적 연구 전통에서 적정선으로 여겨지는 "다섯에서 스물다섯 명 내외"(크레스웰, 2005 : 79)라는 표집집단의 숫자를 상회하는 크기이다. 이미 10년 이상을 다른 교회에 출석하고 있었던 조건에서 그들이 집중적으로 1990년대 말부터 2000년 초반에 이동 현상을 보인 점에 대한 자신들의 의미 해석을 사회적 맥락에서 분석 · 평가하다 보면 21세기 지구화 시대 '초거대 도시'인 수도권의 공간에서 '90년대형 교회'와 신자들의 지표를 그려 내는 데 도움을 줄 수 있으리라고 본다.

장시간의 면접을 통해 수집된 자료들은 1) 수집 순서대로 번호를 매겨 파일로 정리했고(이는 현상학적 분석 절차로 '진술들의 수평화horizontalization' 작업에 해당한다), 2) 각 응답들 속에서 중첩되거나 반복되는 설명들을 정리해 '의미군clusters of meaning'으로 분류했으며, 3) 이를 바탕으로 무엇이 경험되었고 그것이 어떻게 경험되었는지에 대한 '조직적, 구조적 기술textural, structural description'을 시도했다.

3. 도시 중산층 개신교 신자들이 말하는 수평이동의 변辯

응답자에게 물은 개방형 질문은 두 가지로 나누어 분류할 수 있다. 첫째, 기존 교회에서 가장 불만스러웠던 것이 무엇인가? 둘째, 교회를 옮기게 된 뒤 새로운 교회에서 가장 만족하는 부분은 무엇인가? 새 교회의 어느 특성에 의미를 두고 있는가? 분석 과정에서 성별 차가 나타나지 않는 응답들이 더 많았기에 통합하여 의미 진술들을 분류했고 명확한 성별 차를 보이는 응답은 분석 부분에서 따로 밝혔다. 먼저 기존에 다니던 교회에 대한 불만 의견들을 수평화한 '의미군'들을 묶어 본 것은 〈표 1〉과 같다.

표 1 이전 교회에서 가장 불만스러웠던 것들에 대한 진술-의미군

1	내용은 없고 소리만 질러대는 것/ 설교가 마음에 들지 않아서/목사님이 성경을 읽기나 하는지/ 요즘 베스트셀러 신앙 서적 이야기를 목사님께 하면 그게 뭐냐고/ 공부하지 않는 목회자/ 인터넷 방송 설교나 유명 설교집과 너무 비교가 된다/ 시대에 뒤진/목사님의 영성 부족/ 예배 시간에 드라마나 오락 프로 이야기만 예화로 늘어놓고.
2	예배 시간에 지각하면 지적을 하고/ 권위적인 설교/ 너무 엄한 목사님/혼나러 교회에 가는 것도 아니고/ 위엄만 부리는 목회자들/목사님이 아들에게 직위 세습을 했다. 봉건 시대도 아니고/ 끼리끼리 해먹는/ 배타적으로 경계 긋는 느낌/자기가 왕인 줄 아는.
3	일방적인 성경 공부 방식/ 제자 훈련 프로그램이 없는/ 평신도 프로그램 빈약/ 리더십 훈련의 부재/ 가르치기는 목사들만 하고 우리는 노력 봉사만 하라는 건가? (양반/ 상놈하던 이조 시대 같다.)/ 백날 가야 바뀌지 않는 성경 교재, 이젠 내가 가르쳐도 되겠더라.
4	너무 자주 심방을 오는 것/ 구역장이 너무 귀찮게 해서/내가 드러나는 것이 부담/ 교인 수가 적다보니 시시콜콜 참견을 한다/ 원치도 않는데 권사 승급 시험을 강요.
5	여자들에 대해 비하하는 발언/ 창세기나 구약 본문을 자주 인용하면서 여자들을 정죄한다/ 여선교회 활동 강요/ 집에서도 설거지 교회 주방에서도 설거지. (여성)
6	지금 때가 어느 때인데 선교에는 관심도 없고/ 시대가 악한데 가치관에 대한 메시지가 없다/ 사람들 등만 긁어 주는 설교/ 예언자적 기능 상실/ 교회의 본질이 무엇인지 모르는 교회/ 교회의 사명을 잊은 듯/ 선교에 무관심/ 시대의 요구를 읽지 못하는 교회.

7	이사를 오게 된 후 너무 멀어서/ 불만은 없었지만 그 거리를 다니기는 좀/ 모처럼 쉬는 날인데 원거리 출석은 부담스러웠다.
8	위로받고 싶은데/ 차가운 느낌/ 소속감이 없어서/ 관심을 가지지 않는다/ 오래 다녀도 내가 누군지 모르고/ 목사님이나 전도사님이 우리 가정의 일들을 위해 열심히 기도해 주시지 않는 거 같았다/ 우리 애가 고3인데 금요기도회 때 부탁했는데도 빼먹고/직장에서 받는 스트레스를 풀 수 있는 그런 모임이 없었다/ 뜨겁게 기도하고 싶었는데 그럴 수 있는 사람들을 만나기가 어렵다.
9	따분한/ 그 흔한 LCD 화면조차 없다/시대에 뒤처진 예배 형식/ 설교만 한 시간/ 지루하다/ 예배의 감격이 없다/ 맥 빠진 예배/ 무미건조하게 반복되는 예배 형식/ 뜨거운 마음이 생기지 않음.
10	비슷한 공감대를 가진 사람들이 적어서/ 아이 교육 정보도 나누고 싶은데/ 또래 여성들이 적었다/ 젊은이들이 거의 없다/ 믿는 사람을 만나라 하시는데 젊은 싱글이 드물고/ 비슷한 고민을 나눌 남자 동료들이 없었다/ 젊은층이 적다/ 함께 신앙을 나누며 격려할 수 있는 동년배들이 없어서.
11	헌금 강요/ 교회 건축과 증축에만 혈안이 된/ 십일조 종용/ 건축 헌금 겨우 마쳤더니 주차장 헌금을 또/ 헌금 액수를 실명으로 주보에 싣는 것.
12	능력이 보이지 않는 교회/ 병자들이 낫고 금니가 생기게 하는 목사님들도 있다는데/ 방언하는 사람이 적다/ 성령 역사가 없는/ 교회 전체가 침체되어 있는 분위기/ 교회 침체/ 낡은 교파 교리 강조.
13	교회가 아니라 무슨 사교집단 같았다/ 치장하고 자랑하러 오는 게 목적인 사람들로 넘쳐나는/ 하늘의 가치를 잊고 땅의 가치를 추구하는 세속화된 교회/ 사회적 지위를 뽐내려는.
14	주일학교 프로그램이 마음에 들지 않았다/ 선생님들이 너무 나이가 많았다/한참 뒤진 교육/ 아이들을 위한 프로그램 빈약. (여성)

"교회를 옮기게 된 후 새로운 교회에서 가장 만족하는 부분은 무엇인가?"에 대한 응답자들의 대답을 범주화하여 '의미군'으로 묶어 본 것은 〈표 2〉와 같다.

표 2 현재 교회로 옮기게 된 요인과 가장 만족하는 부분에 대한 진술-의미군

1	성경책을 안 가지고 다녀도 되어 좋다/ 교회 카페 덕분에 교회라면 질색이던 남편이랑 같이 온다/ 편리하고 시각적인 시설/ 편안한 마음으로 예배를/ 눈이 지루하지 않으니까/ 매주 공짜로 영화관에 오는 기분이다/ 음악 예배/ 열린 예배 형식/ 모태 신앙이라 식상해진 신앙생활이 힘들었는데 분위기를 바꾸니 좋다.
2	일단 가까우니까/ 이사 오면서 자연스레 근처에서 찾다보니/ 이사 온 뒤 리서치를 해보니 여기가 제일 평이 좋아서.

3	경쟁력 있는 교회/ 글로벌한 트렌드에 적합한/ 미국 강사가 많이 오고/통역 자원봉사자로 일하는데 영어 프랙티스에 도움이 된다/ 교회에서의 리더 활동이 회사 프레젠테이션 등 자신감을 줌/ 미국과 실시간으로 신앙을 교류한다는 것이 감격스럽다(미국은 뭐랄까 우리의 영적 스승).
4	주일학교 프로그램이 체계적이다/ 주일학교 교사들의 학벌이 쟁쟁하다/ 신자를 세상의 리더로 키우는 교회 교육/ 세상에서 승리하는 삶을 가르치는 주일학교/ 여름 영어 성경 캠프가 원어민 교사들로 이루어져 있다. 영어 사교육비 따로 들일 게 없다.
5	교회 자체가 물질적인 추구를 하지 않는 것/ 교회 건축을 하지 않고 학교 강당을 빌려 쓰는 것/ 예산을 최대한 선교에 돌리는 것이 좋다/ 헌금을 지역사회에 환원/복지재단 건립 등에 예산 집중. (남성)
6	새로운 가치관을 강조하니 아이들과 함께 다니기에 좋다/ 악한 세대에 건전한 신앙관을 심어 준다/ 성교육에 철저한 것이 마음에 든다/ 온 가족이 건전한 기독교적 가치관으로 중무장/ 성적 순결 강조.
7	나도 사회활동을 하고 싶었는데 그런 장을 열어 주어 기쁘다/ 다락방 여자 모임 리더가 되어/ 무언가 나도 사회에 기여하고 있다는 자신감/ 평신도 리더 교육을 받으면서 우울증이 회복되었다/ 내가 누군가를 변화시킨다는 것이 뿌듯하고. (여성)
8	교리를 강조하지 않는 것/ 예화 중심의 설교/ 전문가다운 설교와 목회 방식/ 민주적·합리적이고 효율적인 교회 운영/ 평신도에게 자율권을 주는 것/ 목회자가 권위를 독점하려 들지 않는 모습/ 세습제의 악행이 보이지 않는 곳/ 자기를 주장하지 않는 목회자. (남성)
9	돈을 버는 목적을 분명하게 해 준 교회/ 마지막 때의 선교적 집중을 위해 재정적 지원을 하고 싶다/ 씨앗믿음을 실천한 덕분에 가정이 풍요로워졌다/ 번영케 하시는 하나님에 대한 강조/ 풍요로운 삶/ 물질적 축복에의 확신/ 씨앗믿음/ 재정적 축복.
10	지금의 삶에 감사하는 법을 가르쳐 준다/ 내가 얼마나 축복받은 사람인가를 깨닫게/ 현재에 만족하게/ 지금을 사랑하도록.
11	영적 전투의 선봉에 선 교회라는 것/ 사도적 교회/ 교회 건축도 유보한 채 지역선교와 세계 선교에 주력하는 모습/새로운 도덕 혁명을 일으키는 교회/ 이 교회로 인해 지역사회가 바뀌는 비전을 공유/ 악한 세상의 오아시스 같은 곳.
12	모든 것이 자발적이어서 좋다/ 예배 끝나고 안 쫓아오니 살 거 같다/ 열린 자세와 분위기/ 다양하게 선택할 수 있는/ 자발적으로 참여의 강도를 높이게 하는 방식이 좋다/ 일단 치근대지 않으니까/릭 워렌의 동심원 사역구조를 적용하고 있는 것/ 준비되었을 때 봉사하게 하되 동기를 적극 심어 주는 테크닉.
13	사람들이 친절하다/ 모두 웃는 얼굴/내가 받아들여지고 있다는 느낌/ 돌보는 손길을 느끼고/ 순장 언니가 챙겨/ 최고의 서비스.
14	가정 회복 사역/프로그램 후 다시 재결합했다/ 시어머니와의 갈등 해소/ 인내하는 마음이 생기고/가정에 세우신 제사장으로서의 가장의 자세를 다시 일깨워 준/ 아내와 아이들을 그리스도의 사랑으로 사랑하는 법을 배웠다/ 〈좋은 엄마 되기〉 참여 후 모두가 내 문제임을 깨달았다.
15	심금을 울리는 설교 말씀/예배가 살아 있다/ 세상 살면서 굳어진 마음이 회복/ 성령의 강력한 역사/ 치유가 일어나는 예배/ 따뜻함/ 예배를 통해 세상과 다시 일주일 동안 싸울 자신감과 힘을 얻는다/경건이 무엇인지 알게 하는 교회/ 하나님을 직접 체험하게 하는 교회/ 심령의 갈급함을 준다.

16	겸손한 목회자의 태도가 마음에 든다/ 부드러운 목소리로 설교하시는 것이 좋다/ 언제나 겸허한 목사님/ 기존 목사님들 같지 않은/ 낮은 자세의 교역자들.
17	목사님이 청소년 사역 전문가였다고/ 여기 청소년 프로그램이 잘 되어 있다고/ 다니면서 새롭게 거듭한 중고등부 학생들이 많다고/ 우리 아이가 먼저 다녔는데 완전히 새사람이 되었나/ 아이들 눈높이와 문화 코드를 맞춘 교육.
18	다락방 모임이 너무 좋다/ 셀cell 모임을 통해 가족 같은 사랑을/ 외동이라 외로웠는데 목장에서 형제자매를 얻은 거 같다/ 소속감/가족 같은 소그룹 모임/ 형제들 간의 신앙 공유를 통해 외롭지 않은 느낌/ 정서적 지지 기반이 되는 모임/ 대가족 같은.
19	공동 관심사를 가진 사람들끼리 소그룹을 묶어 주는 것/ 수험생 엄마들끼리 좋은 정보도 나누고 기도도 함께 한다/비슷한 직종끼리 소그룹을 엮어 주어 정보 차원에서도 도움이 된다/ 엘리트들이 모이고/ 그리스도의 순전한 신부 같은 여자들이 많다.
20	능력 있는 목회자/ 해외 유학파 목사님들이 많다/ 영어를 잘하는 목사님/ 우리 목사님의 번역서가 스무 권이 넘는다/ 세계적인 영적 지도자들과 어깨를 나란히 하는 목사님의 모습.
21	북한 선교나 이주민 노동자를 향한 관심과 실천이 제일 자랑스럽다/ 시대가 가장 절실히 요청하고 있는 선교적 사명을 다하는 교회이다/ 봉사와 선교.
22	여자로서의 자존감을 세워 준다/ 나는 그리스도의 여형제라는 목사님 말씀에 웃었다/ 여성의 적극적인 역할에 대한 자긍심이 생기고/ 여자임이 행복하도록. (여자)

인문학자로서 사회과학적 '질적 연구'가 익숙지 않은 덕에 방법론적인 책을 상당수 읽고 이해하는 작업을 선행해야 했는데, 대부분의 책들이 범주 혹은 의미군으로 묶여질 수 있는 숫자를 6~8 항목 정도가 될 것이라고 예상하고 있었다. 흥미로웠던 사실은 읽을 때는 염두에 두지 않았던 그 숫자가 의미군 분석을 마친 시점에서 들어맞고 있음이었다. 이는 "특정 토픽의 복잡성을 이해하는 인간 능력의 한계"(타사코리 · 테들리, 2001 : 181)라더니만, 나 역시 예외가 아님을 확인하게 된 셈이다. 다음은 위의 '의미군'들을 '구조적 기술'을 통해 정리해 본 것이다.

첫째, '90년대형 교회'로 이동한 교인들은 '경쟁력을 높여 주는 신앙'의 측면에 큰 의미를 부여하고 있었다. 특히 전문성에 입각한 인적 · 정보적 네트워킹을 중요시한다. 목회자의 선호도에서도 개인의 강한 카리스마보다는 전문성이 권위를 부여하고 있으며(표 2의 4, 12, 17) 이는 기존 교회 문제로 목회자의 전문성 결여, 행정 · 영적 능력의 부족(표 1의 1,

12)을 지적함으로써 뒷받침된다. 아동, 청소년 교육에의 관심, 특히 경쟁력 있는 리더십 교육과 영어 교육에 대한 관심(표 2의 4, 14, 16)은 청소년 전문 목회자나 프로그램에 집중한 모습에서 반영되는데, 이는 30, 40대 전업주부층에서 가장 강력하게 보이는 의미군이었다. 성인의 경우에서도 세상 교육, 직업활동과의 연계성 속에서 교회 활동과 신앙 교육의 의미를 부여하고 있었다. 특히 '세상적 경쟁력을 높여 주는 신앙'이라는 의미구조 속에는 "영적으로는 우리 스승이나 선배 같은 나라"라는 미국에 대한 친화적 태도가 상당 부분 자리 잡고 있었고 미국 주도적 세계화를 반기는 태도(표 2의 3)도 보였다.

둘째, 이동 신자들에게는 문화적 향유물로서의 교회 인식이 크다. 도시의 편의시설이 한 곳에 모여 있는 공간, 음악 예배, 문화시설, 콘텐츠 향유 공간으로서의 교회 이미지에 대한 선호(표 2의 1)는 도시문화적 편리함에 익숙한 근대 도시인들의 의식을 반영한다. 이는 전통적인 설교 방식, 획일적 예배 형태 등 기존의 교회에서 느끼는 지루함에 대한 표현(표 1의 9)에서도 확인된다. 느껴지는 신앙, 감각적인 예배, 감성을 터치하는 감각적 예배에의 요구(표 2의 1, 12)는 현대 문화의 시각화에 노출된 신자들의 선호도가 반영되었다고 말할 수 있다.

셋째, 이들은 개인의 자율성, 민주적 가치 추구 등 근대의 인성적 가치들을 높이 평가하고 있었다. 개인의 사적 경계 침입에 대한 불쾌감(표 1의 4), 교회의 외부적 · 권위적 강압에 의한 교회 봉사(표 1의 4, 5)나 일방적 · 위계적 신앙 교육에의 불만(표 1의 3)을 공통적으로 보여 준다. 한편으로, 내적 자발성이 있는 참여를 적극 반기는 태도(표 2의 7, 9)를 가지고 있음을 고려할 때, 허락 없는 침입은 거부하되 자발성 · 다양성이 존중되는 자율적 · 민주적 참여를 원하고 있는 것이라고 종합할 수 있겠다. 또한 응답자들의 대답은 여성들의 자기 인식이 높아진 상황을 반영하고 있었다. 근대 제도 교육을 받았으나 사적인 가정 내 역할을 담당하다가 30대 후반 이후 육아 과정을 거의 끝낸 전업주부들에게서 특히 강하게 나타나는데, 사회적 역할을 하고 싶어하는 여자 교인들의 의미 추구(표 2의 7)는 '90년대형 교회'가 여성상을 긍정적으로 평가하고 리더십의 공간을 허용하는 것과 만난다. 평신도에게 지도력을 부여하는 것에 대한 긍정은 민주형 목회자 선호(표 2의 8, 13), 권위적 목회자에 대한 불만(표 1의 2)과 맥을 같이하며, 한 사람에게 집중된 전통적인 카리스마 유형이라는 과거의 권위 체계에 대한 불신으로 표출되고 있다.

넷째, 자발적 참여를 전제로 한 소공동체 지향성을 뚜렷이 한다는 점이 눈에 띈다. 외로움, 관심받지 못함, 위로받지 못함에 대한 불만(표 1의 8, 10)은 이익사회 집단으로 구성된 도시환경 속에서 지지 그룹으로서의 소그룹 연대에의 강한 갈망(표 2의 11, 15, 16)으로 나타나고 있었다. 동년배 혹은 동질집단, 즉 공동 관심을 나누고 정서적으로 감정을 열고 교류할 수 있는 확대 가족 같은 위로와 돌봄의 공동체를 제공하는 교회 프로그램에 만족도를 보였다.

다섯째, 응답자들의 상당수가 그 강조에는 차이가 있으나 대항 엘리트 의식을 보여 주고 있다는 점이다. 사회와 세계를 변혁하는 기독교인으로서의 사명을 분명히 하고 있었으며 교회의 본질적 역할에 대한 자의식이 높았다. 자교회만 수적 · 양적으로 키우려는 기존 교회들의 물질주의적 성향에 대한 비판(표 1의 11)은 '90년대형 교회'들이 교회 자원을 사회적으로 환하는 움직임을 찬성하는 입장(표 2의 5)과 맞물려 있다. 특히, 교회 헌금의 집행 부분에서는 남자 신자들이 압도적으로 관심을 보였는데, 이는 기업 경쟁 구도 속 살아남기와 기독교적 정체성 속에서의 갈등을 느끼는 직장 남성들이 교회를 통해서나마 사회적 나눔에 간접 참여하고 있는 데서 위로를 받는 것으로 이해된다. 이들은 또한 '개인 · 가정 · 사회의 개신교적 질서 회복'(표 2의 6, 11, 14)에 강한 의지를 보이고 있었다. 교회가 제공하는 의식 교육이나 가정회복 프로그램을 통해 세상적 가치에 물들지 않는 '건전한' 가치관을 형성해 나가야 함은 물론 이를 통해 세상에 모범이 되는 모습을 보여야 한다고 믿고 있었다.

여섯째, 교회의 물질주의화는 반대하지만, 신앙 개개인에게는 청부론적 입장을 지지(표 2의 9)하고 있었고, 신자들의 물질적 축복에 대한 믿음에 확신을 주는 교회 메시지에 만족도를 보이고 있었다. 청부론은 하나님 앞에서 정결하고 신실한 신자가 세상적인 축복도 얻게 된다는 믿음인데, 특히 IMF 때 실패를 겪은 가장들이나 경제적 어려움을 겪었던 주부들의 경우 뚜렷하고 강하게 청부론적 믿음을 표현했다. 하나님의 축복 증표로 재정적 부富를 믿고 있는 믿음에서는, "하나님의 재정적 축복을 믿으며 믿음의 분량만큼 물질적 헌금의 씨를 심는다"는 자본주의적 투자 의미의 강한 신앙관을 포함하여, 다양한 축복론을 믿고 있었다. 주장의 강약은 있었으나, '90년대형 교회'들이 공통적으로 선포하는 청부론적 입장은 교회 이동 신자들의 적극적 지지를 얻고 있었다.

마지막으로, 기존 교회에서의 불만과 현 교회로의 이동, 만족도에서 그 계기와 기준을 형성하게 된 이들의 신앙적 판단이 세계적으로 빠르게 교류 · 유통되는 온 · 오프라인 신앙 서적과 설교 동영상 등에 의거하여 형성되고 있었다. 목회자에 대한 평가에서도 평생 속한 교회의 목회자 설교만으로 양육되던 이전 세대의 교인들에 비해 자교회 목회자에 대한 판단 기준을 외부적 접촉에 기준하여 성립, 설정하고 있었다(표 1의 1, 6, 12. 표 2의 3, 17). 그 밖에 교육 프로그램이나 예배 형식, 교회의 집중 사역 등에 대한 평가도 이동 이전에 이미 인터넷이나 외부 평가들을 통해 비교 · 분석한 후 이를 충족하는 교회를 선택한 사례들이 많았다. 이는 응답자들이 처한 새로운 매체 환경의 영향을 반영한다고 볼 수 있다.

4. 압바와 맘몬이 손에 손을 잡고: 신자유주의 지구 경제구조 속 교회의 생존 전략

개인들이 경험했고 의미 부여했던 '90년대형 교회'들의 특징은 전 세계적으로 빠르게 진행되는 도시화, 특히 한국 수도권에서 자본주의적 초거대 도시hypercity로 변화하는 모습 속에서 위치지어 볼 때 좀 더 폭넓은 이해와 분석이 가능하다. 물론 도시화는 한국적 정황에서만 특화 · 적용되는 현상이 아니다. 우리가 지금 살고 있는 세계는 매체 기술과 이동 통신의 발달로 인해 시간과 공간면에서 압축된 세계이다. 즉 지구화된 세계에서는 "서로 멀리 떨어진 지방들을 연결시키는 세계적인 사회 관계의 강화"(Giddens, 1990 : 64)를 경험하게 되는데, 초거대 도시 서울과 주변 도시는 그런 의미에서 세계 다른 지역과 긴밀하게 연결되어 존재한다. 한국의 '90년대형 교회'의 특징들이 형성되는 데에도 그 배후를 살펴보면 동시성을 가지고 진행되는 '초교파적 교회 운동'의 '전 지구적 네트워킹'을 발견하게 된다.

그런데 여기서 주목할 점은 한국 내 '초교파적 교회운동' 네트워킹의 발원지가 압도적으로 미국 기원을 갖는다는 점이다. 이는 응답자들이 자신들의 신앙 형성에 지대한 영향을 끼쳤다고 적어낸 신앙 서적 저자들과 강연자들 목록에서도 입증된다. 베니 힌Benny Hinn, 존 윔버John Wimber, 조엘 오스틴Joel Osteen, 릭 워렌Rick Warren 등 최근 미국 복음적 인기 목회자들의 이름이 거론되었다. 응답자들 간에 놀라울 정도로 일치되는 도서 목록은 이들이 다니는 교회들 모두가 교회 내에 서점을 가지고 있으며 그 서점 안에는 자교회의 목회자들이 설교와 홈페이지를 통해 추천한 도서가 모두 모여 있고, 그 서적들이 각종 소그룹 활동을 통해 교과서로 사용되는 상황임을 파악하면 이해가 되는 부분이다. 최근 한 기독교 저널이

특집으로 다룬 "책읽기와 신앙의 지형도"에서도 밝히고 있듯이 보수적 한국 교회의 경우 영미권 저서의 의존도와 목회자 추천 도서의 신뢰성을 바탕으로 상당히 동질화된 책읽기가 실천되고 있는 실정인데, 이는 매체 환경의 발달로 더욱 가속화되고 있다(이원석, 2008 : 22-32 ; 양희송, 2008 : 42-50). 이러한 현상은 "앵글로아메리카 문명의 헬레니즘 단계"(버거 · 헌팅턴, 2005 : 14)라고도 표현되는 '동질화된 지구화 현상'의 한 면을 보여 준다. 교파를 초월하여 동질화된 신앙적 동의를 기반으로 전개되는 개신교 운동은 사회학자 피터 버거Peter Berger가 범주화한 바, 미국이 주도적인 동질화된 세계화를 전달하는 집단 중 하나인 "국제적인 종교 운동들"에 속한다.[2]

물론 미국적 정황에서 발생한 초교파적 연대가 한국 교회에 직접적인 영향을 끼친 것이 1990년대가 처음은 아니었다. '90년대형 교회'에 영향을 준 '미국발' 초교파적 연대와 확산은 역사적으로 보면 크게 세 번째 흐름인 셈이다. 18세기 말 청교도적 전통이 상실되면서 등장한 대각성 Great Awakening 운동과 뒤를 이은 일련의 복음 · 근본주의 운동이 그 첫 번째 초교파적 연대를 기반으로 한 미국발 확산 운동이었다. 역사적으로 복음주의와 근본주의는 구별이 가능하나 주로 세상과 문화를 대하는 태도에서 차이가 날 뿐 기본적인 신앙 고백에서는 비교적 공동의 합의를 이룬다고 본다. 즉 자유주의적 흐름에 반대하는 미국의 보수적 개신교도들이 공동으로 고백하는 '복음'의 다섯 가지 근본 교리, 1) 성서의 축자 영감적 무오성, 2) 예수 그리스도의 동정녀 탄생, 3) 예수 그리스도만을 통한 대속과 구원, 4) 예수 그리스도의 몸의 부활, 5) 옛 재림에 대한 임박

2 버거가 제시한 '동질화로서의 세계화'를 전달하는 다른 세 주요 전달 매체는 세계 자본주의 경제 그룹인 '다보스문화,' 국제적 엘리트 그룹인 '교수클럽문화,' 초국가적 기업문화인 '맥월드문화'이다(피터 버거 · 새뮤얼 헌팅턴 편저, 『진화하는 세계화』, 김한영 옮김, 아이필드, 2005, 15-23쪽).

한 기대에 대한 믿음(Eliade, 1987 : 190-197)이다. 뉴잉글랜드 사회 질서 속에서 엄격한 청교도적 윤리가 주류였던 미국의 전통이, 18세기 말 이후 새로운 이민자집단이 들어오면서 이질적 신앙집단이 형성되고, 과학적 세계관이 도래하면서 개신교적 가치 체계가 주변화되자, 그 반격으로 사회 전체를 다시 기독교화하려는 결의 속에 초교파적 연대를 감행, 국내외적 확산을 실행한 것이다. 개인적 회심과 문화회복운동에 주력한 이 초교파적 연대가 가능했던 것은 미국을 이교도화할 수 없다는 열의에 찬 복음주의적 '신앙적 동의confessional consensus'였다(Peterson, 2008 : 10).

두 번째 연대는 1950~60년대 미국의 각종 반문화운동의 분위기 속에서, 흑인 급진주의운동, 페미니즘, 마약, 동성애, 낙태 등의 자유분위기가 미국 문화 안에 퍼져 가자, 기독교적 가치관을 가지고 문화 변혁을 지향하던 신복음주의neo-evangelism 운동이 국내외적으로 활발한 초교파적 확산운동을 전개한 운동이었다. 극단적인 근본주의가 가지는 분리주의적 태도와 구분하기 위해 의도적으로 '복음주의'를 강조하며 등장한 빌리 그레이엄Billy Graham, 칼 헨리Carl F. H. Henry, 해럴드 오켄가Harold J. Ockenga 등 이 운동의 지도자들은 자신들을 '신복음주의자'라 부르면서 세속주의에 도전하는 문화 회복의 비전으로 초교파적 연대를 전개했으며, 1960년대에 전성기를 이루었다. '복음주의 국가연합National Association of Evangelism' 등 교단을 초월한 네트워크를 형성했고 '그리스도를 위한 젊은이Youth for Christ' 등 국내·국제적 확산조직을 설립했다(마르스텐, 1992 : 88). 이 운동은 '월드비전', 'CCCCampus Crusade for Christ' 등 유사한 신앙을 가진 국제적 선교단체의 설립에 동기를 부여한 바 있다. 이들 중 좀 더 근본주의적 성향이 짙었던 사람들은 정치적 성향을 띠면서 1970~80년대 적극적 보수정치 세력이 되기도 했는데, 제리 팔웰Jerry Falwell의 '도덕적 다수Moral Majority'가 가장 대표적인 운동이었다.[3] 덕분에 이 종교

운동은 정치적 보수성(반공 이데올로기)을 동반하며 하나의 '패키지'로 확산되었다. 또한 이 운동의 지지자들은 자본주의 친화적 주장을 바탕으로 신앙에 기반한 물질적 축복론(일명 '번영의 신학')을 강조했다. 복음적 신앙, 정치적 보수성, 물질적 축복론은 이 운동의 지지자들이 교파를 초월하여 연대하게 한 동의점이었다.

세 번째 연대는 1990년대에 가속화된 후기산업사회 자본주의적 도시환경에 대한 반응으로 발생했다. 초교파적 전 지구적 확산운동에 속한 교회들의 첫 등장은 1960~70년대까지로 거슬러가지만, 1990년대를 전후로 급성장하면서 하나의 유형으로 가시화했다. 윌로크릭교회Willowcreek Community Church, 새들백교회Saddleback Community Church, 빈야드교회Vinyard Christian Fellowship, 갈보리교회Calvary Chapel, 호프교회Hope Chapel 등 수천에서 수만 명의 신도 수를 자랑하는 이 교회들은 미국과 해외에 수십, 수백의 지교회를 생성했을 뿐 아니라, 이 교회들을 벤치마킹하는 수많은 교회들을 양산했다. "이 교회 운동의 지도자들은 X세대와 베이비붐 청중을 잘 알고 있는 사람들"이라는 도널드 밀러Donald E. Miller의 평가에 걸맞게, 후기산업사회 도시인의 인성과 취향을 반영한 마케팅을 통해 확산 운동을 전개했다(밀러, 2008 : 87). 일례로, 이 교회들은 교회 예배 형식에서 매체혁명을 이루어 내었다는 점에서 이전 교회 형태와 차별화된다. 깊은 종교적 체험으로 이끄는 음악 장르의 개발은 이 교회들이 공통으로 가지는 지향점으로서 감각적이며 자유로운 분위기를 선호하는 현대 도시인들의 대중적 인기를 얻었다. 한때 전문 음악가였던 빈야드의 목회자 존 윔버의 음악이나 갈보리의 현대 기독교음악CCM : Contemporary

3 '도덕적 다수' 운동을 비롯하여 당시 미국 보수적 신앙관과 정치관을 결합시킨 운동들에 대해서는 최명덕, 「레이건 시대의 기독교 신우파의 정치 참여」, 『미국학논집』 36권 2호, 2004, 265-286쪽을 참조하라.

Christian Music 등은 메시지가 전달되는 집단의 연령별 · 지역별 · 계층별 문화를 반영하며 다양하게 생산되고, 음반 시장과 인터넷을 통해 전 세계에 보급되고 있다. 또한 이러한 교회 운동이 작은 규모의 소공동체 운동을 지향하고 있는 점에서도 이익사회집단이 압도적인 자본주의 구조 내 도시적 인간관계의 상황을 반영한다고 할 수 있다. 친족모임kinships, 작은 교회minichurches, 가정 친교home fellowships, 셀 교회cell church, 각종 돌봄 모임care groups은 "내가 결코 '전에는' 가져본 적이 없는 가족"(밀러, 2008 : 206)을 형성하고 개인을 공동체 안에서 지지하면서 새로운 소속감을 갈구하는 분자화된 도시인들의 감성을 자극하며 급성장하고 있다.

흥미로운 것은 한국 개신교 역사를 돌이켜볼 때, 미국에서 전개된 세 시기의 초교파적 확산운동이 한국 교회의 가시적 부흥의 시기들과 맞물려 있다는 사실이다. 물론 개신교의 성장을 있게 한 한국적 정황을 무시하고 미국 초교파운동의 일방향적 수용만이 한국 교회 성장의 결과였다고 주장하는 것은 아니다. 종교사회학자 이원규는 한국 교회 성장의 한국적 상황 요인으로서 1) 수용적이고 적극적인 한국의 감성적 종교성, 2) 전쟁 이후 이어지는 정치적 불안 상황에서 부흥운동, 성령운동, 신유운동의 힘, 3) 경제적 회복기에 교회가 강조한 물질적 축복의 메시지, 4) 급격한 도시화로 인한 공동체적 소속감을 대체한 교회 등을 말한 바 있다(이원규, 1988 : 176-186). 이러한 한국적 상황 요인이 미국의 초교파적 교회운동의 국제적 확산 시기와 맞물리면서 한국 교회의 현저한 성장을 가져왔다고 본다. 우선, 19세기 활발히 전개되었던 첫 번째 미국발 초교파적 선교운동은 근대화를 통해 부국강병을 꿈꾸던 한국적 상황과 맞물려 개신교 유입에 적극적인 태도를 가져왔다. 한국의 입장에서는 근대식 병원이나 학교 등이 개신교 선교사들을 통해 소개되면서 '기독교회=근대화'라는 도식적 이해가 짙었고, 제국주의적 식민화의 주체가 일본이다 보니 미국발 기독교에 대해서는 우호적 입장을 가지게 되었다. 이 시기 선교사들의 신앙 형태를 조사한 한 연구에 따르면 90%가 넘는 선교사들이 보수적인 복음적 신학교나 선교단체에서 훈련받고 파송된 사람들이었는데(한국기독교역사연구소, 1997 : 161-164) 이들로부터 수용적 자세로 기독 신앙을 배운 한국 개신교의 신앙 기조를 짐작케 하는 통계라 할 수 있다.

두 번째 1950~60년대 미국 초교파적 연대운동이 가진 정치적 보수성과 자본주의 친화적 성격은 해방 후 반공 이데올로기와 산업화를 두 개의 주된 가치축으로 삼았던 한국적 상황과 맞물려 한국 교회의 양적 부흥을 가져온 바 있다. '조국 근대화'와 '민족복음화'라는 쌍두마차를 달린 이 시기 주류 개신교는 물질적 축복론으로 근대화의 선봉에 서서, 매 십 년마다 신도 수를 두 배씩 늘리는 양적 성장을 했다(기독교사회사상연구회 편, 1990 : 144). 조용기 목사의 '삼박자 축복(부, 건강, 영적 평안)'으로 대표되는 기독교적 성공 메시지는 전후 한국 대중의 마음을 사로잡으며 급성장했는데, 조용기는 이 아이디어를 미국의 오럴 로버츠Oral Roberts의 저서에서 영감을 얻었노라 밝힌 바 있다(조용기, 1996 : 137-138). '3백만 구령운동' '엑스폴로 74', '80세계복음화성회' 등을 전개하던 복음적 초교파운동의 행로가 국가조찬기도회, 3선개헌 지지, 반공구국기독학생운동과 병행하는 것은 미국 신복음주의의 정치적 보수주의 노선과 상당 부분 일치하고 있음을 보여 준다(최형묵 · 백찬홍 · 김진호, 2007 : 148-151).

오늘날 우리가 목도하는 미국발 초교파적 복음주의운동의 세 번째 현상은 지구화 시대 자본주의적 (초)거대 도시적 상황이라는 메트로 서울이 가지는 특성 덕분에 그 맞물림이 동시성을 가지고 가속화되고 있는 것으로 보인다. 이 운동이 미국의 거대 도시적, 후기산업구조적 배경에서 발생하고 있다 보니 서울 역시 유사성을 가지는 삶의 조건들을 공유하는 실정이고, 더욱이 매체 환경의 변화는 교류의 동시성을 부추기고 있는 것이다. 그 소통과 교류는 일부 목회자들 간의 국제적 교류에 그치는 것이 아니라 평신도를 포함한 전체 교회 구성원의 차원으로 확대되어 진행 중이다. 그러나 평신도적 참여에도 불구하고, 그 주도적 메시지를 생산하는 주류는 아직까지 미국의 보수적 성향의 몇몇 목회자들에 국한되어 있다. 매체의 발달과 함께 인기 강사로 군림한 미국의 목회자들이 한국의 '90년대형 교회'를 자주 찾는다. 이들은 주로 1) 엘리트 코스의 학교와 직장 배경을 가지고 있었으나, 2) 세속적 삶에서 충만한 의미를 느끼지 못하던 영적 회의주의자였던 시절이 있었고, 3) 직접적인 영적 체험과 극적 회개를 통해 자신들과 처지가 비슷한 사람들을 '일깨우기' 위한 사명으로, 4) 전 지구적 순회 공연을 하는 사람들이다(Peterson, 2-5 : 15-17).

두 번째 시기에 해당하는 1950~80년대의 강사들이 주로 개인적 카리스마를 바탕으로 신유, 은사, 부흥집회를 인도했다면, 1990년대형 강사들은 평신도들과의 동질화를 추구하면서 먼저 경험한 자로서의 나눔에 초점을 두고 평신도들에게 같은 능력과 체험을 권유한다. 1990년대 이후 한국을 방문한 유명 강사들은 릭 워렌, 빌 하이벨스Bill Hybels, 게리 윈스Gary Wiens 등 비당파적 온건한 복음주의자들이 주를 이루는데, 이들이 강조하는 내용은 응답자들이 90년대형 교회에서 만족 혹은 의미를 찾고 있는 〈표 2〉의 내용들과 놀랄 정도로 일치한다. 이는 분명 지구 저쪽 편의 일들이 시공時空을 압축하여 동시대적으로 한국에 전해지는 지구화 현상의 반영이고, 무엇보다 후기산업 도시, 신자유주의적 자본주의라는 유사한 문화 상황 속에서 그 수용력이 증대되고 있는 것으로 보인다. 요컨대 발원지가 보여 주는 초교파적 연대성과 세계화의 열망, 그리고 매체 혁명이 가져온 결과물이 초대형 현대 도시로 급성장한 서울권의 상황과 동질감을 이루며 이 새로운 형태의 교회 유형의 성공을 가져오고 있는 것이다.

물론 이 유형의 교회들이 셀cell 모임이나 목장, 다락방 모임 등 소그룹 모임들을 통해 인격적 돌봄을 실천하는 등, 현대 도시생활에 지친 신자들의 상황에 대한 대응이라는 점은 긍정적으로 평가한다. 특히 IMF 이후 경제적 어려움을 겪은 가장들, 가정에만 머물면서 삶의 무의미성을 느끼는 고학력 전업주부들, 무한경쟁 체제로 돌입한 학교와 학원 생활의 압박으로 고민하는 십대들에게 제공하는 '맞춤형' 소그룹 모임들은 따듯한 용납과 회복을 경험하는 곳이 되었다. 응답자들이 이구동성으로 말하는 "따듯함의 경험"은 사회학자 로버트 우드나우Robert Wuthnow도 지적한 바 있듯이 이혼, 독신, 실직, 무엇보다 '포스트모던'이라는 이름 아래 가치와 생활 양식이 급격히 변화되는 (후기) 근대 도시적 공간에서 '90년대형 교회'가 '지지 그룹support group'으로서의 역할을 담당하고 있음을 입증한다(Wuthnow, 1993 : 51-54). 또한 '90년대형 교회'가 보여 주는 민주형 목회와 평신도의 리더십 양육 역시 상당히 긍정적인 변화라고 생각한다. 이는 기존의 한국 교회들이 유교적 가부장 모델과 보수적 기독교의 '영적 아버지' 모델이 결합된 권위적 · 위계적 카리스마형이었던 것과 비교되는 부분이다. 이에 비해 '90년대형 교회'의 목회자들은 사역에서는 구분이 되나 성직자로서의 위계성을 버리고, 특히 교회의 주인이 평신도라는 인식에 따라 권위를 평신도에게 이양하는 모습을 볼 수 있다. 한 사례로 최근 개척 7주년을 맞은 한 교회는 담임목사의 재신임을 묻는 등록교인 전체 투표를 통해 향후 목회자의 방향을 결정케 했다. 물론 4,670명이 참여하여 98.7%가 재신임 찬성표를 얻음으로써 향후 목회에 힘과 권위를 실어 주긴 했지만, 투표 결과에 따라 담임권을 상실할 수도 있는 열린 제안이었다는 점에서 기존 교회에서는 볼 수 없는 평신도 지향적인 민

주적 교회의 모습이라 평가된다.[4]

그러나 비록 신자유주의적 자본주의 시대, 도시 중산층 개신교도들이 추구하는 의미에 부합되는 특성을 제시하며 이들에게서 큰 호응을 얻고 있다 하더라도, 교회론적 측면에서 부정적으로 평가되는 부분들에 대해서는 '90년대형 교회'들이 심각하게 반성해야 한다고 본다. 첫째, 보수 신앙과 자본주의적 열망의 결합이다. 앞서 제시했듯이 열세 교회에 속한 응답자들은 모두 교회의 물질주의적 태도에는 비판적이면서도 물질적 풍요를 가져오는 신앙에 대해서는 열망하는 이중적 태도를 보이고 있었다. 응답자들은 『십일조의 비밀을 안 최고의 부자 : 록펠러』, 『성경이 만든 사람 백화점 왕 존 워너 메이커』 등을 언급하며 신실한 신앙을 바탕으로 부를 획득한 사례들에 관심을 가졌다. 특히 그들은 세상에서의 부나 명예, 지도력의 추구에서는 그 획득에의 열망이 강했고, 세상의 다른 경쟁자들보다 월등히 우월한 하나의 원천, 즉 '신앙'이라는 경쟁력을 더 가지고 있다는 자신감을 보였다. "영어 공부도 되고, 말씀이 좋아" 집에다 아예 위성수신용 안테나를 달아놓고 미국 기독교방송을 실시간으로 청취한다는 응답자(사례 17)는 주말이면 신촌에서 열리는 초교파적 구국기도회 모임에 참여하는데 미국의 국제적 기도단체 IHOP International House of Prayer와 네트워킹을 하고 있는 곳이어서 미국 강사들이 매주 방문한다고 했다. 이들의 설교를 듣다 보면 신앙이 깊어질 뿐 아니라 영어 실력이 향상되어 직장에서 자신감을 얻게 된다는 것이다. 실제로 이 유형의 교회들에서는 극단적으로는 영감과 계시를 통해, 좀 더 온건하게는 신앙 안에서 경건성을 확립함으로써 세상을 이기게 하는 신앙 능력을 키운다는 공통의 지향점을 갖고 있었다. 이를 자극하고 격려하는 프로그램과 설교가

4 분당우리교회 소식지, 『분당우리』 통권 43권, 2008. 11. 2쪽.

'90년대형 교회'에 가득하다. 이는 이미 1960년대 이후 풍미했던 '신복음주의'적 번영의 신학이 강조했던 바인데, 즉 '청부론'적 태도, 하나님 앞에 깨끗하고 경건한 신앙을 가진 신자가 복으로 받는 부와 풍요에 대한 믿음을 계승한 것이라 할 수 있다. 이는 연공서열이 아닌 능력별 승진을 덕목으로 여기는 신자유주의 시대를 맞아, 도시 신자들에게 더욱 호감을 주고 있는 것으로 보인다. 그리스도를 따르기 위해 세상을 포기하지 않아도 될 뿐만 아니라 오히려 기독교 신앙은 세상적으로도 유익을 가져다 준다고 가르친 이 신학적 입장은 중산층과 중산층으로의 유입을 꿈꾸는 사람들에게 매력적인 복음으로 다가왔음을 알 수 있다.

사실 16세기 등장부터 '자본주의 친화적'이었던 개신교 역사를 고려할 때 이는 새로운 현상이라 할 수는 없다. 기독교적 전통 사회에서 노동에 대한 신학적 해석은 '필요악'이라는 입장이 지배적이었다. 『창세기』의 창조 설화에 입각하여 인간이 낙원에서 죄를 저지른 대가로 부여된, 한마디로 '먹고 살기' 위한 필요악으로서의 수단이 노동이라고 해석한 것이다. 그러나 봉건제의 붕괴와 더불어 자유시민 계급이 등장하고 이들이 활발한 노동활동과 재화 축적을 통해 사적 소유권을 주장하게 되면서, 그리고 이들이 새로이 발생하는 개신교적 기독교 운동의 열렬한 지지 그룹이 되면서 자본주의 친화적인 개신교 윤리를 형성하게 된다. 막스 베버Max Weber는 세계 종교들이 각각 특수한 계층에 의해 결정적으로 발전되어 왔으며 개신교의 경우는 순회하는 기술직공들에 의해 결정적인 발전을 이루었다고 했다(Weber, 1946 : 271). 16세기 이후 유럽과 북미라는 시공간적 동시성은 개신교적 노동 윤리와 자본주의적 정신 간에 '선택적 친화력elective affinity'을 형성하며 상호작용 속에서 발전했다는 것인데, 베버는 열심히 벌고 열심히 저축해서 이를 다시 사회에 환원하는 개신교적 노동 윤리를 '이세상적 금욕주의thisworldly asceticism'라 불렀다. 이제 신도들은 하나님을 더욱 깊이 알기 위해, 하나님과 더욱 가까워지기 위해, 하나님께 더 높은 영광을 돌리기 위해 세상을 등지고 깊은 산 속에 들어갈 필요가 없게 되었다. 바로 이 세상에서 수도자적 금욕주의의 태도로 노동에 임할 신자들의 소명이 신학적으로 윤리적으로 정당화되었기 때문이다.[5] 그러나 베버가 관찰하고 있듯이 적어도 18세기 초반까지만 해도 비합리적 목적, 즉 '구원'이라는 신앙적 목표 달성을 위해 합리적 수단, 즉 하나님의 영역으로서 세상에서 자신들에게 주어진 소명calling인 직업에 최선을 다한다는 청교도적 노동 윤리가, 번영의 신학을 거치면서 그 목적과 수단의 '전도된reversed' 형태를 취하게 된 것은 비판적으로 고려해 보아야 할 문제이다. 이들은 성령의 은사와 경건 신앙이라는 '비합리적 수단'을 통해 세상적 성공이라는 '합리적 목적'을 추구하고 있으니 말이다.[6]

물론 '위로부터 받은' 경쟁력으로 성공한 신자들이 호의호식하며 살아야 한다고 가르치는 교회는 없었다. 오히려 이 유형의 교회들은 기존의 그 어떤 교회들보다도 가난한 이웃을 향한 지역적 · 세계적 규모의 선교적 실천이 돋보였다. 건물 건축 등의 외형적인 부분에서 지출을 줄이면서까지 도시 빈민, 노령 인구, 탈북자, 기아 및 난민 등 사회의 소외된 계층을 위한 시설과 프로그램 지원을 적극적으로 운영하는 곳이 많았고 교인들의 자발적인 참여도도 높았다. 그러나 주변화되고 가난한 이웃에게는 민감하게 반응하면서도 그 숫자가 점점 늘어가고 있는 현실, 즉 가난한 사람들을 양산하는 제도나 체제에 대해 응답자들은 그 어떤 의심이나 저항감을 갖고 있지 않았다. 이는 '90년대형 교회' 교인의 대부분이 중산층

5 Max Weber, *Protestant Ethic and the Spirit of Capitalism*, trans. Talcott Parsons, New York: Scribner, 1958의 핵심 주장을 한 단락으로 요약했다.

6 이 '전도된 청교도 노동 윤리'의 역사적 전개 과정에 대해서는 연구자의 선행 연구 논문 "The Protestant Ethic Reversed: A Study in the 'Elective Affinity' between Neo-liberalism and Christian Fundamentalism," *Madang* 9, June, 2008, pp.29-48에서 자세히 밝혔다.

이라는 현실과 무관하지 않다고 본다. 90년대형 교회들이 등록 교인의 사회적 계층을 제한하는 것은 아닐 터이나 상당히 동질 집단화되어 있는 것이 현실이다. 즉 "외국인 노동자, 북한 동포, 이주 여성 등 주변인에 대한 상당한 관심을 갖고 있으나 배타적으로 중산층 도시 엘리트 집단"인 교회 현실은 분명 교회론적 비판의 대상이다. 이 교회들의 대예배를 참석하면서 들은 설교에서 자연스레 전제된 이야기들, "여러분 같은 지성인들이 [……]", "우리가 등 따시고 배부르다고 [……]", "시동 걸고 나가시면서 [……]", "주차장도 복잡한데 택시 타고 오세요. 주일 하루 모처럼 운전 쉬시고 [……]", "사회 나가면 여러분들이 다 내로라하는 분들인데 [……]" 등 중산층 청중을 전제로 한 언급들이 많았다. 눈으로 보기에도 그들의 차림은 도시 중산층(혹은 그 이상)의 전형적인 모습이었고, 연구 응답자들도 자신의 계층을 중산층 혹은 중산층 이상으로 설명하고 있었다. 이는 교회론적 차원에서 심각히 반성해 보아야 할 부분이다. 물론 중산층이라서 '천당 못 간다'는 소리는 아니다. 그러나 중산층이 주로 모이는 교회인 '90년대형 교회'가 기독교 역사를 통해 기억해야 할 부분은, 예수가 선포한 하나님 나라의 질서와 이를 따르는 교회들은 언제나 가난한 자들과 삶의 공간을 함께한 신앙공동체였다는 사실이다. 교회가 가난한 자들에게 보이지 않는 문턱을 만들어 내었을 때(그것이 비록 비의도적이고 비자발적이었다 해도) 그 종말이 어찌 되었는지 기독교 2천 년의 역사를 통해 배워야 할 시점이라고 생각한다.

둘째, "갱생의 새 질서를 위해", "혁명과 변혁은 자기 자신으로부터"를 외치며 개인의 영성 회복, 가정의 회복, 기독교적 선한 문화의 회복을 추구하고 있는 '90년대형 교회'가 말하는 바 '회복'의 기원과 내용에 대한 비판이다. 응답자들은 '90년대형 교회'들이 적극 추진하고 있는 〈아버지학교〉, 〈좋은 어머니교실〉, 〈새 가정 프로그램〉 등 '보수적 · 전통적 가족관'으로의 복귀 혹은 재정립의 시도에 큰 호감과 만족감을 표현한 바 있다. 소위 전통적 가족 질서가 붕괴되고 있는 시점에서 이들은 태초부터 창조하신 세상의 '본래적' 질서는 신실한 한 남편과 한 아내가 사랑과 믿음으로 합법적 결혼을 통해 이루는 가정이라 믿고, 여성은 남성의 보조자, 돕는 이로서 창조된 존재이며 가정에서의 역할이 '신적 질서'로서 우선순위를 가진다고 주장하며, 전통적인 가족 가치를 떨어뜨리는 낙태, 성적 방종, 동성애는 '사탄의 영'에 사로잡힌 사람들이 선택하는 삶의 가치라고 비난한다. 그러나 그들이 '신적 질서'라고 믿고 있는 바는 사실 다문화·다가치적 상황에 대응하는 미국 뉴잉글랜드의 복음적 보수주의자들이 회복하고자 하는 질서의 내용일 뿐이다. 굳이 그 기원을 따지자면 이는 '태초'가 아닌, 16~17세기에 만들어지고, 18~19세기에 와서 견고해진 서구 자본주의적 가정 이데올로기이다. 근대 자본주의제도 형성기와 시·공이 겹치는 개신교 신앙이 그 이데올로기에 신적 권위를 부여했을 따름이었다. 설상가상으로 한국에서는 유교적 전통 질서까지 맞물려 그 보수성이 더욱 가중되고 있는 상황이다. 역사가 자라고 시대가 변화하면서 역시 자라는 신앙을 보여야 하는 교회가 '이미 지나간' 청교도적 질서에 신적 권위를 부여함으로써 가정관에서는 21세기적 변화에 반응하지 못하는 보수성, 아니 오히려 거스르는 '근본주의적' 성향을 보여 주고 있음(이는 세 번째로 제시한 '대항 엘리트적' 자세와 연결된다)은 문제이다. 체험 신앙을 통해 개인의 영성이 회복되고 가정이 회복되며 사회가 회복되게 하는 곳, 교회가 이런 장소가 되는 것은 한 응답자의 말마따나 '아름다운' 일이다. 그러나 과연 미국 청교도들이 낭만화한 형태로의 가족과 사회, 그것으로의 복귀만이 하나님의 뜻인가? 독신의 삶, 한 부모 가정이나 다양한 확대가족, 대안가족의 형태가 늘어가는 오늘날, 이들이 제시하는 '회복된 가정'의 모습이 혹 동시대 다른 삶을 사는 이들을 '비

非신적 질서'로 억압할 가능성은 없는 것인가?

셋째, '우리 대對 세상'이라는 대립 질서적 이미지에 대한 우려이다. '부흥'이나 '회복'이 '90년대형 교회'들의 키워드가 된 상황은 교회가 처한 사회문화적 위치를 다시금 확인시킨다. 이는 역사와 문화를 '다시 바르게 한다'는 근본주의적 열망을 반영하고 있기 때문이다. 학자들은 근본주의를 "분노하는 복음주의"(마르스텐, 1992 : 13), "현대주의와 대결하는 정통주의"(Hunter, 1990 : 57), "무조건적으로 성경을 수용하고 성경에 복종하는"(비일, 1994 : 19) 입장으로 정의한 바 있다. 이는 종교사회학자 제임스 헌터James D. Hunter가 정확하게 보고 있듯이 "역사가 무언가 잘못된 방향으로 흘러가고 있다"는 의식의 공유 아래 "역사를 다시 올바르게 재조정하겠다"(Hunter, 1990 : 59)는 강력한 운동성을 가진 흐름이라는 점에서 다원화된 전 지구적 도시화의 산물이라 할 수 있다. 이질성과 다양성이 공존하는 전 지구적 도시화라는 삶의 조건에서, 개신교적 신념에 입각하여 정체성 찾기에 열심인 '90년대형 교회' 교인들의 선택이 잘못이라고 비난하는 것은 아니다. 그들이 그리 믿고 그들'만' 그리 살면 '저거 아닌데' 싶더라도 굳이 지적하여 비판할 것은 못된다고 본다.

그러나 이들의 문제는 본인들만 그리 살겠다는 것이 아니라, 지금 잘못되어 가고 있는 역사와 문화, 사회의 흐름을 되돌려놓겠다는 '대항 엘리트적' 태도이고, 그 태도가 '편협한 세계주의자'의 모습을 하고 있다는 점이다. 헌터는 '진화하는 세계화' 공동 연구 프로젝트에서 미국 부분을 맡아 연구를 진행했었는데, 그가 인터뷰한 미국인들이 가진 '미국화된 세계화'의 이상을 "편협한 세계주의" (버거 · 헌팅턴, 2005 : 526, 529-530) 라는 말로 꼬집은 바 있다. 이미 타리크 알리Tariq Ali가 신랄하게 비판했듯이, 청교도들이 믿고 싶었던 "풍요롭지만 텅 비어 있는 대륙"은 존재하지 않는다(알리, 2003 : 431-432). 그럼에도 불구하고 기독교 복음'만'이

절대이고 진리이고 신적이라고 믿으며 선교 대상 지역을 '텅 빈 대륙'으로 전제하며 지역문화를 무시하고 미국 기원 개신교 근본·복음주의 신앙을 전 세계에 '보편화'해야 한다고 믿는 "편협한 세계주의자"의 태도는 분명 막아야 하는 한 흐름이라 생각한다. 기가 막힌 것은 한국의 '90년대형 교회' 교인들은 보수적 미국 개신교도나 가질 법한 이 '편협한 세계주의자'의 열망을 함께 공유하고 열렬하게 지지하는 사람들이라는 것이다. 현재의 세계 질서가 무언가 크게 잘못되어 있으며 이는 '사탄적(反하나님적)'이라는 인식은 응답자들 간에 그 어느 때보다도 세계 선교가 필요하다는 공감대를 만들고 있었다. 이러한 확신은 응답자들로 하여금 이항 대립적 자세로 사회와 세계를 향한 훈련받은 제자의 길을 추구하게 한다. 물론 이 특징은 '90년대형 교회'만 가진 문제점은 아니다. 한국 교회의 주류 교회들의 신학적·신앙적 성향이 이미 복음·근본주의적임은 잘 알려진 사실이다. 다만, 이들의 세상을 향한 반격이 그 어느 때보다 활발하고 그 반격이 신자들의 호응과 지지를 받고 있는 상황(표 2의 6, 표 3의 6, 11)은 현재의 문화와 세계 질서가 심각하게 잘못 흘러가고 있다는 의식의 공유를 반영한다. 이는 그 어느 때보다도 다문화·다가치적 사람들과 문화적 콘텐츠들이 한 공간에서 동시대적으로 치열하게 만나고 있는 지구화 시대의 상황에 대한 신자들의 의미 추구이다. 그러나 바로 그 지구화 때문에 그 어느 때보다도 평화적 공존이 요구되는 현실에서 "우리의 믿음과 가치만이 신적이며 절대적으로 옳기에 이를 세상 끝까지 전해야 한다"는 전투적·대립적 대항 엘리트 의식은 이들이 가는 곳마다 분쟁의 원인을 제공하고 있음을 본다. 과감한 매체 혁명을 통해 신자들의 변화된 의식과 만나는 소통 능력을 보여 준 '90년대형 교회'들이, 유독 전통적으로 계승된 교리들에 대해서는 시대적 변화에 민감성을 상실한 채 무비판적 수용을 하고 있다는 사실이 상당히 실망스럽다.

이와 연결하여, 마지막으로 지적하고 싶은 것은 '90년대형 교회'들이 미국발 신앙 내용과 형식에 대해 무비판적 수용 태도를 보이는 데 대한 유감이다. "우리 교회 목사님 책도 영어로 번역되고 미국에 초청받아 설교하시기도 한다"고 목소리를 높일 신자들도 있겠으나, 이는 우리나라의 '90년대형 교회'들 사이에서 읽히고 받아들여지는 미국 인기 강사들의 저서와 설교 동영상의 영향력에 비할 바가 아니다. 한국 목회자가 초청받아 가는 곳은 외국의 한국인 모임인 경우가 더 많고 간혹 서구인들의 모임이라 해도 그들이 세운 기관이나 신학교에서 충실히 교육받은 내용을 반복할 때 권위를 인정할 따름이다. 이에 대해서는 '90년대형 교회' 내의 목회자와 평신도 관계에서도 같은 지적을 할 수 있다. 비록 평신도 리더십을 적극 권장하고 교육한다고 하나 이는 자유로운 신앙 표현을 열어 놓는 교육은 아니다. 특정 교재와 특정 내용에 대한 신앙적 동의가 없이는 지도자로서의 자격이 주어지지 않는 폐쇄 구조이며 이는 극단적으로 말한다면 '미국 인기 강사—한국 목회자—평신도'로 이어지는 동일 신앙의 자기 복제 생산 라인이라고도 볼 수 있다. 21세기 전 지구적 도시화라는 하나의 거부할 수 없는 커다란 현상 안에서, 특히 국제적 종교운동의 동질화된 흐름이 실시간 소통되는 이 시점에서, '90년대형 교회'들에게 미국발 초교파운동과의 연결망을 끊으라는 충고는 시대착오적일 것이다. 그러나 '90년대형 교회'들에게 묻고 싶다. 미국발 콘텐츠와 형식을 무비판적으로 그대로 적용하기에는 '특수한' 한국 교회들이 갖는 '지역적local' 자리가 있지 않을까? 아니 오히려 그 동시성을 가지는 국제적 연결망은 지역적인 것들의 지구적 확산에 전략적으로 유리함을 제공하고 있는 것이 아닐지. 물론 국수주의적 차원에서 종교적 제국주의의 열망을 담은 제언은 아니다. 세계화가 동질화되고 획일화된 한 흐름이어서는 안 된다고 믿는 나로서는, '90년대형 교회'들이 프로그램 차원에서만이 아니고 기독교 신앙 고백의 내용과 표현 형식에서도 '지역적' 목소리와 색깔을 만들어 내 주길 희망한다. 그리고 그 신앙의 내용은 마치 '위키피디아'처럼 그 모든 평신도들에게 권위를 부여한 채 열려 있었으면 한다.

5. 90년대형 교회들에게 남겨진 과제: 교회론의 지역적 표현

종교는 언제나 삶의 의미 문제와 정면으로 씨름해 왔다. 그리고 인간으로 하여금 현재의 고통에도 불구하고 살아내게 만드는 '초월'의 힘을 제공했다. 그 본질적 역할은 시 · 공時 · 空을 불구하고 영속할 것이나 그 메시지와 전달 방식은 계속 변화해 왔고 또 계속 변화해야 한다고 본다. '90년대형 교회'들이 급성장한 배경에는 분명 후기 근대 · 신자유주의 자본주의적 도시 상황을 사는 신자들의 삶의 조건과 의미 추구에 부합된 여러 특성들이 존재한다. 그 '변화' 덕분에 도시 중산층 개신교 신자들의 관심을 얻었다.

응답자들의 의미군 분석을 통해서도 확인되었지만, 첫째, 도시화로 인한 공동체 붕괴라는 삶의 조건은 이 교회들로 하여금 양가적 가치를 추구하게 했는데, 대예배 때 익명성을 보장받는 예배 형식은 선택, 자발성이라는 현대적 인성에 부응하는 반면 잃어버린 가족, 고향에의 추구는 소그룹, 셀 모임 강화를 통해 확대가족을 경험하는 프로그램으로 채워 넣은 것이다.

둘째, 자본주의적 · 물질적 가치가 신앙과 병행 가능함을, 아니 오히려 신실한 기독교인의 상급으로서의 물질적 축복을 강조하는 번영의 신학, 청부론적 가르침을 통해 자본주의적 구조 속에서 살아갈 선택밖에 없는 이들에게 매력적인 교회가 되었다.

셋째, 세계화가 가속화되면서 다양한 가치들이 상응 · 충돌하는 가운데 신자들이 원하는 단순하고 확실한 가르침에의 욕구 증대는 '90년대형 교회'들이 제시하는 근본주의가 힘을 얻는 상황을 낳은 것도 사실이다.

넷째, 이에 더하여 매체혁명의 이기利器들을 반영한 현대적 감각의 예배 형식이 그 호응도를 가중시켰다. 덕분에 1990년대 이후 일반적으로 '교회 쇠퇴기'라 불리는 현실에도 불구하고 '90년대형 교회'들은 양적인 면에서 성장을 가져왔고 앞으로도 그 전망은 밝아 보인다.

요컨대 나의 판단으로는, 후기 근대적 · 신자유주의 자본주의적 도시 상황을 사는 신자들의 마음에 부합된 여러 특성들에 더하여 매체혁명까지 이룬 까닭에, '90년대형 교회'들은 앞으로도 쭉 기존 교회 유형을 대체하며 성장해 나갈 것으로 보인다. 그러나, 아니 오히려 그 때문에, 이 '90년대형 교회'들에게 큰 과제를 부여하고 싶어진다. 자기 자신조차 버텨낼 기운도 없이 쇠하여 가는 유형의 교회에 숙제를 내 줄 수야 없지 않겠는가 말이다. 그래도 기왕이면 원기 왕성한, 의욕 넘치며 자라나는 교회가 감당해야 하지 싶은 숙제이다. '기독교'라는 보편적 메시지와 '한국'이라는 지역적 특수성에 동시에 반응하는 교회 메시지와 표현 방식의 발견 혹은 개발이 그것이다. 인간, 자본, 상품, 그리고 지적 콘텐츠까지 전 지구적으로 실시간 소통 · 교류되는 이 지구화 시대에, 더 이상 '미국 청교도산 근본 · 복음주의 개신교 신앙'이 '유일'이고 '보편'이라 선전하는 상품 팔기를 그치고 '한국산 기독교' 한 번 만들어 보면 어떻겠냐는 초청이다. 지금 가진 그 종교적 신념이 실은 '편협한 세계주의'에 불과함을 고백하고 '지역'으로서의 한국적 삶의 조건과 의미에 관심을 가질 때, '90년대형 교회'들은 실용적 차원에서'만'이 아니라, 가치의 차원에서 '자라나는 하나님 나라'의 모습을 보여 줄 수 있다고 믿는다.

참고 문헌

구티에레즈, 구스타보, 『해방신학』, 성염 옮김, 분도출판사, 1977.

기독교사회사상연구회 편, 『한국교회 백주년 종합조사 연구』, 기독교사회사상 연구회, 1990.

기든스, 앤서니, 『현대사회학』, 김미숙 외 옮김, 을유문화사, 2003.

데이비스, 마이크, 『슬럼, 지구를 뒤덮다』, 김정아 옮김, 돌베개, 2007.

마르스텐, 조지, 『미국의 근본주의와 복음주의 이해』, 홍치모 옮김, 성광문화사, 1992.

메이슨, 제니퍼, 『질적 연구방법론』, 김두섭 옮김, 나남출판사, 2008.

밀러, 도널드 E., 『왜 그들의 교회는 성장하는가? 새 천년의 교회 패러다임』, 이원규 옮김, KMC, 2008.

버거, 피터 · 새뮤얼 헌팅턴 편저, 『진화하는 세계화』, 김한영 옮김, 아이필드, 2005.

비일, 데이비드, 『근본주의의 역사』, 김효성 옮김, 기독교문서선교회, 1994.

알리, 타리크, 『근본주의의 충돌 아메리코필리아와 옥시덴털리즘을 넘어』, 정철수 옮김, 도서출판 미토, 2003.

양희송, 「복음주의자의 책과 책읽기」, 『기독교사상』, 2008. 11.

이원규, 『한국교회 무엇이 문제인가』, 감리교신학대학교출판부, 1998.

이원석, 「한국 보수교회의 독서 현황, 그 진단과 처방」, 『기독교사상』, 2008. 11.

조용기, 『4차원의 영적 세계』, 말씀사, 1996.

최명덕, 「레이건 시대의 기독교 신우파의 정치참여」, 『미국학논집』 36권 2호, 2004.

최형묵 · 백찬홍 · 김진호, 『무례한 자들의 크리스마스: 미국 복음주의를 모방한 한국 기독교 보수주의, 그 역사와 정치적 욕망』, 평사리, 2007.

크레스웰, 존, 『질적 연구방법론: 다섯 가지 전통』, 조흥식 외 옮김, 학지사, 2005.

타사코리, A · C., 테들리, 『통합연구방법론: 질적 · 양적 접근방법의 통합』, 염시창 옮김, 학지사, 2001.

한국기독교역사연구소, 『한국기독교의 역사』, 기독교문사, 1997.

Baik, Soyoung, "The Protestant Ethic Reversed: A Study in the 'Elective Affinity' between Neo-liberalism and Christian Fundamentalism," *Madang* 9, June, 2008.

Eliade, Mircea(ed.), *The Encyclopedia of Religion*, New York: MacMillan Publishing Company, 1987.

Giddens, Anthony, *The Consequences of Modernity*, Cambridge: Polity Press, 1990.

Hunter, James D., "Fundamentalism in Its Global Contours," Norman J. Cohen & Grand Rapid(eds.), *The Fundamentalist Phenomenon: A View from within: A Response from without*, Michigan: William B. Eerdmans Publishing Co., 1990.

Peterson, Rodney L., "Faith-based Communities in the United States: Their Cultural and Historical Context," Manuscript of Ewha Womans University Christian Studies International Seminar, 2008. 5. 28.

Weber, Max, "The Social Psychology of the World Religions," Hans H. Gerth & C. Wright Mills(eds.), *From Max Weber*, New York: Oxford University Press, 1946.

____, *Protestant Ethic and the Spirit of Capitalism*, trans. Talcott Parsons, New York: Scribner, 1958.

Wuthnow, Robert, *Christianity in the Twenty-first Century Reflections on the Challenges Ahead*, New York · Oxford: Oxford University Press, 1993.

국제 혼인 이주 여성 피해 실태 연구*

차옥숭

1. 들어가는 말

국제 노동시장의 구조적 분화와 지구화 시대로 인한 양극화 현상으로 '빈곤의 여성화', '이주의 여성화' 현상이 심화됨으로써, 여성의 이주는 20세기 말 지구화 시대의 주요 특징 중의 하나가 되었다. 여성의 빈곤화가 심화될수록, 여성이 국제 결혼을 통해 이주하는 일도 가속화될 것으로 전망된다.

한국에서는 1990년대에 결혼 문제로 어려움을 겪는 농촌 총각과 조선족 처녀들의 결혼을 시초로, 1990년 후반 이후 결혼을 통해 한국에 이주하는 결혼 이주자의 수가 지속적으로 늘어났다. 2007년 12월 31일 현재 한국 거주 외국인 이주민은 1백만 명을 넘어섰고, 그 가운데 결혼 이민자

* 이 글은 『담론201』(한국사회역사학회, 2008년 9월)에 게재되었던 논문을 수정 · 보완한 것이다.

는 10.4%를 차지한다. 이는 한국 사회가 다인종·다문화 사회로 급속히 진전하고 있음을 나타낸다. 이러한 상황에서 얼마 전 19세의 어린 베트남 출신 신부 후안 마이가 남편의 무차별한 폭행으로 갈비뼈가 18개 부러지는 중상을 입어 끝내 사망하는 사건이 있었다. 그리고 지난 2월 6일에도 베트남 출신 친타이난이라고 하는 22세의 어린 신부가 14층 아파트에서 투신 자살한 사건도 있었다. 필자가 지난 3월에 직접 인터뷰한 한 중국 여인(45세)은 문을 잠그고 구타하는 남편의 폭력에 못 이겨서 2층 창문으로 투신한 뒤, 움직이지도 못하고 침상에 누워 있었다. 21세기 한국 사회에서 경제대국, 문명대국이라는 허울 아래 인권이 유린당하고 있는 국제 혼인 이주 여성의 실상은 참담하기만 하다.

이 논문에서는 피해 여성들의 실태를 중심으로 그 문제점과 원인을 살펴보고 해결책을 모색하는 데 중점을 두고자 한다. 해결책 모색과 관련해서는 사회 통합의 관점에서 다문화 담론을 살펴보고 그 대안으로서 상호문화주의를 살펴보려고 한다. 피해 실태는 필자가 직접 심층 면접 조사한 사례들을 중심으로 하고 그 밖의 사례들을 참고했다. 구술사 분석을 택한 이유는 구술사 분석이 관찰자의 입장이 아닌 혼인 이주 여성들의 관점에서 그 경험을 직접 생생하게 전할 수 있다는 점 때문이다. 또 하나는 혼인 이주 여성들이 하나의 논리로 단일화할 수 없는 다양한 삶의 경험을 지닌 주체라는 전제에서이다.

면접 지역인 전주를 중심으로 한 전라북도 지역은 공장이 거의 없어 생산 기반이 취약한 지역이다. 소비산업이 발달한 이 지역은 구직을 위한 서울로의 이동이 빈번하고 일자리가 부족하여 안정적인 직장을 갖고 있는 사람보다 일용직 근로자나 비정규직 근로자들이 많다. 거기에 전주는 농도農都로서 도시 외곽 지대는 농촌 지역이다. 2007년도 지자체별 거주 외국인 현황을 보면 전라북도 지역에 거주하는 한국 국적을 취득하지 못한 국제 혼인 이주 여성의 숫자는 2,851명이고 국적을 취득한 국제 혼인 이주 여성의 숫자는 1,250명으로 집계되어 있다. 최근 법무부(2008년 6월) 자료에 의하면 전라북도 여성 결혼 이민자 현황은 4,585명이다.

면담 내용은 혼인 이주 여성들이 한국에 오게 된 동기와 기대, 그리고 한국에 와서 자신의 결혼을 어떻게 경험하고 해석하고 의미화하는지, 당면한 문제점이 무엇인지를 심층면접했다. 면담 내용은 녹취하고 기록하는 형식을 취했다. 필자가 2008년 2월 1일, 2월 2일, 3월 10일, 3월 11일에 직접 면접한 국제 혼인 이주 여성 14명 중에 국가별로는 베트남 7명, 중국 5명(조선족 1, 한족 4), 필리핀 2명이며 이 중 10명이 가정 폭력에 시달리고 있었다. 2명은 그 동안 있었던 어려움을 극복하고 현재는 잘살고 있고, 2명은 처음부터 큰 어려움 없이 남편의 적극적인 도움으로 한국 생활에 적응해 나가고 있었다. 남편들의 직업 유형을 보면 무직 4명, 회사원 4명, 자영업 2명, 일용직 3명(농사 품팔이, 토목 일용직, 건설 현장 일용직), 레미콘 차 기사 1명 등이다. 면담은 전주에 있는 아시아 이주여성 센터에서 이루어졌으며 사례 7은 투신 후 움직이지 못하고 누워 있어 전북이주여성 쉼터에 찾아가 인터뷰했고, 사례 3은 남편이 외부 출입을 금지하고 있어 면담자가 살고 있는 진안에서 떨어진 곳까지 찾아가 먼저 남편의 허락을 받고 만날 수 있었다. 그러나 녹취나 기록은 할 수가 없어 면담 후 기록을 했다. 면담 시간은 남편이 외부인과의 접촉을 꺼려서 30분 남짓 했다. 다른 면담자들도 짧게는 30분에서 길게는 1시간~1시간 30분 정도 면담을 했다. 그러나 중간에 통역이 있어 소요 시간은 더 길어졌다. 면담 내용을 통해 그들이 겪고 있는 고통뿐만 아니라 전반적인 혼인 이주 여성들이 안고 있는 문제점의 원인과 해결책은 무엇인지를 생각하게 되었다. 문제점의 원인과 해결책을 모색하는 데는 그동안 국제 혼인 이주 여성과 관련된 연구 논문이나 자료들을 참고했다.

2. 국제 혼인 이주의 발생 요인과 피해 이주 여성들의 인권 실태

먼저 국제 혼인 이주의 발생 요인과 사례를 중심으로 피해 이주 여성들의 인권 실태를 살펴보도록 하겠다.

국제 혼인 이주의 발생 요인

이민의 형태는 다양하다. 결혼 이민 발생을 이론적 틀에서 간략하게 살펴보면, 배출과 흡입 요인이 서로 상호 작용하면서 사람들은 한 나라에서 다른 나라로 이동한다. 배출 요인으로는 경제적 어려움, 빈곤, 실업, 정치적 혼란 등을 꼽을 수 있다. 한마디로 말하면, 좀 더 좋은 기회, 더 나은 환경을 찾아 이동하게 된다는 것이다. 그 배후에는 전 지구적 자본주의 체계, 송출국과 유입국 사회와 정부, 국제 결혼 중개업체 등 다양한 사회적 요인이 작동하고 있다. 자본주의 세계 체계에서 나라들 간의 불균등 발전과 여성의 상품화, 가난과 실업이 만연한 송출국 사회와 자국인 여성 송출을 장려 또는 방관하는 정부 정책, 국제 결혼을 성사시킴으로써 영리를 추구하는 국제 결혼 중개업체 등이 국제 혼인 이주를 증가시키는 원인으로 파악되고 있다(설동훈 외, 2005 : viii).

이민을 송출하는 나라들은 경제적으로 어려움에 처해 있는 경우가 대부분이지만, 급격한 사회 변화를 겪는 나라들에서 외국으로 이민 가는 경우가 두드러진다는 점을 주목할 필요가 있다. 한국으로 결혼 이민을 많이 오는 필리핀, 베트남, 몽골 등을 살펴보면, 이 나라들은 우리나라보다 경제적으로 어려울 뿐만 아니라, 경제 발전 과정에서 지역 간, 계층 간 불평등이 심하다. 베트남에서도 상대적으로 낙후된 지역인 메콩 델타 지역이 결혼 이민을 가장 많이 오는 대표적인 지역이다. 이곳은 베트남에서도 문명과 교육 수준이 현저히 떨어진다. 남성들이 도시로 이주하여 농촌에서 결혼할 남성이 부족해지자, 여성들은 먼저 대만으로 결혼 이주를 시작했고, 이후 대만 정부의 정책 변화로 결혼 이주가 어려워지면서 그 대안으로 한국으로 결혼 이민을 오게 되었다.

한편, 이민을 받아들이는 국가들에는 흡인 요인이 있다. 한국의 경우, 경제 발전 과정에서 농어촌 지역은 상대적으로 낙후되고, 일할 수 있는 인력은 도시로 진출한다. 농촌에 남는 사람은 노인들이나 결혼 적령기를 넘긴 남성들인데, 문제는 한국 여성들은 그런 남성과 결혼하려 하지 않는다는 것이다. 이런 상황에서 1980년 무렵부터 농촌 총각들은 결혼적령기에 도시로 이주하여 결혼한 뒤에 다시 농촌으로 귀환하거나, 외국인 신부를 아내로 맞아들일 수밖에 없는 상황이 되었다. 또한 인구가 계속 감소하는 지자체에서는 저출산과 고령화 문제를 해결하기 위해 외국인 신부를 통해 2세를 생산하여 인구학적 위기를 극복하려는 정부 시책에 편승하고자 했다는 것이다(윤인진, 2008 : 38 ; 설동훈 외, 2005 : 30-31).

행정 주도형 결혼 이민 정책은 한국뿐만 아니라 대만, 일본의 상황도 비슷하다. 일본의 경우를 보면 전후 일본 경제의 급격한 성장과 함께 산업화와 도시화가 급진전하면서, 이에 따라 공장 노동자 수요가 증가하고 도시에서 제3차 산업, 즉 서비스업이 눈부시게 발전하면서 농촌 인구가 대거 도시로 유출되었다. 특히 서비스업은 여성에게 걸맞은 직업으로 인식되어 그 결과 남촌여도男村女都의 인구 구성상의 부조화가 초래되었다. 전통적으로 '촌내혼村內婚'과 '족내혼族內婚'을 유지해 온 일본 농촌에서는 여성의 절대적 부족으로 일부 농촌 총각이 결혼을 할 수 없게 되자 '가家'의 유지 존속에 큰 위기를 맞게 되었다. 이러한 위기의 타개책으로서 등장한 것이 외국 여성들과의 '국제 결혼'이다. 촌락 공동체는 이들의 결혼을 적극적으로 장려하고 지원하는 전략을 구사했다(황달기, 1993 : 471).

베트남에서는 여성이 시집가는 것이 개인의 선택이 아니라, 가족 전체가 경제적 어려움에서 벗어나는 방편으로 여겨지고 있고, 한국 남성의 입장에서는 한국 여성과의 결혼이 어려운 여건이므로 돈을 주고서라도 베트남 신부를 사오려고 한다. 이러한 흡입과 배출 요인이 작용하여 경제적으로 어려운 베트남이나 필리핀 여성들이 한국에서도 상대적으로 낙후된 농촌 지역으로 이주하게 되고, 정부의 주도적인 개입과 브로커의 상업적인 역할을 통해 국제 결혼이 대량 생산 체제 방식으로 이루어지게 되었다는 것이다(윤인진, 2008 : 39-40).

결혼 이주의 또 다른 이유로는 노동 이주를 할 경우에는 거래 비용이 많이 들기 때문에 돈이 없는 그들이 돈을 많이 들이지 않고 가장 쉽게 이주하는 방식으로 결혼을 택한다는 것이다. 최근의 통계를 보면, 아시아 전역에서 이민자 수의 70% 이상이 여성이다. 서비스나 가사노동, 돌봄노동 분야 등에서 일자리 수요가 점점 늘어나고 있고 현지 여성들이 꺼리는 3D 업종에 이주 여성들이 종사하게 된다. 이를 가리켜 이주의 여성화라 부른다(김현미, 2008 : 48 ; 이수자, 2004 : 203).

피해 이주 여성들의 인권 실태

결혼 이주를 해서 이 땅에 뿌리를 내리려는 여성들의 삶은 쉽지 않다. 여성가족부의 실태 조사에 따르면, 17.5%의 국제 혼인 이주 여성들이 일상적인 가정 폭력 속에 살아가고 있다고 한다. 필자가 직접 면접한 몇 가지 사례들을 통해 그들의 피해 실태를 살펴보도록 하겠다.

• 사례 1: A(20세, 베트남)

나는 8세 때 아버지가 돌아가시고 나와 남동생을 키우느라 엄마가 너무 힘이 드셔서 중학교 2학년까지 다니고 학교를 그만두었다. 엄마는 생선 장사를 하셨다. 나는 엄마 장사 일을 도우면서 집안일도 도왔다. 나는 앞으로 잘 살고 싶고 집안도 돕고 싶은 생각에 한국 남자와 결혼해서 2007년 4월 한국에 왔다. 처음에 의사소통이 어려워 힘이 들었다. 지금 한국말을 열심히 배우고 있다. 지금 임신 중이어서 엄마가 많이 생각난다. 동생도 보고 싶다. 남편이 엄마에게 가끔 돈도 부쳐줘서 너무 고맙다.

• 사례 2: B(37세, 중국)

아버지가 중풍으로 쓰러져 반신불수가 되시고 어머니도 일을 못하셔서 내가 일을 했다. 중국에 13세 난 초등학생 아들이 있다. 전 남편은 매일 술만 마시고 일도 안 하고 빈둥거려서 이혼을 했다. 지금 남편도 이 사실을 알고 있다. 남편도 재혼이다. 전처가 낳은 아이가 셋이다. 결혼할 때 매달 중국에 10만 원씩 보내 주기로 약속했다. 보내 주기는 하는데 매달 내가 이야기해야 하는 것이 눈치 보이고 속이 상한다. 남편은 술을 마시지 않으면 잘 해 주는데 술만 먹으면 괴롭힌다. 지난번에는 촌장 부인 집에 가서 놀고 왔다고 때리고 내가 가지고 있는 신분증을 내놓으라고 해서 안 주니까 사냥총을 가지고 죽이겠다고 위협해서 무서워 신분증을 주니 신분증을 태워버렸다. 얼굴에 물을 붓고 머리를 잡아 흔들고 때리고 괴롭혀서 경찰에 신고한 적이 있다. 한국말을 못하니 나에게 바보야, 멍청이라고 하는데 중국 사람끼리 모여서 한국말 배우고 하는 데가 있어 한국말을 배우고 싶은데 일절 밖에를 나가지 못하게 한다. 모이면 나쁜 물 든다고 나가지 못하게 한다. 하루 종일 펜션 청소하고 밥하고 빨래하고 무엇보다 이야기할 사람도 없고 언어도 통하지 않아 심심하고 힘이 든다. 동네에 버스가 하루에 두 번 온다. 한 번은 도망가려고 숨어 있다 버스를 타려고 갔다가 붙잡혀 왔다. 평소에는 남편이 나를 감시하고 남편이 외출할 때는 동네 사람들이 나를 감시한다.

• 사례 3: C(55세, 중국 지린吉林성 옌지延吉시 왕창현 조선족)

이곳에 온 지 만 3년 되었다. 남편이 1995년에 농사를 짓고 있다가 돌아가시고, 옌지에는 12세 된 아들이 하나 있다. 남편이 죽고 회사에 나가다가 큰 남동생 부인의 친구가 소개해서 한국 남자를 만나 결혼했다. 아들은 그곳에 있다. 2004년 11월에 한국에 와서 사흘 만에 남편이 손찌검을 했다. 남편은 일하고 집에 돌아오면 "다른 남자와 바람이 났지?" 하며 의심하고 아니라고 하면 바로 폭력을 행사했다. 남편의 의처증과 계속되는 손찌검에 끝까지 참았는데, 나중에는 혁대와 몽둥이로 때려 죽을 것 같았다. 2006년 7월 방문도 잠가 놓고 때렸다. 남편이 문을 잠그고 나를 때리고 있는데, 전처 소생의 딸이 방문 밖에서 "아버지 죄 없는 여자를 왜 그렇게 때리셔요. 만약 그분이 경찰에 신고하면 어쩌려고 그러세요" 하고 말하는 소리를 듣고 경찰에 신고하면 된다는 것을 알았다. 그 다음날 남편이 자는데 몰래 도망쳐 나와서 경찰서에 신고했다. 입고 있던 그대로 도망나왔다. 여름이어서 소매가 없는 옷을 입고 있었는데, 등 뒤에 그렇게 상처가 많은지 몰랐다. 등 뒤에 상처를 보고 경찰이 어떻게 이렇게 맞고 살았느냐고 놀라면서, 당장 신고하겠느냐고 물었는데, 차마 그렇게 할 수가 없었다. 평소에는 괜찮다가 갑자기 돌변해서 포악해지는 그 사람을 보면, 아무래도 그 사람은 정상이 아니고 병을 앓고 있는 사람 같았다. 지금은 센터에 와서 보호를 받으면서, 잠깐씩 일을 하고 있다.

보건복지부 보고에 의하면, 사례 1, 2에서 살펴본 것처럼 대부분의 혼인 이주 여성들의 혼인 동기는 가족에게 보탬이 되기 위한 것이 많다고 한다. 따라서 그들에게 결혼은 자신의 가족과의 단절이나 분리가 아니라, 딸이나 부모로서 역할을 수행하기 위한 일종의 자아 확장이라는 것이다. 그러므로 자신의 가족과 공간적으로는 멀어지지만 경제적 지원을 통해 관계가 공고히 지속될 수 있으리라는 기대감으로 결혼을 결심한다는 것이다(설동훈 외, 2005 : 64). 사례 1은 성공한 사례이고 사례 2에서 보듯이 경제적인 지원은 그리 순탄치 않다. 거기에 남편은 부인이 언제 도망갈지 모른다는 불안감에 외부와의 접촉을 차단하고 있다. 보건복지부 조사에 의하면, 결혼 이주 여성의 남편이나 가족들은 결혼이 한국 입국을 위한 하나의 방편이고 결혼 이민자들이 한국 국적을 취득하고 나면 도망갈 것이라고 생각한다는 것이다. 일종의 피해 의식이라고 볼 수 있다. 이러한 피해 의식은 위 사례처럼 아내의 외출을 금지하고 심할 경우 사례 3에서처럼 의처증 증상으로 발전하기도 한다고 한다(설동훈 외, 2005 : 127). 여기에 사례 2에서는 언어 장벽이 문제의 요인으로 작용한다. 부부간의 대화 부족은 일상생활에서 서로를 이해하지 못하고 갈등이 누적되고 폭력으로 이어지는 것이다. 이주 여성들은 한국말을 배울 수 있는 기회를 갖기도 쉽지 않다. 사례 1은 도시에서 살고 있지만 특히 사례 2처럼 농촌의 경우 한국어를 가르쳐 주는 정부기관이나 사회복지시설이 거의 없고, 설사 그런 시설이 있다 하더라도 너무 멀리 떨어져 있어 이용하기가 쉽지 않다. 따라서 대부분의 농촌 지역 이주 여성들은 남편의 지도를 받거나 혼자 힘으로 한국말을 배워야 한다. 그러나 가르치는 데 자신감이 없는 남편들은 외국인 배우자에게 한국어를 가르쳐 주기를 기피하고 있고, 만나서 대화할 이웃도 거의 없는 이주 여성들은 몇 년이 지나도 한국어를 제대로 익히지 못하게 된다. 언어 장벽으로 인해 갈등이 생겼을 때 문제를 말로써 풀어내지 못하고 답답함에 언성을 높이고 심지어는 폭력으로까지 발전하게 된다. 또한 자녀가 출생할 경우 어눌한 엄마의 한국어는 아이의 언어 발달에 큰 장애가 되고 있다(양혜우, 2004 : 40-42). 또한 간혹 한국어를 몰라 이혼 서류인 줄 모르고 서명하고는 쫓겨나는 여성도 있다.

• 사례 4: D(33세, 하얼빈哈爾濱 중국)

중국에서 어머니 아버지 밑에서 공부하고, 아버지가 2001년에 폐암으로 돌아가시자 소학교 교사를 하다가 2006년 9월 24일에 한국으로 왔다. 남동생이 둘 있다. 아버지 병간호를 하다 보니 나이가 들어 결혼하기가 힘들어져서 결혼중개업소를 통해 남편을 만났다. 남편이 중국에 와서 만났다. 처음부터 언어가 통하지 않아 여간 어색한 것이 아니었다. 소개를 받고 악수하고 통역이 옆에서 통역을 해 주었다. 아버지가 돌아가시고 마음이 아프고 슬펐는데, 한국에 결혼한 친구가 있어서 그 친구가 한국 생활이 좋다고 해서 결정했다. 어머니는 처음에 많이 반대하셨는데, 내가 하겠다고 해서 승낙하셨다. 남자는 37세였다. 중국에서 이야기 들었던 것과 한국 상황이 달라서 속았다는 기분이 들었다. 나는 중국에 있을 때 남편이 집도 있고 직장도 있는 걸로 알고 왔는데 공항에 도착해서 집이 없는 것을 알았다. 처음 공항에서 내리자마자 친구 집에 전화를 하길래 이상해서 집이 없느냐고 했더니 없다고 해서 속이 무척 상했다. 이틀 동안은 친구 집에 가서 자고 집도 그날 계약하고 생활용품 등을 바로 구입하고 결혼생활을 시작했다. 4일째 되는 날부터 포장마차에서 일했다. 오후 5시부터 새벽 2~5시까지 일을 했다. 19일 일을 하고 나니 시숙의 애인이 와서 돈을 가져갔다. 남편은 옆에 사는 형과 형수의 도움으로 살았으며, 의사 결정이 능동적이지 못하고 형이 모든 것을 결정했다. 남편에게 성적인 문제가 있어서 성생활을 하기가 어려웠다. 남편은 성적인 불구였다. 정상적이 아닌 성생활을 요구했다. 그것이 너무 싫었다. 거절하면 때리고 폭력을 행사해서 속이 상하고 무섭고 아팠다. 나는 결국 집을 나왔다. 남편이 그 후에 찾아와서 잘 대해 주고 다시 때리지 않겠다고 해서 집으로 돌아가려고 했는데, 형님이 남편이 다시 돌아가는 것을 허락하지 않았다. 결국 형님의 반대로 합의가 안 된 상태에서 별거하고 있다가 남편이 죽었다. 남편이 죽은 것도 모르고 있었는데, 중국 쪽에서 소개한 분이 친정어머니에게 연락을 해서 그쪽에서 연락을 받았다. 잘은 모르지만 병으로 죽었다고 한다. 남편은 2007년 7월 4일에 사망했다.

맞선 과정에서 남성은 여성에 대한 정보를 얻을 수 있으나, 여성들은 남성들에 대한 아무런 정보도 얻을 수 없다. 여성들은 최종 선택된 후에야 비로소 자신을 선택한 남성에 대한 정보를 얻을 수 있지만, 그 정보는 매우 빈약할 뿐 아니라 그마저도 허위인 경우가 많다. 사례 4의 경우가 그러하다. 병들고 생활력이 없어 독립적이지 못한 남자와의 결혼생활은 처음부터 정상적일 수 없었다. 한국에 와서 4일째부터 일을 하고 일의 대가도 본인에게 돌아오지 않는다. 애초에는 여성 결혼 이민자들이 결혼해서 한국에 들어올 때에는 국적이 취득될 때까지 취업이 허용되지 않았다. 그러나 국제 결혼 가정의 생활이 너무 어려워 법무부가 2006년 여성 결혼 이민자의 취업을 허용했다. 이것이 여성을 착취하는 도구가 되어 남편들이 놀면서 부인이 벌어온 돈을 갈취하는 일이 발생하고 있다. 이런 이유로 남편과 헤어질 경우 그 여성은 한국에 체류할 수 없게 되어 있다.

• 사례 5: E(23세, 베트남)

아이는 11개월이 되었다. 나는 중개업소를 통해 결혼해서 한국에 온 지 2년이 되지 않았다. 신랑은 농사를 지었다. 나는 시어머니를 돕고 농사짓고 살림만 하는 것이 싫었다. 임신 중이었는데 술만 마시면 시어머니와 남편이 나를 때렸다. 동네사람들에 의하면 남편은 26세에 교통사고를 당했다고 하는데 그래서인지 정신이 온전치 못하고 말이 어눌하다. 남편은 무뚝뚝하며 무슨 말을 하면 화를 잘 냈다. 집안의 모든 일은 시누이가 영향력을 행사했다. 결국 임신 4~5개월쯤 되었을 때 이혼했다. 신랑은 아이를 없애려고 했는데, 병원비도 없었다. 나는 2년이 되기 이전에 이혼을 해서 현재 국적이 없다. 아기의 출생신고를 하려고 하는데 아기 아빠가 받아 주지 않아서 그냥 구청에 가서 신고만 했다. 아기를 데리고 현재 이혼한 상태로 쉼터에 살고 있다. 아기를 임신한 상태에서 이혼을 했지만, 신랑과 관계없이 아기는 키우고 싶다. 한국인 국적도 취득하고 싶다. 고향에는 안 돌아가고 싶다. 아기가 한국 사람이니까 한국에서 살아야지, 베트남에 가면 힘들어질 것이다. 그래서 베트남보다는 한국에서 살고 싶다. 아직은 준비가 덜 되어 있지만, 준비가 되면 평범하게 직장 갖고 아이 학교 보내고, 그렇게 살고 싶다. 가끔 힘이 든다는 생각도 하지만, 아기 생각하면서 견디어 낸다.

• 사례 6: F(28세, 베트남 호치민)

나는 딸 셋, 아들 다섯 중 여섯째로 태어났다. 고향에서는 농사짓고 소를 키우면서 엄마 아빠와 살았다. 나는 중학교를 졸업했다. 나는 나중에 크면 부모님 없이도 혼자 독립적으로 직장도 갖고 돈도 벌고 생활하고 싶었다. 나는 한국 사람들이 아내를 사랑스럽게 아껴 주고 잘해 준다고 주변 사람들로부터 들었다. 그래서 한국 남자를 선택했고 한국에 왔다. 그러나 생각했던 것과는 전혀 달랐다. 나는 그곳에 있을 때 집을 떠나 한국에 오면 혼자서 모든 것을 결정하고 모든 것을 할 수 있을 것으로 생각하고 왔다. 그러나 의사소통도 안 되고, 남편은 너무 냉정하고, 남편의 무관심 때문에 외로워서 견딜 수가 없었다. 남편은 자신이 원할 때만 관계를 하고 자신의 방에서 자면서 술을 마시면 폭력을 행사하기도 했다. 남편은 재혼이었다. 지금 나이가 45세이다. 전처와의 사이에 남편은 딸 하나, 아들 하나가 있다. 그래서 아이를 원치 않았다. 그 사이에도 나는 남편의 냉대에 너무 외로워서 여러 번 남편을 떠나려고 했다. 그러나 그것이 뜻대로 되지 않았다. 남편은 전기 사무실을 가지고 있다. 집도 크고 생활은 넉넉하다. 남편은 아이를 원치 않았지만, 나는 아이를 갖게 되었다. 남편은 아이를 없애면 같이 살겠다고 했다. 나는 강제 유산당할까 봐 쉼터로 왔다. 지금 남편과 떨어져 나온 지 8개월 반이 되었다. 다음 달이 예정일이다. 지금도 나는 남편과 같이 살고 싶다. 아이를 무사히 낳고, 남편과 함께 행복하게 살고 싶다. 결혼은 결혼정보업체를 통해 남편을 알게 되었다. 결혼한 지는 다음 3월이 되면 2년이 된다.

사례 5, 6이 보여 주는 것처럼 여성들의 '임신'과 출산이 부부 간의 결속력을 강화하는 '축복할 만한 일'로 받아들여지지 않는 경우가 많다고 한다. 쉼터에 머무르고 있는 여성들 중에는 임신 후 증가된 남편의 폭력과 의심, 협박을 견디지 못해 피신한 경우가 많다. 외국인 여성을 단순한 성적 대상이나 부려먹기 쉬운 가사 노동자로 취급하는 남성들은 여성이 자신의 '정상적인' 부인으로 변화되는 '임신'과 '출산' 과정에 매우 적대적인 감정을 보이며, 부부와 자녀로 구성된 핵가족의 이상을 실현시키기 위한 사회적 책임을 지지 않으려는 경향이 강화된다는 것이다(고현웅 외, 2005 : 69). 또한 사례 6처럼 전처의 자식들이 있고 재혼을 한 경우에는 더욱 그러하다.

• 사례 7: G(45세, 필리핀)

나는 한국에 2002년 12월에 왔다. 나에게는 예쁜 딸이 있다. 현재 5세이다. 아이 때문에 살고 싶지만 남편의 알코올 중독으로 인한 폭력에 견딜 수가 없다. 때로는 죽을 만큼 때리기도 하고 목을 조르기도 한다. 시어머니는 내가 맞아도 말리지 않는다. 결혼해서 힘들었던 것은 아이를 가졌을 때 밥을 마음대로 못 먹은 거다. 배는 고픈 데 시어머니는 말끝마다 "아니 밥통에 밥이 벌써 없어졌어? 어떻게 그 밥을 다 먹었어?" 했다. 참 배가 많이 고팠다. 지금도 매운 것을 먹지 못하지만 음식이 다 매워서 맨밥만 먹었다. 이혼을 고민하고 있다. 지금은 밖에도 잘 못 나가게 한다. 결혼은 종교단체의 주선으로 이루어졌다. 주선한 종교단체에 가서 사정 이야기를 했다. 그곳에서는 그러면 이혼하고 다시 결혼하라고 말하는데 아이가 있는데 어떻게 이혼을 하고 다시 결혼할 수 있겠는가?

• 사례 8: H(45세, 중국)

나는 중국에서 의사로 일했다. 남편은 초혼이다. 나는 2007년 11월에 한국에 왔다. 부모님은 내가 한국에 오는 것을 무척 반대하셨다. 남편은 결혼 후 10일 정도 일을 하고 그 이후에는 일이 없어 집에서 놀았다. 평상시에도 남편이 정신적으로 이상하다고 생각했다. 가끔 나를 감금하고 폭력을 행사했다. 나는 중국으로 돌아갈까 생각도 했으나 반대하시던 부모님 생각에 이를 악물고 참았다. 그러나 2008년 1월 7일에 남편은 나를 주먹과 발로 때리고, 나는 남편에게 머리채를 잡힌 채 밖으로 끌려나가 구타를 당했다. 다음날 나는 문을 잠그는 남편을 보고 구타도 두렵고 이렇게 살아서 뭘 하나 하는 생각에 죽어버릴 생각으로 집 2층에서 뛰어내렸다. 그리고 나는 병원으로 옮겨졌다. 발목뼈가 부서지고 허리뼈가 부러져서 지금도 고통스럽다.

지금까지 몇 가지 사례를 살펴보았다. 위 사례에서 사례 1을 제외하고 한국 남성과 결혼한 이주 여성들은 상습적인 구타와 폭언에 시달리는 것으로 드러나고 있다. 말도 제대로 통하지 않는 짧은 만남을 통해 결혼을 한 사람들은 서로에 대한 정확한 정보와 이해가 없어 결혼 초기부터 심각한 갈등을 겪어야 한다. 빈곤을 탈피하기 위해 좀 더 잘사는 나라를 향해 꿈을 갖고 찾아온 결혼 이주 여성은 자신의 결혼으로 인해 가족에게 조금이나마 경제적 도움을 주려고 하지만, 한국인 배우자의 삶은 그러한 경제적인 여건을 충족시키지 못한다. 무엇보다도 국제 결혼을 선택하는 주변부 남성이 가지고 있는 빈곤, 폭력, 알코올, 마마 보이, 가부장적 인식은 국제 결혼이 가지고 있는 언어 장벽, 문화적 차이, 낮은 자아성취감 등과 더불어, 언제든 가정을 깨뜨릴 수 있는 위험 요소들이다. 사례 8의 경우 병원에서 나와 쉼터에 머물고 있었으나 꼼짝을 못하고 누워 있었다. 대담 중에 자주 울먹였다.

지금까지 피해 사례를 중심으로 살펴보았다. 그러면 중개업소를 통한 결혼의 문제점과 실태를 간략하게 살펴보고 이주 여성들이 결혼한 이후 한국에서 정착하기 위한 법제도적인 지원 시스템의 문제를 살펴보도록 하겠다.

3. 중개업소를 통한 결혼의 문제점과 실태

중개업소를 통해 국제 결혼을 하여 한국으로 입국하는 외국인 신부들의 출신지는 중국, 일본, 필리핀, 베트남, 태국, 몽골, 러시아, 우즈베키스탄 등으로 매우 다양하지만 현재 수적으로 다수를 차지하는 나라는 중국이다. 그러나 중국의 경우 중개업자가 관여하더라도 그 형태는 매우 다양하며, 지역적 근접성과 조선족의 경우 언어 소통력 때문에 '중개업자'에 과도하게 의존하는 시스템은 아니다. 최근에 들어와 가장 큰 수적인 증가를 보이는 나라는 베트남이다. 대부분의 여성들은 배우자의 국적을 선택할 수 있는 자율성을 갖고 있지 않다. 중개업자에 의해 '국적'도 잘 모른 채 맞선을 보는 경우가 많다(고현웅 외, 2005 : 9-10).

국제 결혼 중개업은 수익성이 높은 사업일 뿐 아니라 사업 초기에 투자 자본을 필요로 하지 않기 때문에 베트남 관련 결혼 중개업소는 몇 년 사이에 2~3천 개로 늘어났다. 결혼 중개업자들은 한 사람을 성혼시킬 경우 많게는 4백만 원, 적게는 250만 원 정도 이익을 본다. 베트남 여성과 한국 남성 간의 성혼을 가능케 하는 구체적인 중개 및 성혼 과정은 다음과 같다.

베트남 현지에는 주로 베트남 남 · 북부 지역의 농촌 마을을 돌며 여성들에게 국제 결혼을 권유하거나, 마을에서 여성을 모집해서 인수하는 중매업자가 존재한다. 여성이 모집되면 이들을 호치민 시 등과 같은 대도시로 데리고 가서 여성들은 결혼할 때까지 현지 중개업자가 운영하는 숙소에서 생활하며 맞선을 보러 오는 남성들의 요구가 있을 때마다 지속적으로 맞선을 본다. 그 기간은 짧게는 수일에서 수개월에 이른다.

한국 남성들은 5박 6일 또는 6박 7일 일정의 '관광형 맞선'을 가서 베트남 여성들을 만난다. 이 경우 남성들은 여성을 선택할 수 있는 '고객'으로 간주되고, 적게는 20~30명, 많게는 200~300여 명의 베트남 여성을 볼 수 있다. 대부분의 중개업체는 맞선 당일 성혼하기로 결정하면 다음날 결혼식을 주선하며, '합방'을 요구하는 것을 관행화하고 있다. 베트남 국제 결혼 중개 시스템은 결혼 당사자들에게 부정확하고 불충분한 정보를 제공하여, 그들의 자율 의지를 심각하게 제한한다. 또한 중개업자의 조직적인 연결망에 의해 여성을 모집, 관리, 통제하고 이동시킨다는 점에서 국제법에서 정의하고 있는 '인신 매매적' 속성을 보이고 있다(고현웅 외, 2005 : 3-4).

현재 중개업자가 제공하는 중개 서비스의 질은 남성이 지불하는 결혼 비용에 비해 매우 열악하며, 또한 중개 과정에서 중개업자들은 다양한 방식으로 이윤을 착취하기 때문에 남성이 결혼 비용으로 천만 원가량을 지불한다고 해도 여성이나 가족이 받는 돈은 12만 원~30만 원에 불과하다. 처녀성이나 출산 여부를 확인하기 위한 산부인과 검진이나 합방을 공식적인 중개 과정으로 하는 현재의 관행화된 중개 절차는 인권 침해적인 요소를 지닌다. 이러한 방식은 여성의 몸과 인격이 구매 가능한 '상품'이라는 인식을 강화함으로써, 여성을 삶의 동반자로 보지 않고 관리, 통제 가능한 소유물로 이해하는 경향을 강화시킨다. 따라서 남성과 여성의 위계적 관계 때문에 남성에게 언어적, 물리적, 성적 폭력을 경험한 여성들의 피해가 증가하고 있다(고현웅 외, 2005 : 66-67).

이러한 피해 사례가 늘어나면서 베트남 정부가 상업 목적인 결혼 중개업 감독을 강화하자 베트남을 거점으로 하던 한국 중개업자들은 캄보디아로 이동하고 있다. 그러나 인신 매매성 결혼이 늘어나자 지난 4월 초에 캄보디아 정부는 한국과의 국제 결혼을 중단시켰다. 이처럼 결혼 중개업이 아시아에서도 더 가난한 나라로 점점 깊숙이 이동하는 현상은 국제 결혼을 하는 여성들이 처해 있는 열악한 상황을 잘 말해 준다(한국염, 2008 : 45).

4. 한국 정부의 정책과 문제점

국제 결혼중개업과 관련된 정부 정책을 살펴보면, 2004년 이후로 국내적으로는 국제 결혼중개업의 시스템에 대한 실태 조사, 피해 사례에 대한 여론화 운동이 이루어졌고, 국외적으로는 유엔 여성차별철폐위원회가 2007년에 한국의 국제 결혼 중에서도 상업적 결혼 중개업자가 개입한 국제 결혼이 인신 매매적 성격을 띠어 여성 인권을 침해한다고 지적하고 이를 해결하기 위한 정책을 마련할 것을 권고했다. 이러한 국내외적 압력이

거세지면서 2008년 2월 국제 결혼중개업의 관리에 관한 법안이 통과되었다.

법의 내용을 구체적으로 살펴보면, 국내 결혼중개업은 신고제, 국제 결혼중개업은 등록제로 명시되어 있다. 등록 요건으로는 사무실 구비, 자본금 5천만 원 이상 등 몇 가지 등록 요건을 규정하여 군소 난립 개인 브로커의 시장 진입을 제어한다는 의미가 있다. 하지만 이것은 대규모 결혼중개업을 환영하는 법안으로 어떤 면에서는 결혼중개업을 합법화하여 대규모 사업체에 날개를 달아 준 것이다. 또 하나 결혼중개업 관리 법안에 반드시 포함되어야 한다고 그 동안 제기되었던 내용 중 하나는 정확한 사전 정보 제공에 관한 것이다. 그런데 유감스럽게도 이 법에서는 이러한 내용이 빠졌다. 이 법을 제정할 당시 미국의 결혼중개업을 규제하는 유사한 법적 사례를 참고로 했는데, 거기서 가장 핵심적인 내용은, 결혼하기 전에 미국인 남성의 폭력 전과, 약물 중독, 알코올 중독, 혼인 전력, 경제적 상황 등 정확한 정보를 전달하도록 의무로 규정함에도 불구하고, 한국의 경우 사후 제재 조치는 있지만, 결혼 전에 정확한 정보를 제공할 의무에 대한 내용은 빠져 있다(소라미, 2008 : 46-47).

이주 여성들이 결혼한 이후 한국에서 정착하기 위한 법제도적인 지원 시스템의 문제를 좀 더 살펴보면, 이주 여성의 지위가 법제도적으로 취약한 것이 현실이다. 한국인 남성과 결혼해서 들어온 여성들은 결혼하자마자 1년 만에 출산해도 여전히 외국인 신분이다. 결혼해서 2년을 살고, 한국인 배우자의 도움을 받아 서류를 제출하면, 1년 반이 넘는 심사 기간을 거쳐 한국인이 되기까지 실제로 4년이 걸린다. 그 사이 여성은 둘째까지 출산하지만, 그 여성은 여전히 약 4년간 외국인으로 살아야 한다. 이는 국적법과 출입국관리법의 규정 때문이다. 이 기간 동안 외국인의 신분으로 살아야 하기 때문에 비자가 필요하다. 통상 1년짜리 비자가 나오는데,

1년이 지나 체류 연장을 신청할 때 배우자가 동행하지 않으면 연장을 할 수 없다. 2년 동안 한국에서 아이를 낳고 잘살았어도, 국적 신청을 할 때 한국인 배우자가 서류를 구비해서 도와야 하고 함께 가야 한다. 그렇지 않으면 서류조차 받아 주지 않는다. 결국 이러한 시스템에서는 구조적으로 부부 사이의 대등한 지위가 보장되지 않고 한국인 배우자에게 의존할 수밖에 없다. 그러다보니 한국인 배우자가 이를 빌미로 폭력을 행사하는 구조를 만들게 된다. 국적 취득은 여성에게 한국에서의 안정적인 신분을 보장하는 절대적인 의미를 갖는다(소라미, 2008 : 50).

이처럼 이주 여성의 신분, 안정적인 체류, 국적을 취득할 수 있는 권리 등과 관련해서 법은 상당히 취약한 상황이다. 이로 인해 이주 여성들은 가정 내에서 권리를 주장할 수 없는 구조가 만들어진다. 그런데도 최근 법무부는 오히려 국적 취득 요건을 강화하는 정책을 취하겠다는 입장을 보이고 있다. 2003년부터 결혼 이주 여성에게는 한글 시험을 면제해 주었는데, 이러한 조치는 한국 가정으로의 편입이기 때문에 좀 더 빠른 사회 통합이 필요하다는 정책적 결단에서 비롯된 것이었다. 그러나 2008년 4월에 발표한 보도 자료에 따르면, 법무부는 다시 국적 필기 시험을 부활시키겠다고 한다. 여성들이 한국에서의 안정적인 신분을 보장받는 방식으로 법제도가 개선되어야 하는데, 오히려 정부의 정책 방향은 여성에게 족쇄를 채우는 방향으로 가고 있다(소라미, 2008 : 50-51).

또한 국적 필기시험을 보지 않으려면 지금 법무부가 준비하고 있는 사회통합 교육을 의무적으로 이수해야 한다. 결혼 후 국내 거주 기간 2년, 심사 과정에서 1년 반도 모자라 여기에 기본 230시간의 사회통합 교육을 이수해야 국적을 취득할 수 있다고 하면, 결혼 이주 여성의 취약한 상황을 더 악화시킬 수 있다. 사례 2와 7에서처럼 한국 남성이나 시댁 식구들은 결혼 이주 여성이 밖에 나가는 것을 싫어하고, 공공단체에서 한글 교육 프로그램에 참석하는 것도 싫어한다. 대부분 농어촌에 있는 결혼 이주 여성들은 교육기관에 접근하기도 어렵다. 출산과 양육에서 도움을 받을 수 있는 인프라도 부족하다. 이런 문제들이 해결되지 않은 채, 국적을 갖기 위해 230시간의 사회통합 교육을 받아야 한다고 하면, 가족과 사회의 인식이 부족하고 인프라가 부족한 상황에서 그 부담은 고스란히 이주 여성 개인에게 전가될 것이다. 결국 사회통합 교육은 좋지만, 그것을 국적 취득과 연계하는 방식은 문제가 있다(소라미, 2008 : 56). 혼인 이주 여성들이 처해 있는 상황을 좀 더 세밀하게 관찰하고 배려하는 정책이 이루어지기를 바란다.

5. 다문화주의와 상호문화주의

필자는 사례 6에 소개한 여성이 해산을 해서 머물고 있는 쉼터를 방문한 바 있다. 그곳에서 필자는 2세, 3세 된 어린아이들을 보았다. 그들은 볼이 빨갛고 맑은 눈을 가지고 있었다. 가정 폭력을 피해 쉼터에 온 여성들은 그들의 아이들이 어른이 되어 결혼을 할 때 폭력을 휘두르지 않는 평범한 남자를 만나서 행복했으면 좋겠다고, 소박하지만 절실한 희망을 이야기했다. 앞으로 국제 혼인 이주 여성들이 늘어날수록 2세에 대한 문제를 심각하게 고민해야 한다. 설동훈은 다문화 가족 자녀의 국민 또는 민족 정체성은 본인이 생각하는 소속감에 의해 결정되지만 그것은 주변 사람들의 시선에 의해 영향받기 때문에 자기를 한 민족으로 받아들이지 못하는 타자의 시선은 그들의 인식 속에 곧바로 새겨진다고 말한다(설동훈, 2006 : 10). 차별과 배제와 억압 없는 개방된 사회에서 2세들을 어떻게 키워낼 수 있을지를 고민하면서 이와 관련하여 다문화주의 담론의 문제점과 지향점, 상호문화주의를 살펴보도록 하겠다.

다문화주의

1960년대 이후 서구에서 등장한 다문화주의는 국가 내부의 다양성을 관리하는 국가 차원의 규칙과 정치적 개입 양식이다. 이주민의 증가와 인권 의식의 확장으로 자유주의 국가가 표방했던 평등의 이상은 백인 주류의 환상일 뿐이라는 정치적 자각이 일어났다. 국가가 인종, 성, 계급 등의 차별을 없애기 위해 정책적으로 개입하여 소수자가 문화적 정체성을 공적인 영역에서 표출하고 사회적 승인을 획득하도록 지원하는 것이 다문화정책의 기조이다(김현미, 2008 : 60). 즉 이런저런 방식의 문화적 · 집단적 정체성에 대한 지금까지의 무시의 극복과 차별 없는 인정, 그리고 나아가 바로 '차이의 존중'이 다문화주의의 규범이 되는 것이다(장은주, 2003 : 84). 그러나 여기에도 문제가 있다.

다문화주의 이론가인 테일러Charles Taylor의 인정의 정치학을 살펴보면 그의 이론은 현실적으로 존재하는 모든 문화들을 동등하게 존중하고 동등하게 그 가치를 평가해야 한다는 것을 전제로 한다. 그러한 전제는 타문화에 대한 편견에 의해 다른 문화를 부정하고 억압하는 폐단을 막기 위해 필요하다(Taylor, 1994 : 67-68 ; 진은영, 2008 : 250-261 재인용). 그럼에도 불구하고 테일러의 다문화주의적 전제는 한 문화집단 내에 소속된 개인의 권리들이 침해당하는 상황을 충분히 고려하지 않고 있다는 데 문제가 있다. 또한 "차이의 절대화에 기초한 다문화주의는 극단의 문화상대주의를 내포하며 문화적 차이라는 이름으로 불평등과 부정의를 정당화할 수 있다"(김혜숙, 2007 : 217). 이에 대해 킴리카Will Kymlicka는 한 문화가 그 문화에 속한 개인들이 좋은 삶을 사는 데 도움을 줄 수 있다면 그 문화가 아무리 소수적일지라도 그것을 존중하고 보존해 주어야 한다. 단 개인들이 원하는 좋은 삶은 사회에 의해 부과되는 것이 아니라, 그들의 내면으로부터, 즉 삶의 가치에 대한 그들의 신념으로부터 결정되는 것이기 때문에 어떤 문화공동체든 간에 우선적으로 개인들의 선택과 결정을 보장하는 자유주의적 원리들을 준수해야만 한다고 지적한다(Kymlicka, 1995 : 81 ; 진은영, 2008 : 261 재인용).

실제로 이주자들이 이주한 지역에서 가장 긍정적인 자아 이미지를 갖는 경우는 자신의 문화적 정체감을 유지한 채 새로운 문화를 체득해 간다는 자기 확장적 인식을 가질 때이다(김현미, 2008 : 62). 여기에서 올바른 관용의 문화를 위해서라도 인권과 같은 보편주의적 장치가 필연적 전제임이 강조된다(장은주, 2003 : 104). 인권의 보편성 주장은 "모든 차별과 배제와 억압을 끝내고 정치적이든 경제적이든 문화적이든 모든 차원에서 소수자와 소외된 자와 약자와 주변인을 평등한 상호 관계의 당사자로 만들자는 끊임없는 개방성에 대한 요구"이다(장은주, 2003 : 106).

김현미는 지난 몇 년간 한국 사회에서 다문화주의 논의가 정부에 의해 '차용'됨으로써 다문화주의의 정치적 의미는 희석되고, 다문화주의는 여성 결혼 이민자와 그의 가족을 '관리'하는 정책으로 변질되었다고 지적하고 있다. 다문화주의 논의는 사회적 소수자와 문화적 타자들에 대한 권리 옹호에 기여하기보다는 글로벌 소비주의와 더욱 더 공고하게 결합할 가능성이 있다. 결혼 이주 여성은 한국 사회에서 저출산과 고령화 사회의 위기를 해결하는 수단으로 언어화되었다. 사회 통합이 결혼 이주자 정책의 주요 목표가 된 것은 외국 여성들이야말로 한국 사회의 다양한 가족의 위기와 돌봄 노동의 부재를 해결하기 위해 가장 쉽게 동원할 수 있는 대상으로 포착되었기 때문이다. 현재 한국의 관 주도형 다문화주의는 지향하는 '가치'가 배제된 채, 도구적 목적으로 문화적 타자들을 동원하고 있다는 점에서 반인권적이고 반여성적인 성격을 가지고 있다는 지적에 주목할 필요가 있다(김현미, 2008 : 70). 그럼에도 불구하고 다문화주의 논의들이 한 사회 내에 존재하는 다양한 소수문화들을 국가 정책적 차원에서 어떻게 인정하고 보존할 것인가 하는 문제 의식에서 출발했다는 점은 긍정적이다. 그러나 다양한 문화 체험의 풍요로움도 중요하지만, 문화 다양성의 운동에 내재하는 갈등 가능성을 인정하고 갈등을 통해 발전할 수 있다는 사실을 인정하는 것도 필요하다(진은영, 2008 : 263, 265). 왜냐하면 실천의 장에서 갈등은 윤리적 실천이 필요로 하는 반성과 자기 비판의 중요한 요소이기 때문이다(이상화, 2003 : 42). 이러한 끊임없는 성찰을 통해 폐쇄적 민족 감정이나 이에 기반한 국가 이데올로기를 넘어 새로운 정치 · 문화공동체에 대한 다문화적 상상력을 증대시킬 수 있을 것이라고 본다(진은영, 2008 : 279-280).

상호문화주의

다문화주의가 내포하고 있는 상대주의는 상호 소통과 상호적인 자기 변화의 가능성을 받아들이는 과정 안에서 해소될 수 있다. 열린 주체와 열린 유대에 기초할 때 다문화주의는 편협한 집단주의와 폐쇄적 국지주의에 빠지지 않을 수 있다. 이렇게 상호문화주의interculturalism는 자기 변화의 가능성을 받아들이고 그를 통해 자신의 문화를 재규정하고 타인을 변화시키는 태도, 즉 열린 주체와 열린 유대에 기초하여 삶을 구성하는 태도를 말한다(김혜숙, 2007 : 217).

독일은 1980년대 초에 상호문화주의에 바탕을 두고 외국인 교육 정책을 실시했다. 다윤리, 다문화, 다원주의 사회에서 사람들은 서로 교류하는 방식을 배우고, 자신의 불확실성을 인정한 것이다. 상호문화적 이해는 다양한 문화와 혈통의 문화권 사람들이 동등하게 대우받고 함께 살아가는 방법과 각자의 고유한 특성을 서로 수용하는 법을 배우는 것이다. 상호문화적 이해는 문화적인 정체성을 인정하고 다양성을 서로 수용하고 자극하면서 허용하고자 한다. 그것은 자유와 평등, 형제애 등 인권의 가장 기본적인 토대 위에서 가능하다. 그것은 민주적인 사회에서 함께 살기 위한 기본이며, 제도적인 불평등과 폄하를 제거하는 것을 의미한다. 상호문화적인 교육의 대상은 외국인 아이들과 내국인 아이들 모두이다. 외국인들을 향한 일방통행이나 그들을 동화하려는 것이 아니다. 상이한 문화를 서로 배우자는 상호문화적인 교육은 진정한 적응을 가능하게 하고 동시에 고유 문화의 소외를 방지한다(Coburn-Staege, 1994 : 81-82).

다문화 교육과 상호문화 교육이 비슷한 용어로 사용되는 경우도 있다. 엄격히 말해서 상호문화 교육은 다문화적인 경험을 의식적으로 전달하는 것을 의미한다. 수업은 다문화적인 상황들을 주제화하는 데 머물지 않고, 상호 실천적인 방향으로 나아가게 하는 것이다. 아이들이 성장하면서 환경으로부터 이데올로기적으로 주입되는 영향에 대해 거리두기를 배우고 경계 밖으로 밀리고 폄하되는 외국인에 대한 선입견이나 적대감, 인종주의에 저항할 수 있도록 합리적으로 분석할 수 있는 능력을 키워 주는 것이다. 이와 동시에 문화적으로 다른 것을 비판적으로 수용하면서 창조적으로 내 것으로 만드는 방법을 학습시키고, 다른 것에 대한 관용, 새로운 삶의 형식의 개발, 파트너십을 토대로 한 적응 능력을 갖도록 학습시키는 것이다. 상호문화주의 교육은 모든 참여자들 사이의 변화 과정을 촉진하여 그들이 다문화주의 단계에서 상호 적응적인 상호문화주의로 단계로 나아가도록 하고 이를 실제로 경험하도록 기여하는 것을 목표로 한다 (Coburn-Staege, 1994 : 83).

김혜숙은 차이와 동일성에 대한 유연한 태도를 내포하는 상호문화주의가 오늘날과 같이 전 지구화된 환경 안에서 자신의 문화에 대한 자긍심을 키우면서 정의로운 사회로 나아가고자 하는 추상적 욕구를 현실적으로 실현시키는 데 유용한 가치가 될 것 이라고 전망한다(김혜숙, 2007 : 217-218). 필자는 여기에 동의하면서 일찍이 다문화 사회를 경험한 독일이 표방하고 있는 상호문화주의 교육 정책은 다문화 가정의 아이들이 학교에 적응하지 못하고 때로는 소외를 당하는 한국의 현실에서 숙지할 필요가 있다고 생각한다.

6. 나오는 말

앞에서 필자는 국제 혼인 이주 여성의 피해 실태를 중심으로 이와 관련된 법과 제도의 문제점과 다문화주의와 상호문화주의 담론을 살펴보았다. 지금까지 살펴본 논의를 통해 몇 가지 문제점을 짚어보고자 한다.

첫째, 꿈을 안고 이 땅에 왔다가 인권을 철저하게 유린당하는 여성들의 가해자들도 한국 사회의 주변부에서 살아가는 또 다른 피해자들이라는 점을 주목해야 한다. 사회적으로 억압되고 소외되었던 남성들이 그들이 당했던 고통과 열등감을 그대로 힘없는 외국인 여성들에게 되돌려 주는 것이다. 따라서 피해 여성들뿐만 아니라 한국 사회에서 소외된 남성들이 가진 문제를 해결하는 것도 앞으로 풀어나가야 할 숙제이다.

둘째, 한국 사회가 다문화 사회로 급변하고 있는데 한국인들의 가치관은 그 변화에 따라가지 못하고 가부장적인 전통적 가치관에 놓여 있는 것도 문제로 지적된다. 따라서 다문화적인 가치관을 내면화하여 다문화 가족 2세들이 자긍심을 가지고 어머니에 대한 긍정적인 태도를 가질 수 있도록 주변의 배려와 상호문화주의 교육 정책이 필요하다.

셋째, 출입국관리법과 국적법에 의해 국제 결혼 이주 여성들을 외국인 신분으로 규정하고, 배우자에게 의존하게 하는 구조는 시급하게 개선되어야 한다. 이들이 가정 폭력으로부터 벗어나 안정적인 신분을 보장받고 2세 교육과 사회 진출을 지원하는 것은 여전히 큰 과제로 남아 있다.

끝으로, 국제 혼인 이주 여성들이 부정적인 편견과 선입견에서 벗어나 더 나은 자신의 삶을 위해 주체적이고 적극적인 행위 주체자로서 굳게 서고 지역사회 민주 시민으로서 자리를 잡을 수 있는 날이 빨리 오기를 기대한다. 공존과 상생과 다양성이 살아 숨쉬는, 차이와 동일성에 대한 열린 태도를 내포하는 상호문화주의 사회가 실현되고, 더 이상 폭력에 자신을 내어 주는 사람이 없는 사회, 맑고 천진한 어린 2세들의 눈에 소외와 절망과 슬픔의 흔적이 남아 있지 않는 사회가 왔으면 하는 바람을 가져본다.

참고 문헌

고현웅 외, 「국제결혼 중개 시스템 : 베트남 · 필리핀 현지 실태 조사」, 빈부격차 · 차별시정위원회 연구용역보고서, 2005.

김은실, 「지구화 시대의 성매매 이주 여성, 국민국가 그리고 시민권」, 한국사회학회 · 한국문화인류학회, 『한국의 소수자, 실태와 전망』, 한울아카데미, 2004.

____, 「지구/지역 시대 개인들의 행위전략으로서 국제결혼 : 새로운 아시아/지역으로서의 충남 J마을 사례 연구」, 『지구화시대의 현장 여성주의』, 이화여대출판부, 2007.

김재련, 「국제결혼을 통한 이주 여성의 지위」, 명지대학교 산업대학원 석사학위 논문, 2007.
김현미, 『글로벌 시대의 문화 번역』, 도서출판 또 하나의 문화, 2005.
____, 「국제결혼의 전 지구적 젠더 정치학 : 한국 남성과 베트남 여성의 사례를 중심으로」, 『경제와 사회』 제70호, 2006.
____, 「다문화주의와 이주자」, 연세대학교 사회발전연구소, 『현대사회와 문화』 제26호, 2008.
김혜숙, 「여성주의 관점에서 본 다문화주의 : 열린 주체 형성의 문제」, 『철학연구』 제76집, 2007.
김혜순, 「한국의 '다문화사회' 담론과 결혼 이주 여성 : 적응과 통합의 정책 마련을 위한 기본 전제들」, 『동북아 "다문화" 시대 한국 사회의 변화와 통합』(한국사회학회 심포지엄 자료집), 2006.
변혜정, 「조선족 목욕관리사 여성의 몸일 경험과 여성성의 변화 가능성」, 『지구화 시대의 현장 여성주의』, 이화여대출판부, 2007.
새길문화원, 「기획토론 : 인권의 사각지대」(참가자 : 김현미, 소라미, 윤인진, 한국염), 『새길 이야기』, 2008 여름호.
설동훈, 「국민 · 민족 · 인종 : 다문화가족 자녀의 정체성」, 『동북아 "다문화" 시대 한국사회의 변화와 통합』(한국사회학회 발표논문 자료집), 2006.
____ 외, 『국제결혼 이주 여성 실태조사 및 보건복지 지원 정책방안』, 보건복지부, 2005.
양혜우, 「여성의 이주화와 국제결혼」, 사회 통합을 위한 시민사회 릴레이 토론회, 2004.
이상화, 「세계화와 다원주의」, 한국철학회 편, 『다원주의, 축복인가 재앙인가』, 철학과현실사, 2003.
이수자, 「이주여성 디아스포라 : 국제 성별 분업, 문화혼성성, 타자화와 섹슈얼리티」, 『한국사회학』 제38집 2호, 2004.

이혜경, 「혼인 이주와 혼인이주 가정의 문제와 대응」, 『한국인구학』 제28권 제1호, 2005.

____ 외, 「이주의 여성화와 초국가적 가족: 조선족 사례를 중심으로」, 『한국사회학』 제40집 5호, 2006.

장은주, 「문화다원주의와 보편주의」, 한국철학회 편, 『다원주의, 축복인가 재앙인가』, 철학과현실사, 2003.

정순희, 「국제결혼 이주 여성의 삶에 관한 탐색적 연구」, 순천향대학교 행정정보대학원 석사학위 논문, 2006.

진은영, 「다문화주의와 급진적 인권」, 『철학』 제95집, 2008.

한국염, 「2007 외국인 인권」, 『대한변호사협회 2007 인권보고서』, 2007.

황달기, 「일본 농가 후계자의 '국제결혼': 그 실상과 문제점」, 『일본학보』 제30집, 1993.

Coburn-Staege, Ursula, "Interkulturelle Erziehung als Möglichkeit sozialer Lernens," *Pädagogik gegen Fremdenfeindlichkeit, Rassismus und Gewalt*, Weinheim · Basel: Beltz Verlag, 1994.

Koeller, Katharina, "Wege zur eigenen Identität und zur Identität anderer Möglichkeiten eines schülerorientierten Unterrichts zur Förderung von Fremd-und Eigenverständnis," Katharina Köller(ed.), *Interkulturell Lernen-Erziehen-Bilden*, Münster: Marlies grosse Holthaus, 2004.

Kymlicka, Will, *Multicultural Citizenship*, Oxford: Oxford University Press, 1995.

Taylor, Charles, "Politics of Recognition," Amy Gutmann(ed.), *Multiculturalism*, Princeton University Press, 1944.

디지털 정보상품의 가치와 가격:

'버전 단위의 가치'는 성립 가능한가?

강성윤

1. 들어가는 말: 문제의 제기

이 연구는 최근 한국의 맑스주의 경제학계에서 진행되고 있는 이른바 '정보재 가치논쟁'에 대한 개입이다. 이 논쟁은 그 동안 상당한 기간에 걸쳐서 여러 입장들이 제기되었음에도 불구하고, 논쟁에서 드러난 주요 쟁점들에 대한 입장의 수렴이나 합의가 아직 이루어지지 않고 있다.[1]

'정보재 가치논쟁'의 주제인 정보상품의 가치와 가격에 대한 해명은 이른바 '정보경제'로 불리는 현대 자본주의의 최신 현상들 중 하나에 대해 맑스주의 노동가치이론에 입각한 설명을 제공하는 문제이다. 이 논쟁은

1 2007년에 당시까지 진행된 논쟁의 주요 논문들과 함께 논쟁에 참여한 논자들의 새로운 논문을 한 편씩 모은 단행본(강남훈 외, 2007)이 출간되었다. 강성윤(2007)은 단행본 출간 이전까지 진행된 논쟁의 구체적인 전개과정을 시간적 순서에 따라 정리하고 있다. 단행본에서 추가적으로 제시된 논자들의 입장에 대한 비판적 검토는 강성윤(2008)을 참조. 이후 김창근(2008, 2009), 조원희(2008), 채만수(2008), 강남훈(2008), 전희상(2009) 등이 추가적으로 글을 발표했다.

"매우 간단해 보이는 현상", 즉 소프트웨어와 같이 첫 번째 단위를 생산하는 데에는 상당한 노동이 들지만 두 번째 단위부터는 거의 아무런 노동이 필요하지 않는데도 높은 가격으로 팔리는 재화의 가치를 노동가치이론으로 설명하려는 시도에서 출발했다(강남훈 외, 2007 : 7-8). 이 문제를 해결하기 위해 강남훈(2000, 2002)은 정보상품의 가치를 개별 카피가 아니라 버전 단위로 볼 것을 제안했다. 나아가 그는 정보상품의 가격이, 버전 단위로 측정되는 가치뿐만 아니라, 특별잉여가치, 지대, 독점이윤이라는 추가적인 세 가지 구성성분으로 이루어져 있다고 주장했다. 이에 대해 채만수(2004)는 정보상품의 재생산에 현실적으로 필요한 비용과 노동이 사실상 0에 가깝고, 따라서 그 가격은 사실은 '지적재산권'이라는 국가 폭력에 의해서만 보장되는 극히 작위적인 독점가격, 즉 맑스Karl Marx가 『자본론』 제3권에서 규정한 "일반적 생산가격에 의한 가격에도, 생산물의 가치에 의한 가격에도 의존하지 않고, 단지 구매자의 구매욕과 지불능력에 의해서만 규정되는 가격"(채만수, 2004 : 238 ; Marx, 2004b : 929, 942)이라고 주장했다.[2]

그러나 이후 각 논자들이 자신의 입장을 반복하는 과정에서 이를 더 정교화하는 한편, 논쟁의 진행과정에서 여러 논자들이 개입하면서 새로운 주장들을 제시함으로써 논쟁의 구도가 좀 더 복잡해졌는데, 주요 쟁점들은 크게 다음의 두 가지로 나눌 수 있다. 첫째는 정보상품의 단위를 변경함으로써 그 가격에 가치기초를 부여하려는 시도를 둘러싸고 전개된 버전과 카피의 구분, 재생산과 복제의 차이, 연구개발노동의 성격 등에 대한 논쟁이다. 둘째는 특별잉여가치, 지대, 독점가격 등의 범주를 정보상

2 채만수(2004)의 비판은 강남훈 외의 다른 논자들에 대해서도 이루어졌지만, 오직 강남훈(2004)만이 공식적으로 반론을 제기함으로써 논쟁이 본격화되었으며, 이후의 논쟁도 두 논자를 중심으로 다른 논자들이 추가적으로 개입하는 양상으로 진행되었다.

품의 가격을 설명하는 데 적용할 수 있는가 또는 어떻게 적용할 것인가를 둘러싼 논쟁인데, 이는 또한 필연적으로 각각의 범주를 맑스주의 노동가치이론 체계에서 어떻게 이해할 것인가에 대한 논쟁을 포함한다.[3]

이 연구에서는 위의 두 가지 쟁점 중 첫 번째를 중심으로 다룬다. 맑스주의 노동가치이론의 입장에서는 이른바 '버전 단위의 가치'가 성립할 수 없으며, 따라서 정보상품의 가치가 두 번째 단위부터는 0에 가깝다는 사실을 확인하고, 그 가격을 설명하기 위해서는 맑스의 독점가격에 대한 규정에 천착할 필요가 있음을 제시할 것이다.[4] 이하 각 절의 구성은 다음과 같다. 2절에서는 그간의 논쟁에서 정보상품에 대한 불명확한 규정이 논의의 진전에 혼란을 초래했음을 밝히고 분석 대상을 '디지털 정보상품'으로 좀 더 엄밀하게 규정한다. 3절에서는 디지털 정보상품의 단위와 가치에 관해 현재까지 진행된 논쟁의 전개과정을 비판적으로 개괄한다. 4절에서는 연구개발노동의 성격에 대한 고찰을 통해 디지털 정보상품의 가치가 두 번째 단위부터는 0에 가깝다는 사실을 확인하고 맑스의 재생산 개념을 임의로 변경함으로써 '버전 단위의 가치'를 합리화하려는 시도들을 비판한다. 5절에서는 맑스의 독점가격에 대한 규정이 디지털 정보상품의 가격을 설명하기 위한 유력한 범주임을 제시하고, 이후의 과제를 설정한다.

3 강남훈의 말처럼, 이 쟁점들은 결국 "노동가치이론의 본질을 어떻게 이해할 것인가라는 궁극적인 문제와 연관되어 있다"(강남훈 외, 2007: 9).

4 논의의 집중을 위해 이 논문에서는 특별잉여가치와 지대에 관한 쟁점은 다루지 않는다. 그러나 첫 번째 쟁점에 대한 해명은 사실상 두 번째 쟁점을 부차적인 것으로 만든다는 것을 이 논문의 말미에서 확인할 수 있을 것이다.

2. 논의의 대상과 특성

이미 언급했듯이, '정보재 가치논쟁'의 주된 논의 대상은 '정보재' 또는 '정보상품'의 가치와 가격이다. 맑스주의 노동가치이론에 따르면, 자본주의 사회에서 한 상품의 가치는 그 상품의 생산—엄밀하게는 재생산—에 사회적으로 필요한 노동시간에 의해 결정된다. 그런데 정보상품의 대표적인 예인 마이크로소프트사의 윈도우즈나 오피스와 같은 소프트웨어는 그 첫 번째 한 단위의 생산에는 막대한 노동시간이 필요하지만, 두 번째 단위부터는 그 생산에 필요한 노동시간이 거의 0에 가깝게 된다. 그럼에도 불구하고 이 소프트웨어의 가격은 두 번째 단위부터의 생산에 필요한 노동시간에 비해 엄청나게 높게 매겨지고 또한 실현되고 있다. 따라서 노동시간에 의해 결정되는 가치 크기와 양적으로 커다란 괴리를 나타내는 것처럼 보이는 정보상품의 가격에 대한 설명을 노동가치이론에 입각하여 제시하는 것이 필요해진 것이다. 그런데 몇몇 논자들은 자신의 논리를 전개하는 과정에서 정보상품의 범위에 포털 서비스나 하드웨어 등과 같이 소프트웨어와는 그 성격이 분명히 구별되는 재화들을 임의로 포함시켰으며, 이처럼 애초에 해명의 대상이 된 특성을 공유하고 있지 않은 재화나 상품을 상정한 논의가 끼어들게 됨으로써 쟁점이 흐려지고 논의의 진전에 혼란을 초래했다.[5] 따라서 그간의 논쟁에서 명확히 정리되지

5 강남훈(2000)은 정보재를 "정보가 경영자의 경영 능력이나 노동자의 숙련처럼 사람과 결합되어 있거나 로봇 등과 같이 기계에 체화된 형태로서가 아니라, 정보 자체가 별도의 재화 혹은 좀 더 일반적으로 별도의 상품 형태로 생산되고 유통되는 경우를 가리키는 것"으로 정의하고 있으며, 조원희 · 조복현(2002)은 "디지털 네트워킹의 물적 기반을 제공하는 정보통신산업의 생산물(각종의 하드웨어, 소프트웨어, 닷컴기업 서비스 등)을 포괄하여" 정보재라고 정의한다. 류동민(2000)은 정보재 대신 정보상품이라는 용어를 사용하는데, 별도의 엄밀한 규정을 제시하지는 않는다. 채만수(2004)는 '정보상품' 혹은 '정보재'를 "디지털 형태로 생산 · 유통되는 재화"로 규정하며, 그 구체적인 대상을 범용 소프트웨어로 명시한다.

않고 사용되었던 '정보재' 또는 '정보상품'이라는 용어를 좀 더 엄밀하게 규정할 필요가 있다.

먼저 논자들은 정보재information goods와 정보상품information commodity이라는 두 가지 용어를 명시적으로 구분하지 않고 사용했는데, 상품의 가치와 가격을 다루는 이 문제의 성격상 재화, 즉 사용가치 일반을 지칭하는 정보재라는 용어보다 정보상품이라는 용어가 더 적합할 것이다. 그러나 핵심적인 중요성을 갖는 것은 정보상품의 범위를 어디까지로 설정할 것인가라는 문제이다. 앞서 지적했듯이, 예컨대 조원희 · 조복현(2002)과 같이 정보통신산업과 관련된 모든 상품들을 정보상품이라고 인정한다면, 그 범위가 너무 넓어질 뿐만 아니라 우리가 해명하고자 하는 주제와 무관한, 즉 두 번째 단위부터의 생산에 필요한 노동시간이 0에 가까워지는 특성을 갖지 않는 상품들까지 포함될 것이다.[6] 강남훈(2004) 또한 정보상품을 "디지털 형태로 생산, 유통되는 재화"로 규정한 채만수(2004)의 용어법에 동의하면서도, 그 범위에 "이메일, 인터넷 게시판, 인터넷 정보 제공 등 컴퓨터와 인터넷을 통해 제공되는 각종 서비스, 휴대폰 통화 등과 같은 무선통신 서비스"(강남훈, 2004 : 240)까지 포함시키고 있으며, 지대 개념의 확장에 대한 채만수의 비판에 반론을 제기하기 위해 소프트웨어가 아닌 인터넷 서비스를 예로 들고 있다. 그러나 이와같이 논의 대상을 확장하고 자신의 필요에 따라 편의적으로 대상을 변경하는 것은 논점을 흐리게 할 뿐만 아니라, 자기모순적인 결과를 낳을 위험이 있다. 정보상품의 가치를 해명하기 위해 강남훈이 제안한 버전과 카피의 구분은 명백히 소프트웨어와 같이 첫 번째 단위의 생산과 두 번째 단위부터

6 주 5) 참조. 이것은 정보상품에 대한 조원희 · 조복현(2002)의 규정이 애초부터 이 주제를 다루기에 적합하지 않았음을 보여 준다. 이와 관련한 비판은 채만수(2004)의 2절 2)항 참조. 한편, 조원희(2008)는 여전히 자신(들)의 규정이 갖는 문제점을 인식하지 못하고 있는 것으로 보인다.

의 생산에 투입되는 노동시간의 차이가 결정적으로 중요한 의미를 갖는 상품들의 특성을 해명하려는 시도에서 비롯된 것이었으며, 이것이 또한 '정보재 가치논쟁'의 대상이었다. 그런데 강남훈이 예로 든 인터넷 서비스 등은 이른바 '네크워크 효과' 등과 같은 현상들을 해명하는 데에는 소프트웨어와 같은 정보상품과 같이 취급될 수 있겠지만, 버전과 카피의 구분이 커다란 중요성을 갖는다고 보기는 어렵다.[7]

따라서 정보상품의 범위를 정확하게 우리가 해명하고자 하는 특성을 갖는 상품들로 제한할 필요가 있다. 기존의 논쟁에서는 소프트웨어가 정보상품의 대표적인 예로 주된 분석 대상이 되었는데, 소프트웨어와 같이 두 번째 단위부터 그 생산에 필요한 노동 시간이 0에 가까워지는 특성을 갖는 상품들은 컴퓨터, 영화, 음악, 출판산업 등에서 CD, DVD, MP3 파일, 전자책e-book 등의 형태로 생산되고 판매된다. 이 상품들은 모두 그 내용물(콘텐츠contents)을 구성하는 정보가 디지털화된 상태로 생산되고 판매되기 때문에 기술적으로 아주 쉽게 복제된다는 공통점을 가지며, 바로 이것이 이 상품들이 소프트웨어와 같은 특성을 갖게 되는 이유이다. 따라서 '정보재 가치논쟁'의 주요 대상을 "디지털 형태로 생산·유통되는 재화"로 한정한 채만수의 규정이 우리의 논의에 가장 적합하다고 볼 수 있으며, 이를 여타의 다른 '정보상품'들과 구분하기 위해 '디지털 정보상품'이라고 부르기로 한다.[8] 또한 이제까지의 논쟁에서 제출된 소프트웨어를 상정한 분석들은 동일한 특성을 갖는 디지털 정보상품 일반에 별다른 수정 없이 적용될 수 있을 것이다.

7 참고로, 신고전파 주류경제학에서 '정보경제'의 중요한 특징들 중 하나로 다루어지는 '네트워크 외부성', 또는 '네트워크 효과'를 설명하기 위해 등장하는 대표적인 상품은 전화와 팩스이다.

8 이 용어가 충분히 만족스러운 것은 아니다. '디지털 정보상품'이라는 용어는 그 자체로 버전과 카피의 구분이 결정적인 중요성을 갖지 않는 상품(예: 인터넷 서비스 등)을 배제하지 않는다는 지적이 있을 수 있다.

3. 논쟁의 진행과정에 대한 검토

"상품의 가치는 과거에 투하된 노동에 의해 결정되는 것이 아니라, 현재의 조건 하에서 투하되는 노동량, 좀 더 정확하게 말하자면 재생산을 위해 투하되는 노동량에 의해 결정된다"(강남훈, 2000 : 32 ; 2002 : 98)는 맑스주의 노동가치이론의 가장 기본적인 원리를 수정 없이 적용하면, 두 번째 단위부터의 생산에 필요한 노동시간이 거의 0에 가까워지는 디지털 정보상품의 가치 또한 0에 가깝게 된다. 이것을 인정한다면 노동시간에 의해 결정되는 가치와 커다란 괴리를 보이는 디지털 정보상품의 높은 가격, 그리고 이로부터 발생하는 막대한 이윤을 어떻게 설명하는가가 문제로 된다.

신고전파 주류경제학은 이 문제를 한계생산비용이 0에 가깝다는 것으로 해석하며, 한계비용과 가격이 일치하는 경쟁가격 수준에서는 디지털 정보상품을 생산하는 산업의 이윤 또한 0에 가까워지기 때문에 그 재생산을 보장할 수 없고, 이윤을 확보하기 위한 독점가격의 설정이 불가피하다고 본다. 그러나 강남훈은 디지털 정보상품의 단위를 카피가 아닌 버전으로 파악함으로써 재생산에 필요한 노동시간, 즉 가치가 거의 0인 것으로 보이는 디지털 정보상품에 새로운 가치 기초를 부여하려고 시도했다. 실제로 하나의 디지털 정보상품을 처음으로 개발하는 데에는 상당한 정도의 연구개발 노동이 필요하므로, 이 첫 번째 카피의 가치가 각각의 카피에 나누어 실현되는 것으로 파악한다면 그 가치는 결코 0에 가깝다고 할 수 없다.[9]

9 물론 디지털 정보상품의 가치를 버전 단위로 평가한다고 해도 그 가치와 가격 사이의 괴리가 완전히 해소되는 것은 아니며, 버전 단위로 평가된 디지털 정보상품의 가치와 가격 사이의 괴리는 여전히 추가적인 해명의 대상으로 남는다. 이미 언급한 것처럼, 강남훈은 이 차이를 특별잉여가치, 지대, 독점이윤의 합으로 설명하려고 한다.

그러나 이와 같은 주장은 디지털 정보상품의 복제, 즉 재생산에는 사실상 거의 아무런 비용도 노동도 요하지 않을 뿐 아니라, 실제로 디지털 정보상품의 복제 · 구매 · 사용자들은 모두 버전이 아닌 카피 단위로 소프트웨어를 복제 · 구매 · 사용하고 있으며, 이 카피 각각이 온전한 사용가치로서 기능하고 있다는 채만수(2004)의 비판에 직면했는데, 이에 대해 강남훈(2004)은 재생산과 복제는 다르다는 주장으로 응수했다. 강남훈은 하나의 버전을 복제했다고 해서 '사회적으로' 그 버전을 재생산했다고 할 수 없으며, "어떤 상품을 사회적으로 재생산한다는 말은 처음 그 상품을 만들어 낸 기업 이외에도 몇 개의 경쟁하는 기업들이 평균적인 숙련을 가진 노동자들을 고용해서 동일한 사용가치를 가진 상품을 생산할 수 있다는 것을 의미"하고, "다른 기업들이 그 상품을 만들어 내는 데 필요한 지식과 숙련을 가지고 있다는 것을 의미"(강남훈, 2004 : 243. 강조는 인용자)한다고 주장했다.

먼저 이렇게 복제와 '사회적' 재생산을 구분하는 것은 재생산 개념에 대한 사실상 새로운 해석이라는 점을 지적할 필요가 있다.[10] 한편, 이와같이 복제와 재생산을 구분하는 강남훈의 주장에 대해 이채언(2005)은 "현실의 상품생산은 처음부터 복제품 생산이며, 복제품 생산이야말로 상품생산의 전형적인 모습"이라는 점과 디지털 정보상품뿐만 아니라 다른 모든 상품에도 버전과 카피의 구분이 있다는 사실을 올바르게 지적했다. 따라서 강남훈의 주장이 최소한 논리적 일관성을 갖기 위해서는 모든 상품에서 버전과 카피, 복제와 재생산을 구분해야 한다는 점이 확인되었다.

그런데 이채언은 여기서 더 나아가 버전의 개발비가 각각의 카피에 분

10 이후 논쟁의 진행과정에서 김창근, 조원희 등은 여러 가지 형태로 이 해석을 '맑스(주의)적인 것'으로 지지함으로써 결국 디지털 정보상품의 가치결정 단위가 카피가 아니라 버전이라는 강남훈의 주장을 지지했다. 이에 대한 비판은 4절에서 다룬다.

산되어 들어간다는 이른바 '평균원리'를 제시했다. '평균원리'란 어떤 상품을 처음 개발하기 위해 자본가가 지출하는 비용, 즉 연구개발비가 첫 번째 카피의 상품뿐만 아니라 이후에 생산되는 상품들에도 나누어져 보전된다는 것이다. 이 '평균원리'는 이후에 전개된 연구개발노동의 성격을 둘러싼 논쟁과정에서 여러 논자들에 의해 명시적 또는 암묵적으로 수용되었는데, 대부분의 논자들이 그 의미를 잘못 해석함으로써 논쟁에 중대한 오류가 발생했다. 여기서 우리는 두 가지 점을 주의해야 한다. 먼저 '평균원리'는 어디까지나 자본가가 지출하는 비용의 보전 방식에 대한 설명일 뿐이며, 그 자체로 버전의 가치가 카피에 분산되어 실현된다는 것을 의미하지 않는다는 사실이다. 또 한 가지는 '평균원리'의 작동이 자동적으로 보장된 것이 아니라는 것, 즉 이 '원리'가 현실에서 관철되기 위해서는 특정한 조건들이 필요하다는 사실이다.[11]

따라서 디지털 정보상품이 카피 생산에 투입되는 노동 외에 추가적인 가치를 가지고 있다는 주장이 성립하려면 다음 두 가지 문제를 해결해야 한다. 첫째, 디지털 정보상품의 첫 카피, 즉 버전을 개발하는 데 필요한 연구개발노동이 가치를 생산하는 생산적 노동이라는 점을 입증해야 한다. 둘째, '평균원리'가 현실에서 관철된다는 것, 즉 연구개발노동이 생산한 가치가 이후에 재생산(복제)되는 각각의 카피에 나누어 실현된다는 점을 입증해야 한다. 만약 연구개발노동이 가치를 생산하는 생산적 노동이라고 하더라도 두 번째 카피의 상품부터는 그 가치에 영향을 미치지 않는다고 하면, 버전과 카피의 구분, 복제와 재생산의 구분은 사실상 아무런 의미가 없게 된다.[12]

11 이 조건들에 대한 논의는 5절에서 다룬다.

12 특히 두 번째 카피부터 그 생산에 필요한 노동시간이 0에 가까운 디지털 정보상품의 경우 결국 그 가치도 0에 가깝게 될 것이다.

그러나 '평균원리'를 제시한 이채언 스스로를 포함한 대부분의 논자들이 첫째 문제와 둘째 문제를 사실상 동일시하거나 둘째 문제를 당연한 것으로 취급함으로써 이후의 논쟁은 첫째 문제의 해명에만 집중되었다. 연구개발노동이 가치를 생산하는 생산적 노동인가 아닌가라는 문제에 대해 이채언(2005, 2007)은 연구개발노동은 가치를 생산하지 않는 비생산적 노동이지만, "사회적으로 필요한 노동이고 가치의 생산에도 간접적으로 기여하기 때문에 그런 노동에 대해 사회가 일정한 기여금을 지불하는 것은 당연한 것이며 상품가치의 일부에 덧붙여진다"(이채언, 2007 : 344)고 주장했다.[13] 강남훈(2007)은 연구개발노동은 가치를 창조하는 노동이며, 연구개발노동이 생산한 가치의 크기는 그 연구개발노동이 생산한 '지식'을 모방하는 데 필요한 노동시간에 의해 정해진다고 주장했다. 강성윤(2008)은 양자를 각각 비판하면서 연구개발노동은 가치를 생산하지 않는 비생산적 노동이라고 주장했는데, 이하에서 명시적으로 수정하고 있듯이 이 주장은 잘못된 것이다.[14] 김창근(2008)과 조원희(2008)는 연구개발노동이 가치를 생산하며, 디지털 정보상품의 가치 단위가 카피가 아니라 버전이라는 강남훈의 주장을 지지했다. 채만수(2008)는 자신에 대한 김창근의 비판이 오독에 기초하고 있음을 밝히는 한편, 문제의 핵심은 연구개발노동이 그 자체로 생산적 노동인가 아닌가가 아니라, '지적 재산권'이라는 시장 외적 폭력에 의해서만 연구개발노동이 자본가적 의미에서 생산적 노동이 될 수 있다는 점이라고 주장했다.

13 이와같이 가치를 생산하지 않는 비생산적 노동도 상품가치에 포함되거나 가치를 부가할 수 있다는 주장은 이채언이 그동안 순수유통비용(이채언, 1999)이나 불환지폐의 가치(이채언, 2002) 등과 관련하여 전개해 온 독특한 가치론의 연장선상에 있는 것으로 보인다.

14 이 논문은 이후 제기된 채만수(2008)의 지적을 수용하여 이전의 입장을 수정 · 보완한 것이다.

4. 연구개발노동의 성격과 디지털 정보상품의 가치

연구개발노동은 생산적 노동이다

현재까지 진행된 논쟁의 결과, 디지털 정보상품의 단위와 가치에 대한 논의를 결론짓기 위해서는 상품의 최초 한 카피의 생산에 투입되는 연구개발노동의 성격에 대한 이해가 핵심적인 문제로 되었다. 즉 버전의 가치가 카피에 나누어 실현된다는 강남훈의 최초 주장은 연구개발노동이 생산적 노동이며, 그 노동이 생산한 가치가 이후 생산되는 두 번째 카피부터의 상품에도 이전된다는 것을 이미 전제하고 있었음이 확인된 것이다.

먼저 연구개발노동이 맑스주의적 의미에서 생산적 노동인가 아니면 비생산적 노동인가를 검토해 보자. 우리는 이 문제를 연구개발노동이 사용가치를 생산함과 동시에 가치를 생산하는 노동인가의 문제로 파악한다.[15] 먼저 사용가치의 생산이라는 측면을 살펴보자. 사용가치의 생산은 어떤 노동이 가치를 생산하는 노동일 수 있기 위한 필요조건이다. 즉, 가치란 어떤 사용가치를 획득하기 위해 한 사회가 지출해야 하는 노동량이다(물론 여기에는 생산수단에 체화된 과거의 노동도 포함된다).[16] 본래적 의미의 상업노동(순수한 구매와 판매)과 신용 부문이 비생산적인 이유는 그 필요성이 사용가치의 생산과 무관하게, 오로지 상품 생산, 또는 자본주의적 생산이라는 특수한 경제 형태 때문에 발생하기 때문이다. 이런 의미에서 연구개발노동은 하나의 새로운 사용가치를 처음으로 생산하는 데 필요한 노동이라는 점에서 생산적 노동이 될 수 있다.[17] 그러나 사용가치를

15 생산적 노동과 비생산적 노동의 구분에 대한 상세한 논의는 이 논문의 범위를 넘어선다. 관련 논의는 Mandel(2009), Shaikh & Tonak(1994, 제2장), Savran & Tonak(1999) 등을 참조.

16 "상품의 현실적 비용은 노동에 의해 측정된다"(Marx, 2004b: 31).

생산하는 모든 노동이 가치를 생산하는 것은 아니다. 노동생산물이 가치를 가지려면 그 생산물은 상품으로 판매되어야 하기 때문이다. 예컨대, 같은 소프트웨어라 할지라도 자유 소프트웨어free software나 오픈 소스 소프트웨어open source software의 상당수는 그 개발에 투입되는 노동이 개인의 자발적인 무보수 노동으로 이루어지며, 상품으로 판매되지 않고 자유롭게 공유된다. 이와 같은 경우 연구개발노동은 가치를 생산하지 않는다.

더 나아가 자본가의 입장에서는 오직 자본에 포섭되어 이윤의 원천, 잉여가치를 생산하는 노동만이 생산적이다.[18] 이러한 점들을 고려할 때, 여기서 우리가 다루고 있는 디지털 정보상품의 첫 번째 카피, 즉 버전 생산에 투입되는 연구개발노동은 당연히 잉여가치의 생산을 목적으로 자본주의적 생산에 포섭된 노동이며, 따라서 가치를 생산하는 생산적 노동이라고 결론내릴 수 있다.

이채언은 연구개발노동이 상품가치의 생산에 '간접적으로' 기여하기 때문에 가치와 잉여가치를 생산하지 않는 비생산적 노동이라고 주장하는데, 그 근거를 연구개발노동의 생산성이 고르지 않다는 점에서 찾고 있다(이채언, 2007 : 342). 그러나 노동생산성은 가치의 생산이 아니라 사용가치의 생산에 관한 개념이다. 따라서 연구개발노동의 성과가 예측을 불허할 정도로 들쭉날쭉하기 때문에, 즉 사용가치가 노동시간에 비례해서 생산되지 않기 때문에 가치를 생산하는 노동으로 볼 수 없다는 주장은 성립하기 어렵다. 한편, 강남훈(2007)은 연구개발노동이 가치 창조적 노동이라는 것을 입증하기 위해 어떻게든 상품의 가격에 연구개발비가 포함된다는

17 이와 관련하여 맑스가 이미 기술자(technologist)를 생산적 노동을 수행하는 노동자의 범주에 포함시키고 있음을 확인할 수 있다(Marx, 1988: 108).

18 "자본가를 위해 잉여가치를 생산하는 노동자, 또는 자본의 가치 증식에 기여하는 노동자만이 생산적이다"(Marx, 2001: 684).

것을 보이려고 애쓰고 있으며, 연구개발비가 상품의 가격을 통해 보전되는 다양한 방식에 대한 설명을 연구개발노동의 가치 창조적 성격에 대한 구체적인 분석으로 간주하고 있다. 그러나 자본가의 비용처리 방식으로부터 노동의 가치창조적 성격을 입증하려는 시도는 눈에 보이는 현상을 당연한 것으로 받아들이고 그로부터 본질을 입증하고자 하는 전도된 방법이며, 따라서 연구개발노동이 가치를 생산하는 생산적 노동이라는 올바른 결론을 끌어낼 수 없다.

연구개발노동이 생산한 가치는 두 번째부터의 상품에 이전되는가?

그런데 앞서 지적했듯이, 연구개발노동의 성격을 둘러싸고 진행된 논쟁은 중대한 문제점을 가지고 있었다. 자본주의적 생산에 포섭된 연구개발노동은 사용가치와 가치를 동시에 생산한다는 의미에서 생산적 노동이다. 그러나 그렇다고 해서 둘째 문제가 자동적으로 해결되는 것은 아니다.

이 문제에 관해서는 맑스가 『자본론』 제3권 5장에서 제시하고 있는 '보편적 노동universal labor'과 '공동노동communal labor' 사이의 다음과 같은 구분을 주목할 필요가 있다.

> 고정자본의 사용상의 절약은 …… 노동조건들이 대규모로 사용되는 것의 결과이다. …… 끝으로, 어디에서 어떻게 절약하는가, 이미 이루어진 발명들을 어떻게 가장 간단히 이용할 수 있는가, 그리고 이론을 생산과정에 적용하는 데서 일어나는 실제적인 마찰들을 어떻게 제거할 것인가 등등은 오직 결합된 노동자의 경험에 의해서만 발견되며 증명되는 것이다. 그런데 우리는 여기에서 보편적 노동과 공동노동을 구별해야 한다. 어느 것이나 생산과정에서 자기의 역할을 하며 하나가 다른 하나로 이행하지만 둘은 서로 다르다.

> 보편적 노동은 온갖 과학적 노동, 온갖 발견과 발명이다. 이 노동은 부분적으로는 현재의 살아 있는 사람들의 협업에 의해 달성될 뿐만 아니라 부분적으로는 과거의 죽은 사람들의 노동을 이용하는 것에 의해 달성된다. 그러나 공동노동은 오직 개인들의 직접적 협업만을 내포한다. 이러한 구별은 자주 관찰되는 다음과 같은 사실에 의해 새로 확증되고 있다. 1) 새로운 기계의 최초의 제조비용과 그것의 재생산비 사이의 큰 차이. …… 2) 새로운 발명에 의거하는 기업의 운영비는 이 기업의 폐허 위에 나타나는 나중의 기업의 운영비에 비하면 훨씬 많다는 것. 이리하여 최초의 혁신적인 기업가들은 대체로 파산하고 건물 · 기계 등을 값싸게 매수하는 나중의 기업가들이 비로소 번창하게 된다(Marx, 2004b : 119-120).

여기서 맑스는 연구개발노동이 어떤 방식으로 수행되는지 보여 준다. 보편적 노동, 즉 연구개발노동은 '온갖 과학적 노동, 온갖 발견과 발명'이며, 부분적으로는 "현재의 살아 있는 사람들의 협업"에 의해 달성될 뿐만 아니라 부분적으로는 "과거의 죽은 사람들의 노동을 이용하는 것에 의해 달성"된다. 그렇다면 이러한 맑스의 서술이 연구개발노동의 성격에 대해 갖는 의미는 무엇일까? 새로운 기계, 새로운 발명은 최초의 생산에는 매우 큰 비용을 요구하지만, 그것을 재생산하는 데에는 훨씬 적은 비용을 필요로 한다. 그리고 그 차이가 발생하는 이유는 첫째, 보편적 노동이 더 이상 필요하지 않기 때문—또는 맑스의 표현대로라면, '하나(보편적 노동)가 다른 하나(공동노동)로 이행'했기 때문—이다. 둘째, 공동노동이 여러 차례 수행될수록 이미 더 이상 새롭지 않은 상품의 재생산, 즉 복제에 필요한 노동량과 생산수단의 양이 감소하기 때문이다.

이것은 우리가 진행한 논의에 바로 적용할 수 있다. 연구개발노동의 특징은 필요한 결과를 얻기 위해 그것을 매번 다시 반복할 필요가 없다는 데 있다. 따라서 어떤 상품이든지 최초의 한 카피를 생산하는 데 투입된 연구개발노동은 그 상품의 가치를 형성하지만, 그 노동은 두 번째부터 생산되는 상품에는 결코 가치를 부가하지 않는다. 따라서 두 번째부터 생산되는 상품의 가치는 바로 그 재생산(복제)에 필요한 노동량에 의해서만 결정된다. 마찬가지로 디지털 정보상품의 가치 또한 두 번째 카피부터는 정확히 그 재생산, 곧 복제에 필요한 노동량에 의해서만 결정되며, 따라서 0에 가깝게 된다. 그리고 이 결론은 3절의 첫머리에서 제시한 노동가치이론의 기본 원리에 정확히 입각하고 있다.

더욱이 연구개발노동이 생산적 노동이라는 사실이 그 노동이 생산한 가치가 두 번째 카피 이하의 상품에 이전 및 실현되는 것을 보장하는 것 또한 아니라는 점도 위 인용문의 마지막 부분에서 확인할 수 있다. 다시 말해 이채언의 '평균원리', 즉 새로운 상품의 개발에 연구개발비용을 지출한 자본가가 그 비용을 두 번째 카피 이하의 상품가격에 이전시키는 것은 자본가의 입장에서 비용을 보전하고 나아가 일정 수준의 이윤을 실현하기 위해 불가피한 방식이지만, 그것이 연구개발노동이 생산적 노동이라는 사실에 의해 보장되는 것은 아니다.

재생산 개념에 대한 변형과 혼란

앞서 언급했듯이, 강남훈은 '버전 단위의 가치'라는 주장을 뒷받침하기 위해 맑스의 재생산 개념을 임의로 변형하여 '사회적' 재생산이라는 개념을 만들어 냈다. 그러나 "한 상품의 가치는 그 상품의 재생산에 사회적으로 필요한 노동시간에 의해 결정된다"는 맑스의 가치 규정에서 '재생산'은, 결코 버전 단위의 재생산이 아니며 카피 단위의 재생산을 의미한다. 그리고 '사회적으로 필요한 노동시간'이라는 규정 또한 이러한 카피 단위의 재생산에 '사회적으로 필요한 노동 시간', 즉 새로운 한 카피를 생산하는 바로 그 시점에 그 사회에서 지배적인 생산조건, 노동숙련도, 노동강도 등에 의해 규정되는 노동시간이라는 의미 외의 다른 어떤 것도 아니다.

그런데 김창근(2008, 2009)은 이 규정이 얼핏 주류경제학의 한계비용 개념과 유사해 보인다는 것을 발견하고, 마치 기존의 일반적 해석과는 다른 어떤 새로운 해석이 필요한 것처럼 생각한다.[19] 김창근은 자신이 주류경제학의 한계비용 개념이라고 오해하고 있는 맑스의 재생산 개념을 폐기하고, 『자본론』의 몇몇 구절을 인용하여 '생산에 의한 가치규정'과 '재생산에 의한 가치의 재규정'이라는 용어를 만들어 냈다. 그는 결국 자신의 새로운 규정에 근거하여 "상품 한 단위의 가치는 그것을 생산하는 데 평균적으로 필요한 <u>직·간접적인</u> 노동에 의해 결정"된다고 주장하는데(김창근, 2008, 267. 강조는 인용자), 이것은 그가 몇 가지 다른 용어를 사용함으로써 스스로에게 부여한 차별성에도 불구하고 결국 강남훈이나 이채언의 주장과 동일한 내용을 반복하고 있음을 확인시켜 준다.[20]

김창근 등의 오해와는 달리, 신고전파 주류경제학의 한계비용 개념과 맑스의 재생산 개념의 차이는 오히려 다음과 같은 예에서 명백하게 드러난다. 전형적인 신고전파 경제학자들인 배리언과 샤피로는 두 번째 단위부터의 가치가 0에 가까워지는 디지털 정보상품의 특성에 대해 "높은 고정비용과 낮은 한계비용"(Shapiro & Varian, 1999 : 17)이라는 설명을 제시한다. 그러나 이러한 설명 방식은 현상에 대한 지극히 피상적인 관찰

19 여기서 김창근(2008)의 채만수(2004)와 강성윤(2008)에 대한 비판의 대부분이 비판 대상에 대한 터무니없는 오독에 기인한 부적절한 것이라는 사실도 지적해 두고자 한다. 많은 오독들 중 몇 가지에 대한 교정은 채만수(2008)를 참조.

20 가장 최근에 진행되고 있는 강남훈(2008)과 김창근(2009) 사이의 논쟁은 부차적인 의미만을 갖는 것으로 보인다.

에 따른 결과이며, 결코 디지털 정보상품과 다른 상품들과의 차이를 올바로 드러낼 수 없다. 이와 같은 피상적 관찰의 결과, 배리언은 소프트웨어와 같은 '순수 정보재pure information goods'[21]뿐만 아니라 실리콘 칩과 같은 물리적 재화도 같은 비용구조를 보인다는 점을 언급하면서, 이것이 정보기술산업의 고유한 특징이라고 보고 있다(Varian, Farrell, & Shapiro, 2004 : 3-4). 그러나 소프트웨어와 실리콘 칩은 근본적인 차이가 있다. 실리콘 칩을 생산하기 위해서는 공장 설비에 대량의 고정자본 투하가 필요하다. 그리고 이 공장 설비는 비록 한 번 건설되고 나면 일정 기간 동안 자본가에게 추가적인 자본 투하를 요구하지 않고, 실리콘 칩 한 단위당 생산에 계산되는 비용—생산 과정에서 이전되는 가치량—또한 매우 적지만, 칩의 생산 과정에서 없어서는 안 되는 생산수단이다.

반면, 소프트웨어는 최초의 한 단위 생산에 상대적으로 큰 연구개발비가 필요하지만, 이 연구개발비는 두 번째 단위부터의 생산과는 전혀 무관하다. 즉, 개인용 컴퓨터(PC)와 CD 등 간단한 장비만 있으면 누구나 동일한 소프트웨어를 복제할 수 있으며, 웹을 통해 다운로드받을 경우에는 CD조차도 필요하지 않다. 다시 말해 실리콘 칩의 재생산은 대규모의 고정자본을 투하할 수 있는 능력을 필수적으로 요구하지만, 소프트웨어의 재생산은 굳이 자본 투하를 요구하지 않는다. 그렇지만 생산과정이라는 본질적인 영역을 분석하지 않고 자본가의 비용 지출이라는 현상에만 집착하는 신고전파 경제학의 한계비용 개념은 이 두 가지를 구별할 수 없다.[22]

한편, 이와 관련하여 연구개발노동 또는 연구개발노동이 생산한 '지식생산물'이 고정자본처럼 이후의 카피 생산에 가치를 조금씩 이전하는 것

21 우리의 디지털 정보상품과 같은 대상을 가리킨다.
22 이 점을 인식하지 못하고 맑스의 재생산 개념과 한계비용 개념을 혼동하는 김창근의 태도 또한 크게 다르지 않아 보인다.

으로 해석하려는 시도 또한 정당화될 수 없음을 쉽게 확인할 수 있다. 우선 이는 고정자본이라는 범주에 대한 완전한 몰이해에 근거해서만 성립 가능한 주장이다. 맑스가 『자본론』 제2권에서 여러 차례 강조하고 있듯이, 고정자본은 실제로 생산과정에서 기능하고 있는 생산자본 내의 한 범주이다(Marx, 2004a : 195, 222 등). 또한 전희상(2009 : 239)이 정확히 지적하고 있는 것처럼, "어떠한 생산수단이 상품에 가치를 이전하는 것은, 생산과정에서 생산수단의 생산적 소비로 인한 마멸, 변형 등으로 인해 생산수단의 사용가치에 변화가 생기는 한에서이다." 따라서 버전 생산에 필요한 연구개발노동이 이미 완료되어 있는 상태에서, 카피 생산에 전혀 관여하지 않으며, 따라서 아무런 변화도 겪지 않는 연구개발노동 또는 그 성과물이 어떤 신비한 과정을 통해 두 번째 단위부터의 상품에 그 가치를 조금씩 이전하면서 생산과정에서 기능한다는 것은 어불성설이다. 결국 연구개발노동을 고정자본과 동일시하거나 적어도 이와 유사한 것으로 보려는 입장은 자본가가 연구개발에 투하한 비용이 어떻게든 회수되어야 한다는 사실을 당연시하고, 개별 자본가가 이를 회수하는 방식을 가치의 이전과 동일시하는 전도된 사고의 산물이다.

5. 지적 재산권과 디지털 정보상품의 가격

맑스의 독점가격에 대한 규정과 디지털 정보상품

이상의 논의에서, 버전과 카피를 구분함으로써 디지털 정보상품에 그 복제에 필요한 노동시간 외의 가치 기초를 부여하려는 강남훈의 시도는 그 타당성을 인정받기 어려움을 알 수 있다. 디지털 정보상품의 가치 단위를 버전으로 해야 한다는 그의 주장은 이후 재생산 개념의 변형을 통해 재생산과 복제를 구분하는 논리로 전개되었으며, 결국 최초 한 단위의 상품 생산에 투입되는 연구개발노동이 생산한 가치가 이후에 생산되는 상품들의 가치에 나누어져 실현된다는 주장으로 이어졌다. 그러나 앞서 살펴본 바와 같이, 상품의 첫 단위 생산에 투입된 연구개발노동은 두 번째 단위 이하의 상품가치와는 무관하며, 연구개발노동이 생산한 가치가 두 번째 단위 이하의 상품들에 이전 및 실현되는 것 또한 보장할 수 없다.

그렇지만 이른바 '버전 단위의 가치'가 성립 불가능하며, 디지털 정보상품의 가치가 0에 가깝다는 사실을 확인하는 것만으로 모든 문제가 해소되는 것은 아니다. 노동시간에 의해 결정되는 가치 크기와 양적으로 커다란 괴리를 나타내는 디지털 정보상품의 가격에 대한 설명을 노동가치이론에 입각하여 어떻게 제시할 것인가라는 문제가 여전히 남아 있기 때문이다. 사실상 강남훈이 버전과 카피를 구분하고, 이후 재생산의 개념 등에 대해 기존의 해석을 넘어선 새로운 규정들을 도입하면서까지 디지털 정보상품의 가치를 그 복제에 필요한 노동시간 이상으로 상정한 이유 또한 여기에 있다.

물론 디지털 정보상품에서 나타나는 가치와 가격 사이의 불일치 혹은 괴리 자체는 맑스주의 노동가치이론에서 결코 낯설거나 새로운 것이 아니다. 이러한 괴리는 예컨대 개별 자본 간의 경쟁과 자본의 이동을 통한 평균이윤과 생산가격의 성립에서 나타난다. 그러나 지적 재산권 등의 독점적 권리 설정을 통한 경쟁의 제한이 일반적으로 나타나는 디지털 정보상품의 경우를 이와 같은 방식으로 설명할 수는 없다. 마찬가지로 그 가치와 가격을 가치가 0인 주식이나 토지의 가격과 같은 방법으로 설명하는 것도 타당하지 않다. 애초부터 그 생산에 전혀 노동이 투입되지 않은 가공자본이나 토지와 달리, 디지털 정보상품은 첫 번째 단위의 생산에 상당한 양의 노동이 필요하며, 두 번째 단위부터의 생산에도 첫 번째와 비교해서 극히 적은 양이지만 어쨌든 노동이 요구되기 때문이다.

일단 노동시간으로 측정되는 디지털 정보상품의 가치가 0에 가깝다는 사실을 인정한다면, 그럼에도 불구하고 일부 소프트웨어의 가격이 매우 높게 매겨지고 또 실현되는 현상을 설명하기 위해서는 독점가격에 대한 맑스의 규정에 천착할 필요가 있다. 맑스는 독점가격이란 "일반적으로 …… 생산물의 가격이 생산가격이나 가치에 의해 결정되는 것이 아니라 구매자의 욕망과 지불능력에 의해 결정되는 것"(Marx, 2004b : 929, 942)이라고 규정한다. 이와 같은 규정은 가격이 가치와 커다란 괴리를 나타내는 현상에 대한 하나의 유력한 설명을 제공한다. 그런데 여기서 '생산가격이나 가치와 무관한 가격'이라는 독점가격에 대한 규정이 디지털 정보상품을 노동가치이론의 예외로서, 즉 노동가치이론이 적용되지 않는 대상으로 취급하는 것은 아닌가라는 문제를 제기할 수 있다.[23] 그러나 맑스가 규정하고 있는 독점가격은, 가치와 가격을 구별하지 않는 신고전파 주류경제학의 규정과는 달리, 사회적으로 생산된 총잉여가치의 일부가 다른 부문으로부터 이전됨으로써 성립하는 것이며, 따라서 결코 노동가치이론의 체계 밖에 있는 예외적인 범주가 아니다(Marx, 2004b : 1045-6).[24]

그렇다면 이 논쟁의 초기부터 채만수가 일관되게 주장해 온 것처럼, 그 가치가 0에 가까운 디지털 정보상품의 가격을 맑스적 의미의 독점 가격으로 설명하는 것이 노동가치이론에 입각한 해결책이 될 수 있다. 이 주장을 연구개발노동의 성격에 대한 앞 절의 논의를 기반으로 하여 좀 더 일

23 예컨대, 박성수(2005: 279)는 디지털 정보상품의 가격을 독점 가격으로 설명하는 것이 디지털 정보상품을 맑스주의 경제학의 분석 대상에서 제외시키는 것이라고까지 단정한다.

24 이 점은 강남훈(2004: 241)도 정확히 인정하고 있다.

반적 수준에서 전개시켜 보자.

디지털 정보상품의 특성과 지적 재산권

4절에서 고찰한 바와 같이 연구개발노동이 생산한 가치(연구개발노동의 수행에 사용된 생산수단의 가치 이전분도 포함)는 최초로 만들어진 상품가치의 일부를 형성하지만, 이는 두 번째부터 생산되는 상품가치와는 무관하다. 따라서 하나의 새로운 상품이 등장했을 때, 그 첫 카피의 가치는 그 상품의 재생산(복제)에 필요한 노동량, 즉 두 번째 이하 카피의 가치보다 크다. 어떤 상품의 연구개발에 필요한 비용이 커질수록 첫 번째 카피의 가치와 두 번째 카피부터의 가치 사이의 차이도 커진다. 이것은 투하자본가치의 보전과 이윤의 획득을 목적으로 상품을 생산하는 자본가에게 연구개발노동이 생산한 가치를 어떻게 가격으로 실현할 것인가라는 문제를 제기한다. 자본가의 입장에서는 첫 번째 카피를 그 가치대로 판매하고 두 번째 이하의 카피도 그 가치대로, 즉 그 재생산(복제)에 필요한 노동량대로 판매하는 것보다는 첫 번째 상품의 가치 중 연구개발노동이 생산한 가치 부분을 두 번째 이하의 상품 가격에 분산시켜 실현하는 것이 일반적으로 더 유리할 것이다. 이채언의 '평균원리'는 바로 이 사실을 지적한 것이다.

그런데, 이 '평균원리'를 관철시킬 수 있는 가능성은 연구개발노동의 성과가 적용되는 상품의 특성과 그 상품을 생산하는 개별 자본의 독점력에 달려 있다. 예컨대, 자동차나 반도체 등과 같은 상품의 경우에도 첫 번째 단위의 상품을 생산하는 데 들어가는 비용과 두 번째 단위부터의 생산에 들어가는 비용은 엄청난 차이가 있으며, 연구개발 비용이 그 차이의 대부분을 차지한다. 그럼에도 불구하고 자동차나 반도체 산업에서 디지털 정보상품에서와 같은 문제가 크게 부각되지 않는 이유는 두 번째 단위부터의 생산에도 엄청난 크기의 고정자본 투하가 필요하기 때문이다. 이들 산업에서는 생산에 필요한 최소투하자본의 크기가 각 개별 자본의 독점적 지위를 어느 정도 보장하며, 그럼으로써 자본가들이 연구개발비용을 개별 상품가격에 이전시키는 가격 설정이 상대적으로 용이하다고 할 수 있다.[25]

그렇지만 의약품과 같이 대규모의 고정자본 투하 없이도 재생산할 수 있는 재화의 경우, 연구개발노동의 성과가 경쟁 관계에 있는 다른 자본들에 무상으로 공개되어 버린다면 연구개발비용의 보전과 투하자본에 대한 이윤의 획득이 거의 불가능해진다.[26] 나아가 재생산에 필요한 노동량이 거의 0에 가까운 디지털 정보상품은 사실상 별도의 자본 투하 없이도 정상적인 복제, 즉 재생산이 가능하기 때문에, 그 재생산을 복제방지장치 등을 통해 기술적으로 제한하거나 지적 재산권, 특히 저작권(copyright, 즉 복제권) 등을 통해 법률적으로 제한함으로써 인위적 독점력을 획득하지 않고서는 상품으로 판매되는 것 자체가 아예 불가능하게 된다.

요컨대, 버전과 카피의 구분과 마찬가지로 연구개발비용의 보전 문제 또한 디지털 정보상품에만 국한되지 않는 문제이다. 다만 그 재생산에 필요한 비용이 연구개발비용에 비해 무시할 정도로 작다는 디지털 정보상품의 특성 때문에 이 문제가 중요한 의미를 가지게 되었고, 그로부터 '정보재 가치논쟁'이 촉발된 것이다. 디지털화되어 있는 재화들은 그 복제, 즉 재생산에 거의 비용이 들지 않는다는 특성으로 인해 본래부터 상품으로서 생산되고 소비되기에 적합하지 않다. 이러한 재화를 강제로 상품화

25 물론 이 경우에도 자본들끼리의 경쟁을 통해 연구개발노동의 성과에 대한 모방이 자유로운 상황에서는 연구개발비용을 개별 카피의 가격에 나누어 이전시키는 것은 좀 더 어려워진다.

26 맑스는 이미 『자본론』 제3권 5장과 6장에서 연구개발노동의 성과가 쉽게 공유될 수 있는 경우, 그것이 자본의 재생산에 치명적인 결과를 초래할 수 있는 가능성에 대해 서술하고 있다(Marx, 2004b: 120, 130-1).

하는 방식이 바로 지적 재산권이라는 형식의 법률적 강제를 통해 인위적 독점력을 부여하는 것이다. 즉 지적 재산권이라는 인위적 장치는 연구개발노동이 투하자본가치의 보전과 이윤 획득의 원천으로 되는 것을 보장하는 '경제외적 강제'이며, 디지털 정보상품의 문제는 이것이 극단적으로 나타난 형태라고 할 수 있다.

또한 이것이 바로 디지털 정보상품이 여타의 상품들과 구별되는 가장 뚜렷한 특성 중 하나이며, 주류경제학이 지적 재산권을 '정보경제'의 매우 중요한—사실상 가장 중요한—주제로 다루고 있는 이유이기도 하다(Varian, Farrell, & Shapiro, 2004 : 49 이하 참조). 그러나 '정보재 가치논쟁'에 참가한 논자들 중 채만수를 제외한 어느 누구도 이것이 갖는 의미에 대해 문제를 제기하지 않았다. 오히려 상당수의 논자들은 이른바 '버전 단위의 가치'를 어떤 형태로든 인정함으로써 애초에 디지털 정보상품의 특성으로부터 제기되었던 문제를 다른 상품들과 별다른 차이가 없는 것으로 해소해 버렸을 뿐 아니라, 결과적으로 '정보경제'에서 디지털 정보상품과 지적 재산권이 갖는 의미에 대해서도 별다른 해명을 제공하지 못하고 있다.[27]

6. 나오는 말

따라서 '정보재 가치논쟁'의 핵심적인 쟁점은 사실상 해결되었다고 할

27 특히 조원희(2008)는 아직까지 이 점을 전혀 이해하지 못하고 있는 것으로 보인다. 강남훈, 이채언, 김창근 등은 지적 재산권의 설정에 의한 인위적 상품화라는 사실 자체는 명시적으로 인정하고 있음에도 불구하고, 왜 그와 같은 상황이 발생할 수밖에 없는가에 대해서는 아무런 문제의식을 보이지 않는다.

수 있으며, 1절에서 언급했지만 이 논문에서는 다루지 않은 두 번째 쟁점은 다만 부차적인 의미만을 갖는다는 것을 쉽게 알 수 있다. 즉 기존의 논쟁에서 쟁점이 되었던 특별잉여가치, 버전과 카피의 구분, 연구개발노동의 성격, 지대 등을 둘러싼 논의는 모두 디지털 정보상품의 가치가 0에 가깝지 않음을 보이려는 시도에서 촉발되었으며, 여기서 특별잉여가치, 지대 등의 범주는 극히 일부의 예외적인 경우를 제외하고는 비용가격에 평균이윤을 더한 생산가격의 성립을 그 전제로 한다. 따라서 디지털 정보상품의 가격을 가치나 생산가격에 의존하지 않는 맑스적 의미의 독점가격으로 설명할 경우, 이 범주들의 적용은 애초부터 거의 불가능하다는 것이 명백해지기 때문이다.

그러나 우리의 논의 또한 맑스주의 노동가치이론의 범주들 중에서 디지털 정보상품의 가격을 설명할 수 있는 유일하게 올바른 범주가 독점 가격이라는 것을 확인하는 데 그쳤다는 뚜렷한 한계를 가지고 있다. 맑스는 『자본론』에서 "독점가격에 관한 고찰은 시장가격의 현실적 운동을 연구하는 경쟁 이론에 속한다"(Marx, 2004b : 929)고 언급하고 있을 뿐, 독점가격에 대한 이론을 구체적으로 전개하지 않았다. 또한 현재까지의 논쟁에서는 디지털 정보상품의 가치와 가격을 설명하는 데 어떤 개념을 적용하는 것이 타당한가라는 높은 추상 수준의 논의만 진행되었을 뿐, 그 개념을 구체적인 현실에 적용한 분석은 이루어지지 않았다.

따라서 당장의 직접적인 과제는 디지털 정보상품의 가격이 독점가격으로서 성립되고 유지되는 방식에 대해 맑스주의적 입장에서 좀 더 적극적인 해명을 제시하는 것이다. 이를 위해서는 몇 가지 문제를 해결해야 한다.

첫째, 그간의 논쟁에서 독점가격에 입각한 설명을 제시했던 채만수의 주장은 일부 범용 소프트웨어의 가격에 한정된 것이기 때문에 이를 디지털 정보상품 일반으로 확장할 필요가 있다. 이 경우 모든 디지털 정보상

품이 독점이윤을 보장하는 높은 가격에 판매되지 않는 이유를 설명해야 할 것이다.[28]

둘째, 5절에서 일부 언급했지만, 기존의 논쟁에서 독점가격이라는 범주 자체를 거부하거나 그 의미를 폄하하려는 입장들이 다수 제출되었다. 이러한 태도는 디지털 정보상품의 가격을 독점가격으로 설명하는 것에 반대하는 거의 모든 논자들에게서 정도의 차이는 있지만 공통적으로 드러난다. 이러한 비판 또는 오해들에 대한 반비판과 해명 또한 필수적일 것이다.

한편, 자본주의의 발전과 더불어 지적 재산권은 그 적용 범위가 지속적으로 확대되어 왔으며, 최근에는 인간의 유전자나 동물에까지 적용되고 있다(강남훈, 2002 : 45). 이렇듯 지적 재산권의 적용 범위가 늘어나고 있다는 것은 한편으로 생산력의 발전과 자본주의적 집적 · 집중이 고도화된 결과 경쟁 기업이 연구개발노동의 성과를 모방하기가 점점 쉬워지고 있으며, 다른 한편으로 점점 더 많은 연구개발노동의 성과물이 모방, 즉 재생산이 쉬운 형태로 생산되고 있다는 것을 의미한다. 20세기 후반 이후 과학기술혁명은 최초 단위의 생산에 투입되는 연구개발노동이 차지하는 비중이 갈수록 커지고 재생산은 갈수록 적은 양의 노동을 필요로 하는 재화들을 점점 더 많이 만들어 내고 있는 것으로 보인다(Hobsbawm, 1997 : 371).

더욱이 정보기술혁명의 결과로 등장한 소프트웨어와 같은 디지털 정보상품은 일단 한 번 생산하면 그 사용가치를 거의 비용을 들이지 않고 사

28 실제로 논의의 주된 대상이었던 소프트웨어조차도 마이크로소프트사의 윈도우즈나 오피스와 같이 막대한 독점이윤을 보장하는 높은 가격에 판매되는 경우는 일부에 불과하며, 적어도 개인용 컴퓨터의 경우에는, 그 활용에 필요한 상당수의 소프트웨어가 무료로 제공되고 있다는 사실을 주목할 필요가 있다.

회 모두가 공유할 수 있는 재화들이다. 이와 같은 특성을 갖는 재화들이 갈수록 많이 등장하고 있다는 사실은, 자본주의 사회의 생산력 발전이 생산수단의 사적 소유에 기반한 상품생산사회인 자본주의적 생산관계와 점점 더 크게 충돌하고 있음을 보여 주는 것이라고 할 수 있다. 이러한 변화가 오늘날의 '정보경제', 나아가 자본주의의 미래에 대해 어떤 함의를 갖는가에 대한 좀 더 풍부하고 심화된 분석이 필요하다. 그리고 이를 위한 선결 과제로서 연구개발노동과 지적 재산권 일반에 관한 심화된 연구가 필요할 것이다.[29]

참고 문헌

강남훈, 「정보혁명과 노동가치론」, 『사회경제평론』 제14호, 한국사회경제학회, 2000.

____, 『정보혁명의 정치경제학』, 문화과학사, 2002.

____, 「정보상품의 가치와 잉여가치」, 『진보평론』 21호(2004년 가을호), 현장에서미래를, 2004.

____, 「정보의 가치와 특성-정보재 가치 논쟁에 덧붙여서」, 『정보재 가치논쟁』, 한신대학교출판부, 2007.

____, 「착취와 수탈」, 『마르크스주의 연구』 제12호(제5권 제4호), 경상대학교 사회과학연구원, 2008.

강남훈 · 강성윤 · 류동민 · 박성수 · 이경천 · 이채언 · 채만수, 『정보재 가치논

29 전희상(2009)은 이와 관련한 최초의 본격적인 시도이지만, 결국 패키지 소프트웨어의 독점가격을 노동생산성 증대를 통해 얻어지는 특별잉여가치로 설명하는 오류에 빠진 것으로 보인다.

쟁』, 한신대학교출판부, 2007.
강성윤, 「정보상품 가치논쟁의 전개와 쟁점들」, 『정보재 가치논쟁』, 한신대학교 출판부, 2007.
——, 「소프트웨어의 가치와 가격에 대한 연구: '정보재 가치논쟁'에 대한 비판적 검토를 중심으로」, 서울대학교 박사학위 논문, 2008.
김창근, 「정보재 가치논쟁에 대한 비판적 평가」, 『마르크스주의 연구』 제9호(2008년 봄호), 경상대학교 사회과학연구원, 2008.
——, 「정보재 가치논쟁과 마르크스주의 경제학」, 『마르크스주의 연구』 제13호(2009년 봄호), 경상대학교 사회과학연구원, 2009.
류동민, 「디지털 네트워크 경제의 특성에 대한 정치경제학적 분석」, 강철규 외, 『21세기 한국 사회경제의 발전전략』, 여강출판사, 2000.
박성수, 「정보재 가치론 논쟁에 대한 방법론적 시각」, 『진보평론』 23호(2005년 봄호), 현장에서미래를, 2005.
이채언, 「순수유통비용과 상품가치」, 『경제학의 역사와 사상』 제2권, 한국경제학사학회, 1999.
——, 「마르크스의 가치이론으로 본 금 화폐와 불환지폐의 원리적 유사성」, 『사회경제평론』 제18호, 한국사회경제학회, 2002.
——, 「정보재 가치론 논쟁에서의 몇 가지 논점」, 『진보평론』 25호(2005년 가을호), 현장에서미래를, 2005.
——, 「역사유물론으로 바라보는 정보재의 가치」, 『정보재 가치논쟁』, 한신대학교출판부, 2007.
전희상, 「지식노동과 정보재 가치논쟁」, 『마르크스주의 연구』 제13호(2009년 봄호), 경상대학교 사회과학연구원, 2009.
조원희, 「사소한 문제, 큰 소동—『정보재 가치논쟁』에 대한 논평을 겸하여」, 『진보평론』 35호(2008년 봄호), 메이데이, 2008.

조원희 · 조복현, 「디지털 네트워크 경제의 가격형성과 축적동학」, 『사회경제평론』 제18호, 한국사회경제학회, 2002.

채만수, 「과학기술혁명과 상품의 가치 · 가격—이른바 '정보재' 가격 문제를 중심으로」, 『진보평론』 20호(2004년 여름호), 현장에서미래를, 2004.

____, 「정보재 가치논쟁과 경제학의 혁명」, 『정세와 노동』 제36호(2008년 6월호), 노동사회과학연구소, 2008.

Hobsbawm, E., *The Age of Extremes: A History of the World, 1914-1991*, New York: Vintage Books(이용우 옮김, 『극단의 시대 : 20세기 역사』, 까치글방), 1997.

Mandel, E., "Productive and Unproductive Labour," in *Introduction to Capital Volume II*, Penguin Publishers(강성윤 옮김, "『자본론』 2권 해제(6)," 『정세와 노동』 제46호(2009년 5월호), 노동사회과학연구소), 2009.

Marx, K., "Results of the Immediate Process of Production," in *Capital Volume I*, Penguin Publishers(김호균 옮김, "직접적 생산과정의 제결과," 『경제학 노트』, 이론과실천), 1988.

____, *Capital Volume I*, Penguin Publishers(김수행 옮김, 『자본론 I』(제2개역판, 비봉출판사), 2001.

____, *Capital Volume II*, Penguin Publishers(김수행 옮김, 『자본론 III』(제1개역판, 비봉출판사), 2004a.

____, *Capital Volume III*, Penguin Publishers(김수행 옮김, 『자본론 III』(제1개역판, 비봉출판사), 2004b.

Savran, S. & E. A. Tonak, "Productive and Unproductive Labour: An Attempt at Clarification and Classification," *Capital & Class*, 68, (Summer), 1999.

Shaikh, A. & E. A. Tonak, *Measuring the Wealth of Nations: The Political Economy of National Accounts*, Cambridge University Press, 1994.

Shapiro, C. & H. R. Varian, *Information Rules: A Strategic Guide to the Network Economy*, Harvard Business School Press: Boston, Massachusetts(임세윤 옮김, 『정보법칙을 알면 .COM이 보인다』, 미디어퓨전), 1999.

Varian, H. R., J. Farrell, & C. Shapiro, *The Economics of Information Technology: An Introduction*, Cambridge University Press, 2004.

제2부

배제와 통합의 수사

다문화주의와 급진적 인권 _ 진은영

민족 · 신화 · 영화: 바이마르 공화국의 '프리드리히 대왕 영화' _ 고유경

해방 이후 우익 민족 담론의 공고화 과정 _ 김수자

다문화주의와 급진적 인권*

진은영

1. 들어가는 말: 세계화와 다문화 현상

세계화가 21세기의 지배적 현실이라는 점은 부인할 수 없지만, 세계화를 어떤 관점에서 바라보고 그것에 어떻게 대처할지에 대해서는 서로 다른 입장들이 존재한다. 1990년『포스트모더니티 *The Consequences of Modernity*』를 발표한 이래 세계화 담론에 큰 영향을 미쳐 온 앤서니 기든스Anthony Giddens는 세계화를 서구 지배의 확산으로 보는 관점을 거부하면서, 세계화는 오히려 서구 지배의 쇠퇴를 가져온다고 주장한다. 그는 세계화 시대에는 새로운 형태의 세계적 상호 의존 속에서 어떤 문화도 더 이상 강한 의미의 타자로 존재하기 힘들 만큼 문화 간의 대화가 활성화되며, 이런 대화를 가능하게 하는 바탕이 바로 서구적 민주주의임을 지속적

* 이 글은『철학』95호(2008년 5월)에 게재되었던 논문을 수정·보완한 것이다.

으로 강조해 왔다. 서구 사회에 국한되었던 민주주의가 세계화를 통해 비서구권에도 확산됨으로써 비민주적 공동체들을 탈맥락화시키고, 이로 인해 서구의 헤게모니 장악이 더 이상 불가능해졌다는 것이다.

기든스는 세계화를 근대화 과정의 결과이자 그 연장으로 보면서, 근대 사회를 전근대 사회로부터 변별해 주는 특징들로 원격화distanciation와 탈맥락화disembedding 및 성찰성reflexivity을 들고 있다. 근대 이후 전 세계가 표준화된 달력을 사용함으로써 시간 자체가 단일화되고 멀리 떨어져 있는 지역들 간에 서로 영향을 주고받는 현상이 보편화되어 나타났다. 이것이 바로 원격화이다. 이러한 원격화의 효과로 근대 사회에서는 일국에서 형성된 제도들이나 전문 지식들이 세계적으로 유통되고, 그 결과 개인들이 지역 공동체의 맥락에서 벗어나 광범위한 사회적 · 문화적 관계들을 형성하는 탈맥락화 현상이 일반화되었다. 또한 전문 지식들과 제도들의 세계적 확산은 세계 곳곳의 사람들이 삶의 방식을 선택하는 데 큰 영향을 미쳐 새로운 변화들을 야기하고 이 변화가 다시 전문 지식의 구성에 반영되는 지식의 재귀적reflexive 현상을 동반하여 근대적 성찰성을 증대시킨다는 것이 기든스의 생각이다(기든스, 1991 : 32-42, 53-54).

그러나 기든스의 낙관적 전망은 현존하는 현실 세계의 다양한 문화적 갈등과 긴장들에 무관심하다거나 그 현상들을 설명할 수 없다는 비판을 면하기 어렵다. 롤런드 로버트슨Roland Robertson은 기든스가 유토피아적이고 미래주의적인 구상에 매료되어 세계 상황을 제대로 인식하지 못하고 있다고 지적한다. 세계화된 상황 속에서는 더 이상 타자가 존재하지 않는다는 기든스의 주장과 달리 세계화가 진행되면서 오히려 타자의 문제가 더 첨예하게 발생한다는 것이다(로버트슨, 2000 : 214). 실제로 탈맥락화를 통해 활성화되는 문화들 간의 만남은 곧바로 대화와 상호 소통으로 이어지기보다는 갈등과 분쟁으로 이어지는 경우가 많으며, 기든스가 옹호하는 서구식 절차적 민주주의는 다문화 현상에 그다지 성공적으로 대응하지 못하고 있는 것으로 보인다.

다문화주의multiculturalism는 세계화에 따른 다문화 현상이 내포한 갈등과 긴장의 현실을 해결하기 위해 문화적 다양성의 존중을 하나의 윤리적 · 정치적 원리로 제안하는 이론이다. 이 글에서는 다문화주의가 등장하게 된 현실의 갈등 상황에 주목하면서 다문화주의를 둘러싼 다양한 문제 의식들을 살펴보고 다문화주의 담론의 지형을 그려보고자 한다. 그런 다음 다문화주의에 대해 어떤 한계들이 지적되고 있는지 알아볼 것이다. 다문화주의는 무엇보다도 민주주의적 관점이나 여성주의적 관점과 충돌하는 측면이 있다. 일부 학자들은 보편적 인권 개념을 통해 이 난점을 해결하려고 시도해 왔는데 우리는 보편적 인권 개념이 어떤 지점에서 해결의 가능성을 보여 주는지, 그리고 또다른 난점의 가능성을 드러내는지 검토해 볼 것이다.

2. 다문화주의 담론의 지형

정치 프로그램으로서 다문화주의

근대의 탈맥락화는 한 지역의 개인을 특수한 문화적 맥락에 국한시키지 않고 광범위한 문화적 맥락들에 노출시키는 동시에, 개인들이 자신이 태어나고 성장한 지역을 떠나 세계의 다른 지역들로 이주하는 현상을 촉진시킨다. 자본주의 초기부터 지금까지 초국적 자본의 흐름을 따라 발생한 식민화와 이민 현상은 이것을 잘 보여 준다. 이 과정에서 다양한 문화적 배경, 즉 언어와 민족과 인종을 달리하고 상이한 문화적 정체성을 가진 여러 집단들에 의해 하나의 다민족 · 다인종 국가가 형성되기도 한다. 그 대표적 사례는 캐나다와 호주이다. 이 국가들에서는 일찍부터 다문화 현상이 중대한 사회적 · 정치적 문제로 부상했다. 다문화주의는 사실상 인간과 문화에 대한 철학적 관점으로 고찰되기에 앞서 이 국가들의 정책적 입론으로서 제기되었던 것이다.

캐나다의 경우 1960년대 이전까지만 해도 선先주민이나 소수민족들에게 그들의 고유한 문화를 포기하고 지배 문화로 흡수 · 동화될 것을 강조하는 '동화주의assimilationism'로써 다문화 현상에 대응했다. 캐나다는 1867년 이전까지 영국의 식민지였고 자치령으로 독립한 후에도 영국계 이주민 집단이 정치적 · 경제적 지배권을 행사하며 주류문화를 형성하고 있었기 때문에, 영국문화 동화정책을 다른 소수 이민자 집단에 시행하면서 그들에게 앵글로색슨적 정체성을 정립할 것을 요구했다. 예컨대 선주민인 인디언들은 전국적으로 보급된 기독교계 기숙학교인 레지덴셜 스쿨residential school에서 교육을 받으면서 엄격하게 관리되었고, 기독교도 · 영어 구사자 · 정착민으로 자신의 정체성을 재형성하기를 강요당했다.[1]

그러나 영국문화 동화정책은 프랑스계 이민자들과 선주민들과 같은 소수 민족들의 반발을 야기했고, 급기야 그동안 '흰 흑인'으로 멸시받아 온 퀘벡의 프랑스계 이민자들이 정치적 분리주의를 주장하려는 움직임이 발생했다. 이에 1970년대 이후 캐나다 연방정부는 퀘벡의 정치적 이탈을 막기 위해 동화정책을 포기하고 프랑스어와 영어를 함께 사용하는 공용어법을 제정하는 등 민족적이고 인종적 유산들을 인정하고 장려하는 정책을 실행한다. 캐나다에서 이 정책은 차별화된 집단 시민권Group-

1 다음 기사를 참조하라. 경향신문, 2007년 11월 20일자 기사, 「'포용교육' 현장을 가다(6) 캐나다－소수인종을 보듬는다」.

differentiated Citizenship의 세 가지 형태로 나타난다.[2] 자치권self-government rights, 다인종 권리polyethnic rights, 특별대표권special representation rights이 그것이다. 자치권은 퀘벡인이나 인디언들이 연방에 참여하면서도 다른 주들에서는 인정되지 않는 권리들을 자신들의 주정부가 가질 수 있도록 요구하는 것이다. 다인종 권리는 소수민족들의 문화적 관습을 유지하는 데 공적인 지원 정책을 마련해 줄 것과 그들의 관습을 준수하는 데 방해가 되는 법률의 면제를 요구하는 것이다. 특별대표권은 소수집단들의 대표권을 보장받기 위해 상원 의석의 특정 비율이 소수집단에게 할당되어야 한다는 것이다.

그러나 현재 많은 국가에서 정책적 차원의 다문화주의는 격렬한 비판의 대상이 되기도 한다. 다문화 정책의 반대자들은 문화적 정체성들을 보호한다는 미명 아래 지나치게 확장된 자치권은 실제적인 연방 탈퇴에 준하는 것이며, 이로 인해 국가와 사회 통합을 저해하는 결과를 가져올 수 있다고 우려한다. 또한 그들은 이런 차별화된 시민권들이 자유와 평등이라는 자유민주주의의 원리에 위배됨을 지적한다. 자치 보장을 위해 개인의 권리와 자유를 명시한 헌장에서 특별 자격을 요구하거나 특정 권리 보장의 면제를 요구하는 것은 문화적 관습의 이름으로 공동체 내의 개인들을 억압하는 기회를 줄 수 있다는 것이다. 즉 다문화주의 정책의 실행은 분리주의의 촉진이나 인권 침해로 인한 민주주의의 퇴행이라는 이중의 심각한 위협을 피하기 어렵다는 것이다.

2 다음을 참조하라. Will Kymlicka, "Three Forms of Group-differentiated Citizenship in Canada," Seyla Benhabib(ed.), *Democracy and Difference: Contesting the Boundaries of the Political*, Princeton: Princeton University Press, 1996, pp.53-170.

다문화주의의 철학적 기초

찰스 테일러Charles Taylor의 '인정의 정치학politics of recognition'이나 윌 킴리카Will Kymlicka의 '다문화주의 시민권multicultural citizenship' 이론은 캐나다의 다문화 정책을 배경으로 등장하여 그 정책들에 철학적 기초를 제공한 대표적인 이론들이다. 그러나 이 둘은 똑같이 다문화주의를 주장하면서도 윤리적 입지점과 강조점이 다르다. 또한 서로 대립하는 측면을 보이기도 한다. 일반적으로 테일러의 견해는 공동체주의적 다문화주의로, 킴리카의 견해는 자유주의적 다문화주의로 분류된다. 테일러는 맥킨타이어Alasdair MacIntyre, 샌들Michael Sandel, 왈쩌Michael Walzer와 함께 공동체주의를 표방해 왔다. 이 철학자들의 공통된 특징은 자유주의자들이 개인을 사회적 경험 이전에 이미 자기 정체성과 가치에 관한 지식을 갖고 있는 자기 충족적 존재로 보는 점을 비판하며 공동체와 공동선의 중요성을 강조한다는 점이다. 이와 같은 공동체주의자들의 비판에 대해 자유주의자인 킴리카는 자유주의 전통 내에 있는 공동체주의적 요소를 탐색하고자 노력한다. 그는 소수 민족공동체의 권리 보호에 적극적인 태도를 보이면서 다문화주의를 수용한 자유주의 정치이론을 모색한다. 이처럼 다문화주의는 자유주의자들과 공동체주의자들의 정치철학적 논쟁에서 오랫동안 중요한 주제가 되어 왔다.[3]

공동체주의자 테일러는 정치를 보편적 존엄성의 정치와 차이의 정치로 구분하면서 후자를 지지한다. 그에 따르면, 보편적 존엄성의 정치는 사람들을 평등하게 대한다는 절차주의적 이념에 충실한 나머지 사람들의

3 이 논쟁에 대해서는 다음을 참조하라. 김비환, 「현대 자유주의: 공동체주의 논쟁의 정치적 성격에 관한 고찰」, 『철학연구』 45집, 철학연구회, 1999, 101-122쪽.

차이를 무시하는 경향이 있다. 이런 경향을 비판하며 차이의 정치는 "개인 혹은 집단의 독특한 정체성, 다른 누구와도 구분되는 그들의 독특성"을 승인하는 인정의 정치학으로서, "지금까지 무시되었고 간과되었으며, 지배적 혹은 다수적 정체성으로 동화되었던" 독특성originality을 긍정하고자 한다(테일러, 1998 : 57). 권리들을 규정하는 규칙들의 예외 없는 획일적 적용을 고집하는 고전적 자유주의 정치학은 차이가 집단적 목표를 희석하고 분열시킨다고 보아 그것에 호의적이지 않다. 그러나 차이의 정치학의 관점에서 보면 동등한 권리의 차원에서 동일한 규칙을 적용해야 한다고 강조하는 자유주의의 정의관은 특정한 문화적 · 종교적 입장의 정치적 표현을 보편성으로 가장하고 있는 특수주의라는 혐의를 벗어나기 힘들다.

물론 테일러는 자유주의 정치학이 문화적 차이들을 폐기하려는 근본 의도를 가지고 있다고 보지는 않는다. 그러나 자유주의 정치학이 획일적인 절차주의적 사고방식을 고수하는 한, 다른 문화적 맥락에 놓인 집단들의 목표를 부정하고 그들의 생존을 침해하는 결과를 피하기 힘들다는 것이다. 따라서 그는 자유주의 사회의 대안적 모델을 제안한다. 이 모델은 일정한 권리들을 옹호하되, 절차주의적 방식에 따르기보다는 좋은 삶을 만드는 데 기여할 문화적 통합들에 근거한 판단들을 더 많이 고려한다. 그는 이 모델이 점점 다문화적으로 변해 가고 절차주의적 자유주의의 엄밀한 적용이 힘들어지는 사회에서 다문화주의를 실현하는 데 기여할 수 있을 것이라고 본다(Taylor, 1994 : 60-61).

여기서 테일러의 인정의 정치학이 전제로 삼고 있는 것은 "현실적으로 존재하는 모든 문화들을 동등하게 존중하고 동등하게 가치 평가해야 한다"는 점이다. 이는 어떤 문화가 위대한 문화로의 발전 가능성을 가지고 있기 때문에 존중받아야 한다는 의미가 아니라, 지금 존재하는 모든 문화들이 그 자체로 동등한 가치를 가지고 있기 때문에 존중받아야 함을 의미한다. 그런데 테일러의 다문화주의의 난점은 여기에 있다. 모든 문화가 동등한 가치를 갖는다고 전제하는 근거가 어디에 있는지 의문이 제기될 수 있기 때문이다. 이에 대해 테일러는 스스로 그럴 근거가 없고, 따라서 그 전제가 의심스럽고 염려스러울 수 있음을 인정하면서도, 그 전제가 타문화에 대한 편견과 적개심이 뒤섞인 규범들 때문에 우리가 다른 문화를 부정하고 억압할 폐단을 막아 줄 수 있다는 필요성에 의거하여 그 전제를 요청한다(Taylor, 1994 : 67-68).

자유주의적 다문화주의는 테일러 식의 다문화주의적 전제가 갖는 난점을 피해 가려고 한다. 킴리카는 다양한 문화들을 모두 동등하게 존중받아야 할 것으로 간주할 경우 나타날 수 있는 문제점, 즉 한 문화집단 내에 귀속된 개인의 권리들이 그 문화에 의해 침해당하는 상황을 중요하게 고려한다. 따라서 그는 자신이 생각하는 자유주의의 기본 원리에서 출발하여 다문화주의를 정당화한다. 자유주의의 기본 원리들은 모든 인간의 본질적 관심은 '좋은 삶'을 사는 데 있다는 가정으로부터 나온다(Kymlicka, 1995 : 81). 첫째, 사람들은 삶에 가치를 부여하는 것이 무엇인지에 대한 각자의 신념에 따라 자신의 삶을 영위해야 한다. 둘째, 그러한 신념들은 잘못된 것일 수가 있고 사람들은 그것을 깨달을 수가 있기 때문에, 그 신념들을 문제시하고 수정하는 데 자유로워야 한다.

킴리카는 이 원리들에 입각하여 자유주의적 다문화주의를 주장한다. 한 문화가 그 문화에 속한 개인들이 좋은 삶을 사는 데 도움을 줄 수 있다면 그 문화가 아무리 소수적일지라도 우리는 그것을 존중하고 보존해 주어야 한다. 단, 개인들이 원하는 좋은 삶은 사회에 의해 부과되는 것이 아니라, 그들의 내면으로부터, 즉 삶의 가치에 대한 그들의 신념으로부터 결정되는 것이다. 그 때문에 어떤 문화 공동체든 간에 우선적으로 개인의 선택과 결정을 보장하는 자유주의적 원리들을 준수해야만 한다. 따라서 그는 다음과 같이 단언한다. “나는 민족적 소수자들이 문화적으로 독특한 그들의 사회를 지킬 권리를 지지한다. 그러나 그들 스스로 자유주의적 원리들에 의해 지배되는 한에서만 지지한다”(Kymlicka, 1995 : 153).

비쿠 파레크Bhikhu Parekh에 따르면, 킴리카는 자유주의적 문화를 일종의 초문화적 규범문화로 간주하기 때문에 결과적으로 모든 소수문화는 근본적으로 자유주의 문화로 변모해야 한다고 요구하는 셈이다. “개인은 수많은 다른 방식으로 그들의 문화와 관계한다. [……] 이 수많은 문화 공동체는 자기 비판과 변화에 반대하지는 않지만, 자기 창조보다도 겸손함의 정신에 따라 그렇게 하며, 자기 충족적self-contained 근거에 따라 자율적으로 도출되었다고 간주되는 초문화적 규범들보다도 자기들의 문화의 중심 가치와 원리들에 따라서 그렇게 한다. 킴리카는 문화에 관계하는 이런저런 방식들을 전혀 설명하지 못하며, 보편적 모델에 따라 자유주의적 견해들을 내세운다. 그는 아메리카 인디언들, 이누이트족, 정통 유대인들과 기타 사람들이 자유주의자가 그의 문화와 관계맺는 것과 동일한 방식으로 그들의 문화를 바라보고 또 그것과 관계하기를 기대하며, 그들이 훌륭한 자유주의자로서 행동하는 한에서만 그들을 지지한다”(Parekh, 2000 : 107). 이런 점에서 파레크는 킴리카의 이론이 진정한 타자성authentic otherness에 따라 소수문화들을 존중하는 것이 아니라고 비판한다. 어떤 학자들은 심지어 그의 이론이 소수문화의 말살을 의도하고 있다고 공격하기도 한다. 가령 김비환은 킴리카의 다문화주의가 “다분히 제국주의적 함의를 보이면서 자유주의 사회를 이상화하고 비자유주의적인 문화들이 완전히 자유주의적인 사회를 향해 변화될 필요성을 역설”한다고 진단한다(김비환, 1996 : 219).

킴리카의 다문화주의에 대한 파레크의 비판은 무엇보다도 킴리카가 소수자의 문화적 권리들에 위계를 설정한다는 점에 있다(Parekh, 2000 : 107-108). 그가 설정한 위계에 따르면 인디언들이나 퀘벡 주민들같이 영토상으로 모여 있고 강한 관습적 문화들을 가진 민족 공동체는 일차적으로 존중되어야 한다. 난민처럼 처참한 빈곤을 피하기 위해 불가피하게 이주한 사람들의 문화적 권리도 보장해 주어야 한다. 그러나 자발적 이민자는 그들이 태어난 국가의 문화적 고향을 떠나 자신들이 선택한 국가의 문화에 따라 살기로 스스로 선택했으므로, 그들의 문화적 권리를 보장받을 수 없다. 그들은 이민을 감행하는 순간 그 권리까지 스스로 포기했다는 것이다.

킴리카의 이러한 주장은 다문화주의가 갖는 현실적 한계를 적나라하게 보여 준다. 최근 각국은 점점 기획 이민 전략을 취하는 추세로, 자국에 필요한 이민자들만을 선택적으로 받아들이고 이민자들에 대한 통제를 강화하는 경향을 띠고 있다. 2007년 호주 총리 존 하워드John Howard는 '이민 다문화부'의 명칭을 '이민 시민권부'로 바꾸면서 "모든 호주인들은 이민자들이 호주 땅에 왔으면 호주인들이 되어야 하는 것으로 믿고 있다"고 발언했다. 이와 동시에 시민권 심사에서 영어 구사 능력 등을 중요하게 평가하는 정책의 도입을 검토하고 있다.[4] 호주식의 이주민 통합정책은 사실상 다문화주의를 포기하고 이전의 동화정책으로 후퇴함을 의미하는 것이다. 그럼에도 불구하고 킴리카의 다문화주의적 관점은 이와 같은 현실에 대해 아무런 문제를 제기할 수 없을 뿐만 아니라, 오히려 특정한 소수 집단들의 문화적 권리를 제한하는 정책들을 뒷받침하는 결과를 가져올 수 있다.

기획 이민 정책들과 더불어 자국 내 불법 체류 이주민들에 대한 강력한

4 다음 기사를 참조하라. 연합뉴스, 2007년 1월 24일자 기사, 「호주, '다문화주의' 폐기」.

단속과 이민법 개정 등이 실행되면서 소수 민족집단에 대한 억압이 심화되고 있는 것이 국제적 현실이다. 우리는 다문화주의의 관점이 이러한 현실적 갈등에 대해 어떤 윤리적 해결책을 제시해 주기를 기대하지만 킴리카 식의 자유주의는 억압과 갈등 상황들을 다문화주의적 관용의 범위 바깥에 존재하는 것으로 취급해 버린다. 이민자 집단에 대한 다문화주의적 고려를 거부하는 킴리카의 관점은 특별히 우리 사회의 다문화주의 논의를 완전히 무용한 것으로 만들 수 있다. 우리처럼 이주 노동자와 국제 결혼의 증가를 통해 다문화사회로 진입하고 있는 사회에서는 자발적 이주를 제외하고 다문화적 관점을 견지할 상황 자체가 아예 존재하지 않기 때문이다.

후기 자본주의의 이데올로기로서의 다문화주의

다문화주의는 한 사회 내에 존재하는 다양한 종류의 소수문화를 국가 정책적 차원에서 어떻게 인정하고 보존할 것인가 하는 문제 의식과 그런 노력들을 이론적으로 뒷받침하려는 시도에서 출발한 것이었다. 그러나 다문화주의는 정치적 차원에서뿐만 아니라 시장경제의 관심 속에서 채택되기도 한다. 다문화주의의 이런 측면 때문에 좌파 이론가들은 문화적 다양성을 존중하는 것이 종종 다국적 기업의 전략에 불과한 것일 수 있음을 지적한다. 안토니오 네그리Antonio Negri와 마이클 하트Michael Hardt는 다문화주의가 다국적 기업의 사업전략 속에서 가장 빈번하고 완벽한 방식으로 표현된다고 본다. "초국적 기업들은 자체 내적으로 이전 시기의 편협한 근대 기업들보다 문화적으로 훨씬 더 다양하고 유동적이다. 경영층에 의해 상담자(컨설턴트)와 전략 입안자로 고용된 기업문화의 현 지도자들은 기업 안에서 다양성과 다문화주의의 효율성 및 수익성을 설교한다"

(네그리 · 하트, 2001 : 212).

예를 들어 1970년대부터 프랑스의 대규모 자동차 공장에서는 이슬람 노동자들을 위한 기도 장소를 설치했는데 이것이 그 노동자들의 생산성을 향상시켜 줄 것으로 예상되었기 때문이다(마르티니엘로, 2002 : 109). 또한 1980~90년대, 민속음악이나 월드 뮤직을 이용한 음반 수익의 창출, 이국적 복장이나 장신구들을 이용한 새로운 패션의 창조 등은 다양한 민족문화적 특징들이 새로운 상품 개발에 적극적으로 활용되거나 이윤 확대를 위한 중요한 요소로서 고려되고 있음을 보여 준다. 이런 식의 다문화주의는 "차이들은 통제할 수 없는 갈등에 이르는 것이 아니라 오히려 평화적인 지역적 정체 확인의 힘으로 기능할 것"이라는 전망을 널리 퍼뜨린다. 따라서 현실 속에서 일어나는 문화적 갈등이나 분쟁, 그리고 그것을 정치적이고 사법적인 차원에서 해결하려는 시도들을 외면하고, 문화적 차이와 다양성을 오로지 경영이나 마케팅 전략의 특권적 요소로만 제한하는 경향을 보인다. 좌파 이론가들이 다문화주의를 시장 다문화주의라는 이름으로 부르는 것도 그 때문이다.

동시에 다문화주의는 효율적인 노동 통제 전략으로도 사용될 수 있다. 실제로 20세기 초부터 기업가들은 다문화주의를 노동자들에 대한 통치 전략으로 활용해 왔다. 예를 들어 미국 뉴잉글랜드의 공장들과 애팔래치아 탄광 산업은 다양한 유럽 국가에서 이주해 온 노동자들의 노동력에 의해 유지되었다. 그런데 기업가들은 노동자들의 전투적 응집력을 분산시키고 그들의 집단행동을 불가능하게 하기 위해 작업장마다 각국 노동자의 비율을 철저히 조정했다. 또한 노동자들에게 각자의 인종적 · 언어적 · 문화적 차이를 고수하는 것을 장려했다. 다양한 인종과 그에 따른 상이한 문화적 정체성은 노동자들 사이의 적대와 분할을 유지시키면서 노동자 조직이 만들어지지 못하도록 방해하고 통제를 용이하게 하는 효과가 있기 때문이다(네그리 · 하트, 2001 : 268-269). 노동자들에 대한 이런 다문화주의적 분할 전략은 한국의 노동 통제에서도 활용되는 경향이 있다.

문화관광부가 개최한 2006년 '외국인 노동자 문화축제'에 네팔, 방글라데시, 미얀마의 다양한 국적을 가진 이주 노동자 록그룹 밴드가 참여 초청을 받았다. 이 이주 노동자 밴드는 이주 노동자에 대한 노래를 부르려고 했지만 문광부는 네팔 노래를 부를 것을 요구했다. 밴드는 이에 대한 반대 의사 표현으로 불참을 통보했다고 한다. 이처럼 나라별로 이주 노동자들의 문화를 소개하는 외국인 노동자 문화제의 분류법은 다문화주의적이지만 노동자들의 계급적 정체성의 표현과는 충돌한다.[5]

자본주의적 이데올로기로서의 다문화주의는 다양성에 대한 엔젤리즘angelism을 표방한다. 그것은 다양성을 무조건 좋은 것, 온건한 것으로 보는 태도이다. 여기서는 다양성에 평화의 이미지만을 투사함으로써 다양성이 갈등을 낳는 것이 아니라, 다양성을 존중하지 않는 태도가 갈등을 가져오는 것으로 간주한다. 그러나 다양성diversity의 어원인 라틴어 '디베르수스*diversus*'는 '대립되는', '불일치하는', '모순되는'과 같은 의미를 지니고 있다. 이 개념은 '신사적이고 온화한 합의'보다는 '투쟁과 운동의 차원'을 포함한다. "문화 다양성의 운동에 내재하는 '갈등 가능성'을 인정하는 것, 즉 갈등이 반드시 적대적인 형태로 표현되지는 않을지라도 갈등을 통해서만 발전할 수 있다는 사실을 인정하는 것을 두려워"할 때 다문화주의가 표방하는 다양성은 이질적 문화 체험의 풍요로움을 언급하면서 패키지 관광 상품을 권유하는 광고의 슬로건 차원으로 쉽게 전락하고 만다(베르나르, 2005 : 20).

5 이에 대해서는 다음 글을 참조하라. 심보선, 「이주 노동자의 미디어 문화활동과 정체성-정치」, 『동북아 "다문화" 시대 한국 사회의 변화와 통합』(한국사회학회 자료집), 2006.

비슷한 맥락에서 슬라보예 지젝Slavoj Žižek은 다문화주의를 '전 지구적 자본주의 이데올로기의 이상적인 형식'으로 정의한다. 전 지구적 자본주의는 자기 식민화auto-colonization라는 최종 단계의 자본주의이다. 이는 제국주의 국가들이 식민지 국가들을 종속시키고 착취하는 식민화의 단계를 넘어선 것이다. 자기 식민화의 단계에는 식민화하는 국가는 없고 식민지들만이 존재한다. 식민화하는 권력은 더 이상 국적을 갖지 않는 전 지구적 기업들이다. 이 다국적 기업들이 프랑스와 미국의 지역 주민들을 대하는 태도는 멕시코, 브라질, 혹은 대만의 주민들을 대하는 태도와 똑같다. 지젝은 전통적인 제국주의적 식민주의와 전 지구적 자본주의의 자기 식민주의의 관계가 서구적 문화 제국주의와 다문화주의의 관계와 같다고 진단한다. 다문화주의는 문화 제국주의에서처럼 특수한 문화가 세계를 지배하고 식민화하는 것이 아니다. 그것은 모든 지역 문화들로부터 벗어난 텅 빈 전 지구적 위치에서 모든 문화를 평가하는 특권화된 보편성을 작동시킨다. 그리고 그 점에서 전 지구적 자본주의의 자기 식민화와 상관적이다(Žižek, 1997 : 44).

다국적 기업의 임원들은 일본의 다도茶道나 무사도武士道와 같은 특수한 문화적 방식들을 존중하지만, 이러한 존중은 자본의 보편성을 숨기기 위한 장막에 불과하다. 존중받는 문화들은 지역을 불문하고 시장적 유용성을 지닌 것들이다. 지젝은 진정으로 공포스럽게 생각해야 하는 것은 전 지구적 자본의 보편성 아래 숨겨진 특수한 문화의 지배력이 아니라, 자본이 맹렬하게 작동하는 '익명적인 전 지구적 기계'임을 강조한다(Žižek, 1997 : 44-45). 이런 관점에서 보자면, 보편적으로 좋은 문화를 추구하는 것에는 유럽 중심적 특수주의가 들어 있다는 비판은 잘못된 추론에서 기인한 것이다. 이러한 비판은 문화 속에서 작동하는 자본의 초월적 기제를 은폐할 뿐이다. 다문화주의는 '다양한 문화적 생활 세계의 혼종화된 공존'이라는 문제틀을 통해 유럽 중심주의를 극복하는 듯 보이지만, 실제로는 세계의 전례 없는 동질화의 증거들을 숨기고 있다.

지젝에 따르면, 다문화주의적 투쟁이 발생할 때조차도 보편적인 세계 체제로서의 자본주의를 은폐하는 효과가 없다고 말하기 힘들다. 다문화주의적 투쟁은 자본주의의 종국적 소멸이라는 사회적 상상력의 지평이 허락되지 않는 상황에서 "비판적 에너지가, 자본주의적 세계 체제를 손상시키지 않고 남겨두는 문화적 차이를 위한 투쟁에서 대리 출구를 발견"한 것에 불과하다. 지젝은 우리들이 인종적인 소수자들이나 게이, 레즈비언, 상이한 삶의 스타일을 가진 이들의 권리를 위해 싸운 무용담을 늘어놓는 동안 자본주의는 의기양양한 행진을 이어가고 있다고 조롱조로 지적한다. 전형적인 탈근대적 문화 비판이나 문화 연구들은 세계 체제로서 자본주의에 대해 언급하는 견해들 모두에 본질주의나 근본주의라는 비난을 퍼부으면서 자본주의의 대규모적 현존을 비가시적으로 만드는 이데올로기적 효과 속에 참여하고 있을 뿐이다. 정신분석학의 용어를 빌어 말하자면 다중의 투쟁, 즉 끊임없이 변동하는 치환과 응축을 지닌 특수한 투쟁 영역은 경제 투쟁의 핵심 역할에 대한 억압을 통해 유지되는 것이다. 다시 말해 다문화주의는 종종 전 지구적 자본주의의 마케팅 전략에 사용되는 경향이 있다는 점에서만 후기 자본주의의 이데올로기적 형식인 것은 아니다. 더 근본적으로는 다문화주의의 문제 의식 자체가 전 지구적 자본주의 체제로서 자본주의에 대한 분석을 암묵적으로 포기하고 자본주의적 경제 관계들을 의문시할 수 없는 구조틀로서 수용하는 태도와 깊은 관련이 있다는 점에서 그것은 후기 자본주의 이데올로기의 이상적 형식이라고 볼 수 있다는 것이다(Žižek, 1997 : 46).

3. 다문화주의와 인권

다문화주의와 보편적 인권 개념

울리히 벡Ulrich Beck과 같은 학자는 세계화의 흐름 앞에 신자유주의와 공동체주의가 크게 대립하면서 상호 투쟁하고 있다고 진단한다(벡, 2000 : 42). 지젝과 같은 이들과 달리 벡이 보기에는 아무리 소수적 문화 공동체일지라도 그 문화적 맥락 속에서 정체성을 형성하는 구성원들을 위해서는 그 공동체를 인정하고 보존해야 할 필요가 있다는 다문화주의의 기본 관점은 분명 '탐욕스러운 신자유주의'에 대한 저항운동의 성격을 띠는 측면이 있다. 이 시대에 만연한 시장 논리와 계약 관계가 어떤 사회적 응집성도 형성시키지 못하게 되면서 '사회적 접착제'인 공동체와 그 문화의 필요성은 더욱 더 증대된다.

그러나 벡은 공동체 정신이 지나치게 약한 것도 문제가 있지만, 공동체 정신이 지나치게 강화되었을 때 발생하는 위험들은 더 심각한 문제가 될 수 있다는 점을 아울러 지적한다. 사명감, 함께 소속되어 있다는 느낌, 온기, 요컨대 공동체 정신의 결여를 문제삼으면서 강화된 민족 공동체 속에서 개인이 정체성을 찾아가도록 하는 데 가장 성공적인 공동체주의의 사례—전략의 효과에서는 최고의 성공이었고 결과에서는 최악이었던—가 나치즘이었기 때문이다(벡, 2000 : 44).

그러나 무엇보다도 다문화주의에 대한 가장 큰 비판은 자신이 속한 공동체가 제시하는 가치들을 부정하고 그 공동체의 문화로부터 자신의 정체성이 형성되는 것을 거부하는 개인들의 자유를 침해할 가능성이 크다는 점이다. 킴리카와 같은 자유주의적 다문화주의자들이 개인의 자유를 다문화주의의 상위 규범으로 상정하면서 자유주의와 다문화주의의 접합

점을 찾으려고 한 것도 그런 문제 의식을 담고 있다. 이런 종류의 비판에 공감하는 국내 학자들 역시 보편주의에 근거한 규범적 지반을 확보함으로써 다문화주의의 결점을 보완하려고 한다. 장은주는 자유에 대한 보장, 즉 각 성원들의 보편적 인권의 보장을 전제함으로써만 다문화주의가 폐쇄된 문화 영역 안에서 여성을 비롯한 약자들에 대한 문화적 폭력을 정당화하는 사태를 막을 수 있다고 주장한다(장은주, 2003 : 96).

김혜숙은 다문화주의를 "사회적 의미를 창출해 내는 차이의 범주들, 성性이나 토착 문화와 같은 것들을 가시화"하는 차이의 철학에 기초한 것으로 규정하면서도(김혜숙, 200 : 206) 여성주의와 불편한 관계에 있을 수 있음을 지적하고 다문화주의가 보편적 인권 개념에 기반해야 한다는 주장에 동의한다.[6] 1980년대 프랑스 정부는 이슬람 이민자 가정의 일부다처제를 문화적 전통으로 승인했지만 이민자 가정의 여성들 자신은 이에 대해 매우 강력하게 반발했다. 미국은 여성의 음핵 절개 역시 문화 다양성을 이유로 인정하다가 1996년에야 불법화했다. 김혜숙이 지적했듯이 이 사례들은 다문화주의가 여성 억압을 지속시키는 기제로 작동할 수 있음을 잘 보여 준다. 다문화주의에는 문화를 지나치게 자연화시키고 고정화시킴으로써 문화 내적 갈등, 즉 하나의 문화 속에 내재하는 하위 집단들 간의 갈등을 외면하는 경향이 분명히 존재한다.

김혜숙은 장은주의 제안대로 보편적 인권 개념을 도입한다면 다문화주의와 여성주의 사이의 갈등이 해소될 수 있다고 전망한다. 이때 보편적 인권 개념과 다문화주의를 연결시킬 수 있는 철학적 조건은 "모든 종류의

6 이 이외에 보편적 규범성을 통해 다문화주의와 다원주의의 문제점을 보완하려는 시도로는 다음을 보라. 권용혁, 「세계화 시대의 보편화 가능성 탐구」, 한국철학회 편, 『차이와 갈등에 대한 철학적 성찰』, 철학과현실사, 2007; 한승완, 「다원주의와 '논의합리성'의 보편주의」, 한국철학회 편, 『다원주의, 축복인가 재앙인가』, 철학과현실사, 2003. 이 논문들은 보편화 가능성을 다루면서도 서구 중심의 보편주의와 거리를 두기 위해 '차이에 대한 감수성'을 강조한다.

집단적 정체성을 닫힌 정체성이 아니라 열린 정체성으로 받아들인다는 것"이다(김혜숙, 2007 : 215).

이런 정의를 통해 다문화주의에 깔린 특정 전제, 즉 문화적 정체성을 고정적이고 폐쇄적으로 이해하는 경향을 극복하자는 것이다. "문화가 선택과 투기의 부단한 과정으로 자유로운 개인의 가치 선택과 행동들에 의해 고정된 그룹 주체성의 범주들이 무너지기도 하고 새롭게 생성되기도 하는 것이라면 다문화주의는 여성주의나 민주주의 이론가들에 의해 배척받지 않아도 될 것"이다(김혜숙, 2007 : 215).

그러나 보편적 인권 개념을 도입함으로써 다문화주의를 보완하려 할 경우 섬세한 접근이 필요하다. 그동안 보편적 인권 개념은 여성주의와 다문화주의 양 진영에서 모두 서구 중심적이고 남성 중심적인 개념이라고 비판받아 왔기 때문이다. 보편적 인권 개념은 주로 서구 백인 남성들의 경험과 이해를 반영하고 강화하면서 발전해 왔고, 여성과 문화적 약자들의 경험과 관점을 배제하는 방식으로 작동했다는 것이다. 이러한 비판을 넘어서기 위해 장은주는 보편적 인권 개념을 "어떤 실체적 보편성의 획일적 확대라기보다는 오히려 모든 차별과 고통을 없애고 모든 주변인을 상호 고려의 틀 안으로 포용할 수 있어야 한다는 소극적 이념"으로 규정할 것을 제안한다(장은주, 2003 : 92). 이렇게 규정된 인권 개념은 여성주의나 다문화주의와 큰 갈등을 일으키지 않는 듯이 보인다.

소극적 인권 개념의 제안자들은 소극적 인권 개념을 자유주의적인 인권 개념과 구별한다. 자유주의적 관점에 따르면 모든 개인들은 자유롭고 평등하게 태어났다는 점에서 보편적인 인권을 가진 존재이며, 국가는 개인들의 그러한 권리를 법적으로 보장해 주어야 할 의무가 있다. 이 때문에 개인들의 인권은 법적인 지위를 갖는다. 그러나 법률적 차원에만 초점을 맞추어서 인권의 문제에 접근하는 것은 큰 한계를 가질 수 있다. 법적 수준에서는 공적 영역에서 법률적 절차를 충실히 따르거나 법에서 규정한 개인의 권리를 위반하지 않는 한 인권이 보장되는 것으로 간주되기 때문이다. 하지만 인권을 특정한 법적 절차의 문제로 환원하는 것은 두 가지 문제점을 가지고 있다. 첫째, 특정한 법적 절차의 영역에 진입할 기회조차 갖지 못한 사회적 약자들이나 소수자들의 인권에 대한 고려가 힘들다. 둘째, 법적 절차가 공적 영역에만 한정됨으로써 사적 영역에서 발생하는 인권 침해, 특히 여성들에 대한 인권 침해와 불평등성을 방치하는 결과를 가져온다.

이런 문제들은 위르겐 하버마스Jürgen Habermas에 의해 이미 지적된 것이다. 그는 절차를 법적 절차의 문제로 환원하여 고정되고 단선화된 실체적 과정으로 만들어서는 안 된다고 주장하면서, 절차를 모든 사안들에 대한 시민사회의 자유로운 의사소통과 토론 과정으로 확대함으로써 개방적 보편성을 확보하고자 한다. 이를 통해 자유주의에서 볼 수 있는 공 · 사 영역의 엄격한 분리를 거부하고, 사적 영역에서 일어나는 인권 침해와 불평등의 문제들까지도 토론의 영역에서 다루고, 나아가 법적 영역으로 진입시킬 수 있는 길을 열고자 한다.

'가정 폭력'을 예로 들면 자유주의자와 하버마스의 입장 차이가 분명하게 드러난다. 자유주의자들은 공 · 사 영역을 엄격히 분리해서 공적인 것만을 법적 규제의 대상으로 삼는다. 그리고 가정은 사적 영역이라는 이유로 가정 폭력과 같은 문제를 법적 규제의 대상으로 여기는 것을 꺼려한다. 그러나 하버마스의 절차주의적 입장에서는 "어떤 문제가 공동의 해결을 필요로 하는 문제인지, 그리고 구체적으로 어떤 정치 제도를 선택할지는 의사소통의 과정을 통해 결정될 사항이다. 그래서 만일 시민사회에서 자유로운 논의 과정을 거쳐 공동의 해결 노력을 필요로 하는 문제로 인식된다면, 가정 폭력은 얼마든지 정치적 문제가 되며 법적 규제의 대상이 될 수 있다"(장춘익, 1997 : 238-239). 이런 견해를 참조한다면, 소극적 인권 개념을 통해 다문화주의와 여성주의의 공존, 다문화주의와 민주주의 공존을 모색하려는 시도들은 일견 타당성을 갖는 것으로 보인다. 그러나 이 시도들에는 몇 가지 검토해야 할 사항들이 있다.

다문화주의와 급진적 인권 개념

장은주는 다음과 같이 말한다. "서로 다른 문화 주체들이 서로 싸우고 있는 여러 가지 근본적 문제들—예컨대 유신론이냐 무신론이냐의 문제—에서 설득과 합의는 원칙적으로 그리고 영원히 불가능할지 모른다. 그러나 그런 그들도 평화로운 공존의 틀만은 합의할 수 있다. 그리고 그 틀은 바로 상호의 존재에 대한 인정, 그리고 서로가 서로를 설득하려 나설 권리와 제약 없이 말하고 말을 걸 수 있는 권리에 대한 인정, 결국 모든 당사자에 대한 인권과 민주적 기본권의 무제약적인 상호 인정을 통해서만 마련될 수 있다"(장은주, 2003 : 105). 이 관점을 여성운동에 적용해 보면, 이는 곧 여성주의자들이 가부장적 문화 관행에 물든 남성들 또는 여성들과 평화롭게 공존하면서 상호 설득을 위한 토론의 장에 참여하는 것을 의미하게 된다. 그러나 과연 유신론자와 무신론자처럼 여성주의자들이 성차별주의자와 평화로운 공존의 틀을 합의하는 것이 가능하며, 또 바람직한 것일까?

여성주의자들의 노력에도 불구하고, 현실적으로는 성차별적인 기존의 악법들을 계속 유지하려는 반동적 움직임들은 항상 존재하며, 심지어는 독소적인 성차별적 법률이 되살아나는 등의 퇴행적 위협이 도처에 잠재해 있다. 여성주의자들은 성차별적인 문화적 관습이나 법률들이 폐지되지 않을 경우, 법과 관습을 변화시키기 위해 그것들의 준수를 거부하거나 법의 허용 범위에서 벗어나는 투쟁을 벌일 수 있다. 이런 투쟁들은 민주적 기본권의 무제약적인 상호 인정이라는 원칙을 준수하고 있다고 할 수 있는가? 만약 그렇다고 할 수 없다면 이 원칙의 준수를 위해 투쟁들은 유보되거나 제한되어야 하는가? 평화로운 공존의 틀이나 합의를 통해 여성의 인권을 보장한다는 것은 그 의미가 모호하다. 그러한 여성의 인권 보장은 여성들이 법과 삶의 영역에서 성차별적 집단들을 배제할 수 있는—그들과의 공존이 아닌—만큼의 힘과 영향력을 획득할 때에만 주어지는 것이다.

이런 점을 고려할 때 일종의 개방적 인권 개념을 의미하는 소극적 인권 개념은 평화적 공존을 모색하는 데 머물기보다는 투쟁과 갈등의 적극적 모델을 불러들일 필요가 있다. 이 모델은 여성주의나 다문화주의를 '정치적인 수준'에서 고려할 때 필수적인 것이다. 샹탈 무페Chantal Mouffe가 "정치는 친구와 적을 구별하는 것"이라는 카를 슈미트Carl Schmitt의 주장에 동의하면서 말했듯이 "현대 정치철학을 유용하게 정교화하려면, 분열과 투쟁의 이상, 다시 말해 친구와 적의 관계에 대한 여지가 있는 정체 개념"이 있어야 한다(무페, 2007 : 182). 유신론자와 무신론자의 대화, 혹은 서로 다른 종교들 간의 대화는 실질적인 합의와 설득에 도달하지 않더라도 평화적인 의견 교환의 형식을 유지할 수 있다.

그러나 무페의 지적대로 이들의 대화가 정치적인 수준에서 이루어지게 된다면 상황은 달라진다. 가령 특정 종교에 대한 제도적 · 법적 보장 문제가 거론되거나 특정 종교집단의 분리주의적 움직임이 정치적 행보를 밟을 때 거리의 주먹다짐에서 시작해 내전이나 인종 청소에 이르기까지 다양하고 상이한 수준의 갈등들이 발생하는 것을 피하기는 힘들다. 대부분의 개인적 또는 집단적 권리 투쟁과 인권 쟁취운동들에서 벌어지는 요구의 관찰과 이를 위한 협상의 다양한 정치적 전략들은 평화로운 공존의 틀을 유지한 채 도덕적인 합의를 하는 문제가 아니다. 그것은 전쟁과 같은 극단적인 방식은 아닐지라도, 헤게모니 투쟁을 통해 대립하는 집단의 주장을 무력화시키는 문제이다.

따라서 개방적 인권 개념을 받아들일 경우 우리는 이 개념의 실현 과정을 합리적 합의나 절차적 민주주의의 문제로 제한하기보다는 경쟁하는 집단들의 헤게모니 투쟁으로 이해하는 것이 더 바람직하다. 그리고 이런 측면에서 개방적 인권은 급진적 인권radical human rights으로 규정되는 것이 타당할 것이다. 무페는 다음과 같이 말한다. "왜곡되지 않는 합리적 의사소통과 합리적 합의에 기반을 둔 사회적 통일성에 대한 합리주의의 열망은, 정치 내에 있는 정념과 정서의 결정적 장소를 무시한다는 점에서 완전히 반정치적이다. 정치는 합리성으로 환원될 수 없는데, 정확히 그 이유는 정치가 합리성의 한계들을 보여 주기 때문이다"(무페, 2007 : 183-184). 무페의 관점에서 보자면 하버마스 식의 합리적 의사소통 모델은 비현실적인 하나의 윤리적 규범으로만 존재하기 때문에 이상주의적이라는 비판을 면하기 힘들다. 그러나 현실로 존재하지 않는다고 해서 그 규범을 상정하는 것이 이상주의라고 비난받아야 한다면 더 나은 세계에 대한 열망과 시도들은 모두 비난의 대상이 될 것이다.

여기서 무페가 시도하는 비판의 핵심은 합리적 의사소통을 통한 평화로운 공존의 이상이 그것의 좋은 의도에도 불구하고, 우리의 정치적 의사소통과 담론 과정에 필연적으로 개입하는 중요한 요소들에 대한 인식을 방해한다는 점이다. 우리의 소통 과정은 분명 비실체적인 과정이다. 그러나 이 과정은, 평등이나 자유의 참된 의미에 대한 궁극적 합의가 끊임없이 지연될지라도 우리는 그것을 향해 무한히 운동해 간다는 점에서 비실체적인 것은 아니다. 그것은 자유와 평등, 인권의 개념에 대한 상이한 해석들이 제안되고 그 해석들 사이에 갈등과 대립이 발생하며, 그 과정에서 어떤 해석들은 폐기되고 어떤 해석들은 승리하며 적어도 부분적으로 우위를 차지하게 되는 역동적 과정이라는 점에서 비실체적이다. 그리고 이런 식으로 실현되는 인권은 그것이 평화롭게 진행될 때조차도 합의의 과정과는 무관한 성격을 띤다.

학자들에 따라서는 무페의 경합적 민주주의가 합리적 합의를 주장하는 심의 민주주의와 양립할 수 있다고 보기도 한다. 무페가 하버마스의 합리적 합의를 공격함에도 불구하고 무페의 경합주의agonism는 합리적 합의를 배제하기보다는 그것에 의존한다는 것이다(Knops, 2007 : 115-126). 그러나 또 다른 이들은 경합적 민주주의와 심의 민주주의를 양립 불가능한 것으로 평가한다. 합리적 합의의 외관은 적대적 열정들을 도착적이지 않은 방식으로 분출할 것을 제안하는 열정의 정치학politics of passion의 수립을 근본적으로 가로막기 때문이다.[7]

4. 급진적 · 집단적 열린 주체의 형성

급진적으로 이해된 개방적 인권 개념을 통해 다문화주의는 민주주의적으로 변형될 수 있다. 이것은 김혜숙이 제안한 열린 주체의 형성을 다음과 같이 구체화시켜 이해할 수 있음을 의미한다.

(1) 열린 주체의 형성 과정은 합리적 의사소통의 합의 과정이 아니라 갈등과 투쟁의 과정을 통한 역동적인 정체성 형성의 과정이다. 이런 정의

7 이러한 논의로는 다음 글을 참조하라. 안병진, 「공화주의적 민주주의」, 주성수 · 정상호 편저, 『민주주의 대 민주주의』, 아르케, 2006, 79-100쪽.

는 합리적 의사소통의 과정으로 환원될 경우 포착되지 않는 주체 형성의 다양한 계기들을 고려함으로써 열린 주체 형성의 역동적 과정을 이해할 수 있도록 해 준다. 이런 주장에서 비합리주의의 혐의를 발견하고 부담을 느끼는 이들이라면 벡의 논의를 참조하는 것도 좋을 것이다. 무페나 지젝 등으로부터 정치를 합리적 주체들 간의 합의주의적 과정으로 환원한다는 비판을 받고 있는 벡조차도 비선형적 성찰성non-linear reflexivity 개념을 제안하면서 이 과정의 역동성을 포착하려고 한다.

『성찰적 근대화』에서 벡은 전문지식들을 통한 근대의 제도적 반성의 확산은 기든스가 주장하듯이 지식의 '선형적線型的 합리화' 과정이 아니라는 점을 강조한다. 근대화가 세계적인 차원으로까지 확산될수록 '의도하지 않은 결과들'이 생산되며 결과들 사이에서는 갈등이 일어난다는 것이다. 이 갈등은 복수적 합리성 주장들 사이에서 벌어지는 것이며 합리성과 무관한 다양한 종류의 비인지적 요소들이 그 과정에 개입하기도 한다. 따라서 기든스처럼 비인지의 여러 유형들의 역할을 과소 평가하며 합리적 성찰성의 증대만으로 개인의 정체성이 형성되는 듯이 보아서는 안 될 것이다. 우리는 우리가 합리성이라고 부르는 것들 밖에 존재하는 '외부 지식'을 인지함으로써만, 즉 합리성의 복수성을 인정함으로써만 단일 합리성과 원칙 주변에서 발생하는 갈등들에 개방적인 정체성을 형성할 수 있게 된다. 이런 점에서 성찰적 근대화의 과정은 '합의 네트워크'보다는 '이의 네트워크'를 형성하는 과정이다.[8]

또한 벡은 기든스와 자신의 결정적 차이가 "성찰적 근대화의 '매개체'는 지식이 아니라 비인지非認知"라고 보는 점에 있다고 주장할 만큼 비인

8 다음을 참조하라. 울리히 벡, 『적이 사라진 민주주의』, 정일준 옮김, 새물결, 2000, 178쪽, 192-203쪽.

지 사태를 이론적으로나 일상생활 속에서 그리고 정치적으로 해독할 것을 강조한다(벡, 2000 : 183). 투쟁과 갈등은 단순한 방식으로 경합하는 합리적 견해들을 가진 개인들 사이에서만 벌어지는 것이 아니라 한 개인이 가진 합리적 지식과 정서적 믿음들 사이에서도 발생한다. 비인지는 강력하고 적극적인 정서적 영향력을 행사한다. 여기서 비인지는 '알고자 하지 않는 무능력', '알려고 하지 않는 무의지'와 같은 것들까지 포함한다. 이것들은 소극적인 무능력과 무의지로 남아 있는 것이 아니라 적극적인 정치사회적 구성 활동의 계기로 작동한다.

열린 정체성을 고려할 때 이러한 주장들은 두 가지 긍정성을 지닌다. 먼저 주체 형성의 계기에서 경합하고 갈등하는 합리성 주장들의 복수성을 강조함으로써 기든스 식의 '문화적 차이를 압도하는 평가 기준'을 전제할 때 발생하는 실체적 보편주의와 거리를 둘 수 있다. 둘째로 주체 형성에서 비인지적 유형들의 개입을 고려할 수 있다. 그런데 이 비인지적 유형들이 단순히 개인의 비합리적 성향에 의거해서 개인적 수준에서만 발생하는 것은 아니기 때문에 여기서 우리는 열린 주체성 형성의 또 다른 계기를 고려해 보아야 한다.

(2) 정치적이고 사회적인 열린 주체의 형성은 개인적 차원뿐만 아니라 집단적 차원을 갖는다. 무페가 오크쇼트Michael Oakeshott를 언급하면서 주장하듯이 정치적 행위는 '친숙성의 추구'로 볼 수 있다. "정치는 일군의 사람들의 일반적 배치에 종사하는 활동인데, 이들은 그 배치에 종사하는 방식을 공통으로 인정하는 관점에서 하나의 단일한 공동체를 조직하게 된다. [……] 그렇다면 정치적 활동은 순간적인 욕망이나 일반적 원리에서가 아니라 실제 존재하는 행동 전통들 자체에서 솟아나는 것이다" (무페, 2007 : 34).

독일 사회주의 청년운동의 전개 과정은 이를 잘 보여 준 역사적 사례이다. 바이마르 시기 독일 사회주의 청년운동은 부르주아 청년운동과의 극명한 이념적 차이에도 불구하고 부르주아 청년운동의 영향에서 자유롭지 못했다. 이는 바이마르 시기의 전체 청년운동은 좌우 모두 도보 여행이나 야영에 대한 애착, 주별 정기 모임과 같은 활동, 노래와 춤, 연극을 통한 공동체 의식의 고취 등, 유사한 활동의 전통을 공유하고 있었기 때문이다. 사회주의 청년운동이 그들만의 계급적 정치성을 강화하기 위해서는 전통적 활동에 새로운 정치적 의미를 부과하거나 그들만의 새로운 정치적 행위의 전통을 수립해야 했다. 그래서 그들은 이전의 낭만적인 도보 여행을 자연 인식과 사회 비판이 결부된 '사회적 도보 여행'으로 변형시켰다. 1920년 8월의 바이마르 축제에서 사회주의 청년조직은 갈고리 십자 화형식을 통해 그들의 정치적 성향을 부각시키는 데 성공했는데 이것 역시 근세 민중 축제의 전통에서 유래한 것이었다.[9] 이와 같은 사례들에서 알 수 있듯이 정치는 자유로운 개인의 단독적 의사 표현이라기보다는 전통적 정치행위의 새로운 배치이거나 또 다른 행위 전통의 창조이다. 이것은 정치적으로 행위하고 정치적 정체성의 획득뿐만 아니라 문화적 정체성을 형성하는 데도 중요한 요소이다.

모든 차원에서 정체성은 단순히 개인적 차원의 선택과 결단에서 형성되기보다는 특정한 공동체의 귀속감이나 친숙성들을 유지하면서 혹은 또 다른 정서적 공동체로의 기입을 추구하면서 발생한다. 실제로 다른 문화나 인종에 대한 불관용이나 배타적 태도도 개개인의 차원에서 발생하기보다는 개인들이 인종주의적이거나 성차별적인 공동체의 담론이나 공동

9 다음을 참조하라. 고유경, 「축제에 나타난 독일 사회주의 청년운동의 이상과 현실」, 『역사와 문화』 5호, 2002, 209-241쪽.

적 실천의 집단적 실행자들로서 활동할 때 발생하는 것이다. 경합하는 합리성들이 집단적 지식의 차원에서 실행되는 만큼이나 비인지적 구성 활동들도 집단적이다. 따라서 그들이 개인적 차원에서 합리적 지식을 획득했을 때도 실천적 활동에서 공동체의 관행을 그대로 반복하는 사태들은 합리적 지식의 수준을 강화한다고 해결될 수 있는 것이 아니다.

이와 관련된 가장 흥미로운 사례는 나치에 대한 여성과 노동자들의 열렬한 정치적 지지이다. 이들이 여성과 노동자들의 지지를 받았던 것은 이들이 비인지의 유형들을 통해 친숙하고 집단적인 행위 방식을 만들어 낼 수 있었기 때문이다. 당시 독일 공산당은 임신중절을 금지하는 독일 형법 218조에 반대하여 여성의 신체적 자기 결정권을 강조했다. 물론 많은 독일 여성들은 합리적인 이유로 낙태금지법의 폐지를 옹호했다. 그러나 아이러니하게도 선거에서 그들은 나치당에게 투표했다. 그들은 "수컷 새가 적을 격퇴시키는 동안, 암컷 새는 치장하고 알을 부화시킨다"라는 독일 전통을 강조하는 나치당에 매혹되었다. 나치당은 대가족 이데올로기와 신비화된 모성 신화를 통해 여성의 표를 긁어모은 것이다(라이히, 2006 : 164-166).

이런 역사적 사례들을 고려한다면 인종주의적이거나 성차별적 문화 공동체에 대항하는 급진적 인권 개념의 실현 과정은 계몽된 개인의 자율적 활동 과정으로 이해되기보다는 적대적 힘들과 갈등의 열정을 조직적으로 구성해 가는 과정으로 이해되어야 한다. 힘과 열정들은 반인종주의적이고 성평등적인 정치 · 문화적 공동체를 형성하는 집단적 활동 속에서 건강하게 표출되어야 한다. 모든 집단적 목표를 무조건 의심스러워하는 자유주의자가 아니라면 이런 정서적 공동체적 활동 방식을 꺼려할 이유는 없을 것이다. 여기서 우리는 공동체주의적 다문화주의의 문제 의식으로 되돌아간다.

공동체주의적 다문화주의는 개인 정체성의 형성에서 공동체의 역할을 강조하면서 이것의 보존과 존중이 필요함을 강조한다. 그러나 이들이 주장하는 것처럼 이 공동체적 요소가 전통을 그대로 답습한 것일 필요는 없다. 전통적 정치행위를 새롭게 배치하고 활용함으로써 반인종주의적이고 성평등적인 열린 집단적 주체의 형성이 가능한 것이다. 이런 집단적 주체성은 스콧 래쉬Scott Lash의 표현을 빌어 '성찰적 공동체'라고 부를 수 있다(기든스 · 벡 · 래쉬, 1998 : 165).[10] 성찰적 공동체는 "한편으로는 미리 운명지어진 전통으로부터 그리고 다른 한편으로는 사회적으로만 구성될 수 있는 정체성들로부터 똑같은 거리를 두고 있다"(기든스 · 벡 · 래쉬, 1998 : 182). 우리는 전통적이고 가부장적인 문화 공동체와, 전통인 방식은 아닐지라도 다른 방식으로 충분히 성차별적이고 '이미 사회적으로만' 형성된 근대적 문화 공동체의 평화로운 공존을 추구해야 할 아무런 이유가 없다. 그럼에도 불구하고 다문화주의는 종종 이런 식의 공존으로 오해된다.

결국 열린 주체성 개념을 통해 다문화주의와 민주주의를 접합시키려는 시도는 다문화주의 개념 내에 어떻게 개인적 권리의 침해를 방지할 철학적 원리들을 기입할 것인가 하는 방어적 전략을 취하기보다는 여성주의적이고 반인종주의적인 성찰적 공동체를 구성할 적극적 계기를 모색하는 방향으로 나아가야 한다. 열린 집단적 주체는 반드시 민족이나 국가 단위와 일치하는 것은 아니다. 이것은 민족이나 국가 단위의 집단들과 얼마든지 갈등하고 투쟁하는 소집단일 수도 있고, 탈민족적이고 초국가적 규모

10 래쉬는 찰스 테일러의 공동체주의에 대해서는 자아를 공동체에 과도하게 동화시킨다고 비판한다. 래쉬가 강조하는 것은 '자아를 위한 여지를 남겨두는' 공동체 이론이 아니라 '자아가 자라날 수 있는 공동체적 관행으로의 관여'라는 개념이다. 그는 이 개념의 단서를 여성주의자 벤하비브Seyla Benhabib의 '보살핌의 윤리'에서 찾아내고자 한다(앤서니 기든스 · 울리히 벡 · 스콧 래쉬, 『성찰적 근대화』, 임현진 · 정일준 옮김, 한울, 1998, 234-235쪽).

의 세계적 네트워크일 수도 있다. 이러한 성찰적 공동체의 구성을 위해서는 먼저 다문화 속에서 보수적이고 폐쇄적인 주체를 형성시키는 현존하는 메커니즘들을 기술하고 분석하는 것이 필요하다. 또 다른 한편으로 급진민주적인 집단정치학을 구성하며 열린 주체 형성의 맹아를 키워가는 것으로 보이는 다양한 방식의 실험들을 조사할 필요가 있다. 이 실험들에 대한 연구와 검토를 통해 우리는 폐쇄적 민족 감정이나 이에 기반한 국가 이데올로기를 넘어선 새로운 정치 · 문화 공동체에 대한 다문화적 상상력을 증대시킬 수 있을 것이다.

참고 문헌

고유경, 「축제에 나타난 독일 사회주의 청년운동의 이상과 현실」, 『역사와 문화』 5호, 2002.

권용혁, 「세계화 시대의 보편화 가능성 탐구」, 한국철학회 편, 『차이와 갈등에 대한 철학적 성찰』, 철학과현실사, 2007.

기든스, 앤서니, 『포스트모더니티』, 이윤희 · 이현희 옮김, 민영사, 1991.

기든스, 앤서니 · 울리히 벡 · 스콧 래쉬, 『성찰적 근대화』, 임현진 · 정일준 옮김, 한울, 1998.

김비환, 「포스트모던 시대에 있어 합리성, 다문화주의 그리고 정치」, 『사회과학』 42호, 1996.

_____, 「현대 자유주의 : 공동체주의 논쟁의 정치적 성격에 관한 고찰」, 『철학연구』 45집, 철학연구회, 1999.

김창민 외 편역, 『세계화 시대의 문화 논리』, 한울, 2005.

김혜숙, 「여성주의 관점에서 본 다문화주의 : 열린 주체 형성의 문제」, 『철학연구』 76집, 철학연구회, 2007.

네그리, 안토니오 · 마이클 하트, 『제국』, 윤수종 옮김, 이학사, 2001.

라이히, 빌헬름, 『파시즘의 대중심리』, 황선길 옮김, 그린비, 2006.

로버트슨, 롤런드, 『근대성, 탈근대성, 그리고 세계화』, 윤민재 옮김, 사회문화연구소, 2000.

마르티니엘로, 마르코, 『현대사회와 다문화주의』, 윤진 옮김, 한울, 2002.

무페, 샹탈, 『정치적인 것의 귀환』, 이보경 옮김, 후마니타스, 2007.

베르나르, 프랑수아 드, 「'문화 다양성' 개념의 재정립을 위하여」, 김창민 외 편역, 『세계화 시대의 문화 논리』, 한울, 2005.

벡, 울리히, 『적이 사라진 민주주의』, 정일준 옮김, 새물결, 2000.

심보선, 「이주노동자의 미디어 문화활동과 정체성−정치」, 『동북아 '다문화' 시대 한국사회의 변화와 통합』(한국사회학회 자료집), 2006.

안병진, 「공화주의적 민주주의」, 주성수 · 정상호 편저, 『민주주의 대 민주주의』, 아르케, 2006.

이기라 · 양창렬 외, 『공존의 기술』, 그린비, 2007.

장은주, 「문화다원주의와 보편주의」, 한국철학회 편, 『다원주의, 축복인가 재앙인가』, 철학과현실사, 2003.

장춘익, 「법과 실천적 합리성」, 정호근 외, 『하버마스 이성적 사회의 기획, 그 논리와 윤리』, 나남출판, 1997.

테일러, 찰스, 「승인 투쟁과 인권 차이의 정치학을 향하여」, 한상진 편, 『현대사회와 인권』, 나남출판, 1998.

한승완, 「다원주의와 '논의합리성'의 보편주의」, 한국철학회 편, 『다원주의, 축복인가 재앙인가』, 철학과현실사, 2003.

현남숙, 「문화적 헤게모니와 동의의 조건」, 『시대와 철학』 18권 2호, 2007.

Knops, Andrew, "Debate: Agonism as Deliberation—On Mouffe's Theory of Democracy," *Journal of Political Philosophy*, vol.15, no.1, 2007.

Kymlicka, Will, *Multicultural Citizenship*, Oxford: Oxford University Press, 1995.

_____, "Three Forms of Group-differentiated Citizenship in Canada," Seyla Benhabib(ed.), *Democracy and Difference: Contesting the Boundaries of the Political*, Princeton: Princeton University Press, 1996.

Parekh, Bhikhu, *Rethinking Multiculturalism*, Cambridge, Massachusetts: Harvard University Press, 2000.

Taylor, Charles, " Politics of Recognition," Gutmann, Amy(ed.), *Multiculturalism*, Princeton: Princeton University Press, 1994.

Žižek, Slavoj, " Multiculturalism, Or, the Cultural Logic of Multinational Capitalism," *New Left Review*, vol.225, Sep./Oct. 1997.

민족 · 신화 · 영화:
바이마르 공화국의 '프리드리히 대왕 영화'*

고유경

1. 들어가는 말

베를린 중심가 운터 덴 린덴에는 독일 근현대사의 주요 장면들을 대표하는 건축물이 밀집해 있다. 브란덴부르크 문에서 알렉산더 광장 쪽으로 길을 따라가면 왼편으로 훔볼트대학교, 노이에 바헤Neue Wache, 독일역사박물관, 독일국립미술관이 차례로 모습을 드러낸다. 훔볼트대학교와 건너편 국립오페라극장 사이의 대로 중앙에는 프로이센 국왕 프리드리히 2세(재위 1740~1786)의 유명한 기마상이 있다[그림 1]. 프리드리히 2세는 우리에게도 '계몽절대군주'라는 형용 모순적인 이름으로 친숙하며, 개화기 이래 각종 언론매체를 통해 구국의 영웅으로 각광받았던 인물이다.

독일 민족주의의 대중적 확산과 그 작동 기제에 주목한 조지 모스

* 이 글은 『역사교육』 107호(2008년 9월)에 게재되었던 논문을 수정 · 보완한 것이다.

George L. Mosse의 『대중의 국민화』가 출간된 이래, 근대 민족국가의 성립과 강화 과정에서 다양한 정치적 의례와 상징, 축제, 기념비 등이 의미심장한 역할을 수행했음은 잘 알려져 있다. 이 매체들은 정치적 실체로서의 '단일한 독일'이 등장하기 전에는 통합의 촉매로 쓰였으며, 1871년의 통일 이후에는 여기에 다른 국가, 민족, 인종에 대한 배제 도구로서의 성격이 추가되었다. 운터 덴 린덴의 프리드리히 기마상 역시 이러한 '민족 만들기' 과정의 대표적인 소산이다. 크리스티안 라우흐Christian Rauch가 제작한 이 기념물이 완성되어 제막식을 가진 것은 1851년 5월 31일, 프리드리히 2세 즉위 111주년 기념일의 일이었다. 총 13.5미터에 달하는 기마상의 기단부는 두 부분으로 이루어져 있는데, 상단에는 왕의 생애를 대표하는 사건들이, 하단에는 당대를 주름잡았던 명사들이 등장한다. 프리드리히를 보필했던 장군과 관리들은 물론 레싱Gotthold E. Lessing과 칸트Immanuel Kant 같은 작가와 학자들이 그들이다. 이들 모두는 당당한 자세로 말 위에서 어딘가를 응시하고 있는 '대왕'의 신민이다. 기마상이란 전통적으로 전쟁 영웅을 찬미하는 고전적인 방식의 기념물임을 염두에 두면 이 상의 의미는 자명해진다. 그것은 무엇보다도 강력한 군사적 전통과 영웅에 호소함으로써 1848년 혁명 이후 동요하는 프로이센 왕정을 안정시키려는 정치적 고려의 산물이다.

[그림 1] 프리드리히 대왕 기마상

그렇다면 왜 프리드리히인가? 그는 루터Martin Luther, 비스마르크Otto von Bismarck와 더불어 오늘날 독일 민족주의 연구자들로부터 가장 많은 관심을 받는 인물이다. 자칭 "국가 제1의 종복"이라는 표현을 비롯하여 계몽군주, 전제군주, 위대한 군사지도자, 비겁한 군인, 인도주의자, 잔혹한 폴란드 분할의 주역, 유능한 행정가, 철학자, 음악가, 쾌락주의자, 냉소주의자, 이상주의자, 현실주의자 등 그를 설명하는 수식어들은 다채로울 뿐더러 모순적이다. 프리드리히의 복잡다단한 이미지는 그 자신의 양면성만큼이나 지난 2세기 동안의 굴곡진 독일 역사에서 기인한다. 독일 국가의 부침에 따라 그에 대한 해석도 함께 변화해 온 것이다. 제정기 이후 그의 위상이 통일의 초석을 놓은 주역이자 국가 통합의 구심점으로서 정점에 오를 수 있었던 데에는 무엇보다도 역사학의 역할이 크게 작용했다.[1] 랑케Leopold von Ranke와 드로이젠Johann Gustav Droysen, 마이네케Friedrich Meinecke와 리터Gerhard Ritter를 비롯한 독일 역사학의 거장들 중 이 '상수시Sanssouci의 철학자'에 어떤 형태로든 주목하지 않은 사람은 드물다.

그러나 민족 신화의 창출과 강화에 동원되는 것은 비단 역사학만이 아니다. 이 전설적인 인물을 둘러싼 각종 일화를 감성적인 문체로 소개함으로써 다시 새로운 전설의 씨앗을 뿌린 대중 서적들은 물론이려니와 초상화, 조각상 같은 시각 매체들이 독일인들의 사랑과 존경을 한 몸에 받는 '노왕 프리츠'의 이미지를 만들어 냈다. 그 중에서도 영화는 프리드리히의 신화화에 일대 혁명을 가져왔다. 프리드리히 2세를 주인공으로 한 영화의 역사는 독일 영화사의 첫 50년과 거의 정확하게 겹친다. 〈노

1 독일 역사학의 프리드리히 해석에 대한 최근 연구로 Peter-Michael Hahn, *Friedrich der Große und die deutsche Nation. Geschichte als politisches Argument*, Stuttgart: Kohlhammer, 2007; Frank-Lothar Kroll, "Friedrich der Große," Hagen Schulze & Etienne François(eds.), *Deutsche Erinnerungsorte*, vol.3, München: C. H. Beck, 2003, pp.620-635. 프리드리히를 포함한 프로이센 역사 해석의 변천에 대해서는 Stefan Berger, "Prussia in history and historiography from the nineteenth to the twentieth centuries," Philip G. Dwyer(ed.), *Modern Prussian History 1830-1947*, Harlow, Pearson Education, 2001, pp.21-40 참조. 국내 연구로는 김상태, 「프리드리히 2세 研究序說」, 『史叢』 20, 1976, 339-365쪽.

왕 프리츠〉(1896)를 시작으로 한 이 영화들은 '프리드리히 대왕 영화 Fridericus rex Filme'라는 집합명사로 불릴 정도로 독일의 초기 영화사에서 무시할 수 없는 흐름을 이룬다. 1896년부터 반세기 동안 독일에서 나온 '프리드리히 대왕 영화'는 모두 23편으로, 시기별로는 제1차 세계대전 이전에 4편, 바이마르 공화국 시기에 13편, 제3제국 시기에 6편이 각각 제작되었다.[2] 바이마르 시기에 상대적으로 많은 영화가 제작된 까닭은 이 시기가 독일 영화산업의 전성기였기 때문이기도 하지만, 그보다 근본적인 이유는 프리드리히에 대한 수요를 증대시켰던 시대적 맥락 속에서 찾을 수 있다.

이 글은 바이마르 공화국 시기의 '프리드리히 대왕 영화' 중 〈프리드리히 대왕〉 1~4부(1922~1923), 〈노왕 프리츠〉 1·2부(1927~1928), 〈상수시 궁전의 플루트 연주회〉(1930)를 통해, 근대 독일의 민족 신화가 영화를 통해 어떻게 재현되고 강화되는가를 고찰하고자 한다. 선택한 영화들은 각각 혼란기(1918~1923), 상대적 안정기(1924~1928), 대공황과 파시즘의 위협기(1929~1933)로 구분되는 공화국의 세 시기를 대표하며, 동시에 당시 독일 사회에 적지 않은 파장을 일으킨 작품들이기도 하다. 이 영화들의 생성·수용 양상을 조명하기에 앞서 그 전사前史로서, 독일 민족주의 운동의 전개와 맞물린 프리드리히 이미지의 변화 추이를 간략

2 Axel Marquardt & Heinz Rathsack(eds.), *Preußen im Film*, Hamburg: rororo, 1981, p.11f. 제작 순으로 나열하면 다음과 같다. 〈노왕 프리츠Der alte Fritz〉(1896), 〈왕과 시동König und Page〉(1910), 〈대왕과 경기병Der große König und sein Kammerhusar〉(1911), 〈결혼중매인 프리드리히 Fridericus als Ehestifter〉(1912), 〈무희 바르베리나Die Tänzerin Barberina〉(1920), 〈프리드리히 대왕 Fridericus rex〉 1~4부(1922~1923), 〈상수시의 물레방아Die Mühle von Sanssouci〉(1925~1926), 〈왕의 명령Des Königs Befehl〉(1926), 〈노왕 프리츠Der alte Fritz〉 1~2부(1927~1928), 〈상수시 궁전의 플루트 연주회Das Flötenkonzert von Sanssouci〉(1930), 〈상수시의 무희Die Tänzerin von Sanssouci〉(1932), 〈트렝크Trenck〉(1932), 〈로이텐의 합창Der Choral von Leuthen〉(1933), 〈노왕과 신왕Der alte und jünge König〉(1935), 〈노왕 프리츠에 관한 일화Anekdoten um den Alten Fritz〉(1935), 〈프리드리히Fridericus〉(1936), 〈대왕에 관한 즐겁고 진지한 이야기Heiteres und Ernstes um den großen König〉(1936), 〈아름다운 슈락 양Die schöne Fräulein Schragg〉(1936~1937), 〈대왕Der große König〉(1942).

히 살펴보고자 한다. 이는 프리드리히 2세의 연구사를 총체적으로 서술하려는 것이 아니라, 다만 그의 신화화 과정에서 핵심적인 계기들을 소개하려는 뜻임을 밝혀 둔다.

2. 독일 '민족 만들기'와 프리드리히 2세의 신화화

프리드리히 2세는 결코 생전에 독일인들의 사랑과 우러름을 받았던 영웅이 아니다. 오히려 그의 문학적 재능이나 행정가로서의 능력은 독일에서보다는 프랑스 계몽주의자들로부터 칭송받았다. 1765년 출간된 『백과사전』의 '프리드리히' 항목에는 "왕관을 쓴 전략가, 입법자, 철학자"라는 표현이 등장한다. 프리드리히를 "금세기가 낳은 가장 위대한 인물"로 평했던 프랑스의 미라보Mirabeau 백작은 1786년 8월 17일 왕이 상수시 궁에서 사망했을 당시 포츠담에 머무르고 있었는데, 국왕의 서거 소식에 "안도와 희망을 표하지 않는 얼굴이 아무도 없고, 슬픔도 탄식도 찬미도 없다"는 사실에 경악을 금치 못했다(Kroll, 2003 : 620).[3]

이러한 반反프리드리히 정서는 그의 사후 낭만주의 초기에도 이어졌다. 노발리스Novalis는 프로이센 국가가 프리드리히라는 절대군주에게 전적으로 의존하는 '공장'이었다고 비판했다. 헤겔Georg W. F. Hegel 또한 시민계급을 배제한 프리드리히의 정책에 일침을 가했다. 그는 왕이 볼테르Voltaire의 영향 하에 집필한 『반反마키아벨리론』(1740)을 거론하며, 이론과 실천이 상충하는 프리드리히의 통치를 꼬집었다. 아른트Ernst Moritz

3 미라보 백작은 프랑스 대혁명 직전인 1788년 런던에서 『프리드리히 대왕 치하의 프로이센 왕정에 대하여*De la Monarchie Prussienne sous Frédéric le Grand*』라는 책을 출간했다. 이 책은 '계몽군주' 프리드리히의 치세를 칭송함으로써 상대적으로 프랑스 절대왕정을 비판하려는 의도를 담고 있었다.

Arndt 역시 왕의 프랑스 편향을 문제로 삼았고, 그의 치세에 프로이센에서는 국가와 국민 간의 유기적인 통합이 결여되어 있었다고 지적했다. 아른트는 프로이센이 나폴레옹 군대에 굴욕적으로 패배한 해에 발표한『정신과 시대*Geist und Zeit*』(1806)에서, 프리드리히야말로 독일 민족의 거대한 분열을 야기한 존재라고 못 박았다(Ellwein & Brückmann, 1948 : 223f.).

하지만 이와 같은 냉담한 반응은 곧 열광적인 찬양과 숭배로 반전되었다. 1806년의 패배는 물론 이를 설욕한 해방전쟁의 승리(1813)로 각성된 독일 민족주의의 거대한 물결에 프리드리히 역시 휩쓸렸던 것이다. 이제 프리드리히는 프로이센의 윤리적 특성으로 여겨진 근면, 검소, 준법정신의 화신일 뿐 아니라 탁월한 행정가이자 교육자로 떠올랐다. 이러한 현상은 당시 슈타인 남작의 주도로 교육, 행정, 법제, 경제 전반에 걸쳐 광범위하게 추진된 프로이센 개혁이라는 시대적 배경을 염두에 두면 이해하기 쉽다. 심지어 프리드리히 생전에 그로부터 '셰익스피어의 아류'로 홀대받았던 괴테Johann W. von Goethe조차 자서전『시와 진실』2부(1812)에서 "최초의 진정하고 고귀한 삶은 프리드리히 대왕과 7년전쟁이라는 사건을 통해 독일 문학에 구현되었다"고 고백한다(Goethe, 1998 : 279). 그는 '민족문학'의 성립 전제로 "국민과 그 지도자가 하나가 되는 사건"을 들면서, 이상적인 지도자의 상을 프리드리히에게서 찾고 있다. 심지어 괴테는 독일어에 대한 프리드리히의 반감조차도 독일 문학의 발전에 자극제로 작용했다고 평한다.

1840년 프리드리히 빌헬름 4세가 즉위하고, 같은 해에 프랑스가 라인강 동안東岸을 요구함으로써 발생한 '라인 위기'로 인해 독일을 휩쓴 애국주의의 물결은 프리드리히 신화를 한층 확산시켰다. 1840년은 마침 프리드리히 즉위 백 주년이 되는 해이기도 했다. 프리드리히 빌헬름 4세는 운터 덴 린덴의 기마상을 제작하도록 위촉했을 뿐 아니라 프리드리히 2세의 기념비를 손수 설계했다. 프로이센 사관 프로이스J. Preuß가 1850년대에 간행한 프리드리히 2세 전집 30권도 이러한 기념 작업의 연장선상에 있었다. 하지만 이보다 더 주목할 만한 작품은 미술사가 쿠글러Franz Kugler의 『프리드리히 대왕의 역사』(1840)이다. 프로이센을 대표하는 역사화가 멘첼Adolph Menzel[4]이 그린 350여 점의 삽화로 장식된 이 책은 '노왕 프리츠'의 이미지를 대중화하는 데 크게 기여했다. 이 책은 엄격한 사료 비판에 근거한 것이 아니었기 때문에 역사가들로부터는 좋은 반응을 얻지 못했지만, 유려한 문체와 풍부한 화보 덕택에 당대뿐만 아니라 오늘날까지도 대중적인 인기를 얻고 있다.[5]

19세기 민족주의 역사학은 프리드리히 신화의 공식화에 결정적으로 이바지했다. 랑케와 그 제자들의 민족사 서술에서 프리드리히는 독일 통일의 기조가 된 소독주의小獨主義, 즉 오스트리아를 배제한 프로이센 중심의 통일 논의를 정당화하는 역할을 맡았다. 그들이 보기에 프리드리히의 본래 의도를 충분히 달성하지 못했던 7년전쟁은 1866년 오스트리아에 대한 프로이센의 승리로써 비로소 성공적으로 마무리된 것이었다. 랑케는 프리드리히의 슐레지엔 영유를, 프로이센이 주변 강국 사이에서 살아남기 위한 불가피한 선택으로 보았다. 소독주의 역사 서술의 대표자 드로이젠 또한 『프로이센 정치사*Geschichte der preußischen Politik*』(1855~1886)에서 프리드리히를 "자신이 원하는 것을 항상 아는, 자신이 할 수 있는 것만을

4 멘첼이 그린 프리드리히 2세의 초상화에 관해서는 Hubertus Kohle, *Adolph Menzels Friedrich-Bilder. Theorie und Praxis der Geschichtsmalerei in Berlin der 1850er Jahre*, München: Deutscher Kunstverlag, 2001 참조. 회화와 영화를 통한 '역사 만들기'에 관해서는 피터 버크, 『이미지의 문화사. 역사는 미술과 어떻게 만나는가』, 박광식 옮김, 심산, 2005 중 9장 「증인에서 역사가로」, 255-275쪽 참조.

5 이 책의 최신판은 2008년 2월에 출간되었다. Franz Kugler, *Geschichte Friedrichs des Großen*, Leipzig: Seeman, 2008.

원하는" 천재적인 존재로 자리매김했다(Ellwein & Brückmann, 1948 : 234f.). 이러한 분위기에서 7년전쟁 발발의 원인으로 프로이센과 오스트리아의 쌍방 책임을 주장한 레만Max Lehmann이나 프리드리히를 '배신자'로, 그의 슐레지엔 영유권 주장을 명예욕과 치기의 산물로 치부했던 클롭Onno Klopp 같은 대독주의大獨主義 역사가의 목소리는 주변부에 머물 수밖에 없었다.[6]

통일 이후 프리드리히의 신화화는 정점에 도달했는데, 이에 크게 기여한 역사가는 드로이젠의 제자 코저Reinhold Koser이다. 1910년 완간된 그의 『프리드리히 대왕의 역사*Geschichte Friedrichs des Großen*』는 그간의 프리드리히 연구를 집대성한 작품이다. 이 책에서 코저는 프리드리히 2세의 국익을 위한 헌신이야말로 독일의 통일과 강국으로서의 지위를 마련한 정신적 기반이라고 예찬했다. 이로써 프리드리히는 소독주의적 민족 통합의 구심점으로 자리를 굳히는 동시에 제국주의적 팽창 이념을 정당화하는 존재로 부상했다.

제1차 세계대전 초기에 발표된 토마스 만Thomas Mann의 「프리드리히와 대동맹」(1915)은 프리드리히 신화와 현실 정치의 관계를 보여 주는 중요한 텍스트의 하나이다(Mann, 1960 : 76-135).[7] 이 글에서 만은 당시의 국제 정세를 직접적으로 언급하지는 않지만, 부제인 "시국에 대한 개요Ein Abriß für den Tag und die Stunde"를 통해 18세기 중반의 유럽 정

6 클롭은 『국왕 프리드리히 2세와 독일 민족*König Friedrich II und die deutsche Nation*』(1860)에서 이 왕이 '제국'의 이상을 타락시켰다고 매도하면서 그에게 '대왕'이라는 칭호를 부여하기를 거부했다. Stephan Skalweit, "Das Problem von Recht und Macht und das historiographische Bild Friedrichs des Grossen," *Geschichte in Wissenschaft und Unterricht*, vol.2, 1951, p.97f.

7 토마스 만은 처음 프리드리히 2세를 주인공으로 소설을 집필하려 했으나 1912년 즈음 이 계획을 포기했다. 「프리드리히와 대동맹」의 성립 과정과 이 글의 반향에 대해서는 황현수, 『지식인과 정치』, 을유문화사, 1990, 43-63쪽 참조.

세에 빗대어 제1차 세계대전 발발에 대한 소견을 제시하려는 의도를 명백히 드러낸다. 그는 7년전쟁 당시 프로이센의 선제 공격 행위를, 중립국 작센의 반反프리드리히 '음모'를 폭로하는 동시에 러시아 · 오스트리아 · 프랑스의 '대동맹'에 맞선 '정의'의 실현으로 서술했는데, 여기에서 세계대전 당시 독일의 대對러시아 · 프랑스 선전 포고와 벨기에 침공을 정당화하려는 의도를 읽어내는 것도 무리는 아닐 것이다. 물론 이 글에서 프리드리히에 대한 만 특유의 역설적인 묘사는 복잡하고 모순적인 이 인물의 성격을 꼬집은 것으로, 숭배 일변도의 단순한 영웅 서사와는 거리가 멀다. 하지만 훗날 독일의 보수 민족주의 세력이 받아들인 프리드리히는 음모가이자 침략자이며 전제적인 지도자가 아니라 고난과 영광에 빛나는 전형적인 영웅이었다. 이는 프리드리히처럼 거대한 전쟁을 겪은 독일인들의 집단 자서전으로 탈바꿈할 가능성을 다분히 내포하고 있었으며, 조만간 '프리드리히 대왕 영화'들에서 공들여 재현될 것이었다.

바이마르 공화국 시기에 프리드리히 2세는 패전의 굴욕과 현실의 고난에 대한 도피와 저항의 심리로 인해 독일인들의 집단 기억 속에서 더욱 보수적이고 프로이센적인 민족주의자로 각인되었다. 역사가 마르크스 Erich Marcks의 에세이 「프리드리히 대왕의 영향」(Marcks, 1922 : 245-258)에 따르면, 프리드리히의 정신은 1806년의 패전에도 살아남았고 해방전쟁의 진정한 승자 역시 프리드리히였으며 독일제국은 이 위대한 왕의 업적 위에서 비로소 성립될 수 있었다. 마르크스의 표현에 따르면 프리드리히는 "비극으로 시작하여 비극을 지나 비극으로 끝난 드라마 같은 생애"의 주인공으로, 성경이나 고대 그리스 · 로마 신화의 영웅들과 어깨를 나란히 하는 "우리 세계의 신화"였다. 이 신화는 제정기帝政期에 출간된 프리드리히 관련 문헌들이 별다른 수정이나 보완 없이 속속 복간되었다는 사실로도 드러났다. 앞서 언급한 코저의 책이 보급판으로 발매되었으며, 칼라일Thomas Carlyle이 쓴 전기傳記의 독일어 번역판도 출간되어 1931년까지 무려 30만 부가 판매되는 기염을 토했다. 역시 비슷한 시기에 복간된 쿠글러의 전기도 공화국 시기에 10만 부가 넘게 팔렸다. 볼츠Gustav Volz가 편집한 『프리드리히 대왕 선집』(1918) 10권은 발간 6년 만인 1924년에 발행 부수 6만 부를 기록했다. 당시의 불황을 감안하면 프리드리히 관련 도서들은 상업적으로 대단한 성공을 거두었다고 하겠다.

[그림 2] 코린트, 〈임종의 침상에 누운 프리드리히 대왕〉

문학과 예술에서도 주목할 만한 '프리드리히 현상'이 나타났다. 제1차 세계대전 전후에 나온 작품만 거론하면 뵈티허Hermann von Boetticher의 희곡 『프리드리히 대왕』(1917), 몰로Walther von Molo의 소설 『프리드리히』 3부작(1918~1919), 코린트Lovis Corinth의 판화 〈임종의 침상에 누운 프리드리히 대왕〉(1922) 등이 대표적이다[그림 2]. 이런 작품들이 모두 보수 민족주의적 색채를 띤 것은 아니었다. 이를테면 코린트가 묘사한 노쇠한 왕의 모습은 대중이 염원하는 강인한 지도자보다는 인정하고 싶지 않은 독일의 현실을 은유한 것이었다. 하지만 대부분의 독일인들이 원했던 프리드리히는 영웅적인 '노왕 프리츠'였다. 이러한 대중적 정서의 존재는 바로 이 시기에 제작된 일군의 '프리드리히 대왕 영화'에서 거듭 확인된다.

3. '프리드리히 대왕 영화'에 반영된 독일 민족주의

독일 영화사에서 바이마르 시기는 〈칼리가리 박사의 밀실〉(1919)을 비롯한 표현주의 영화들의 후광 덕분에 전설로 남아 있다. 하지만 당시 관객들의 취향은 이런 예술영화 외에도 온갖 소재의 상업영화들과, 때로는 노골적인 정치적 메시지를 담은 영화에 이르기까지 다양했다.[8] 그 중에서도 7년전쟁, 해방전쟁, 제1차 세계대전 같은 전쟁이나 프리드리히 2세, 루이제 왕비, 비스마르크 같은 위인들을 소재로 삼은 민족주의 영화는 현실의 고난을 잊기 위해 위대한 과거로 도피하려는 독일인들의 심리적 욕구를 충족시켰다. 특히 프리츠 랑Fritz Lang의 〈니벨룽엔〉(1923~1924)은 독일 민족의 위대한 신화를 통속화시켰다는 비난을 받으면서도 보수 세력이 유포한 이른바 '단도短刀 전설'에 익숙해진 관객들로부터 커다란 반향을 얻었다. 하겐에게 배신당한 영웅 지크프리트의 죽음은 '내부의 적'인 사회주의 세력의 '음모'로 전쟁에서 패한 독일의 운명과 동일시되었던 것이다.

8 바이마르 영화와 정치의 관계에 대한 연구는 크라카우어의 고전 『칼리가리에서 히틀러까지*From Caligari to Hitler*』(1947) 이래 무수히 쏟아져 나왔다. 이 책에서 크라카우어는 불안과 공격성, 반역과 복종 사이에서 동요했던 당시 독일인들의 심리적 정황을 당대의 영화들을 통해 탁월하게 묘사한다. 바이마르 영화에서 파시즘의 전조를 찾는 그의 해석은 이후 여러 영화사가들로부터 도전을 받았다. 최근 연구로는 바이마르 시기 할리우드 영화의 영향력을 강조하는 Thomas J. Saunders, *Hollywood in Berlin: American Cinema and Weimar Germany*, Berkeley: Univ. of California Press, 1994, 대안으로서의 좌파 영화운동에 대한 Bruce Murray, *Film and the German Left in the Weimar Republic. From Caligari to Kuhle Wampe*, Austin: Univ. of Texas Press, 1990, 바이마르 말기 대중의 비판적 영화 수용 태도를 조명한 Helmut Korte, *Der Spielfilm und das Ende der Weimarer Republik*, Göttingen, Vandenhoeck & Ruprecht, 1998, 바이마르 시기 관객들의 다양한 기호에 주목하여 크라카우어의 테제를 반박한 Thomas Koebner, "Von Caligari führt kein Weg zu Hitler. Zweifel an Siegfried Kracauers 'Master'-Analyse," Thomas Koebner(ed.), *Diesseits der 'Dämonischen Leinband,' Neue Perspektiven auf das späte Weimarer Kino*, Augsburg: Richard Boorberg Verlag, 2003, pp.15-38 등이 대표적이다.

프리드리히 2세를 주인공으로 내세운 영화들은 지크프리트 신화의 비극적 파토스에서 한 발 더 나아가, 대중의 구미를 당기고 감성을 자극할 만한 요소들을 곳곳에 배치하고 있었다. 무엇보다도 주역을 맡은 배우 오토 게뷔어Otto Gebühr의 탁월한 연기력과 흡사 과거의 영웅이 살아서 돌아온 듯한 외모의 유사성, 혹은 그런 착각을 불러일으킬 만큼 뛰어난 분장은 이 영화들의 대중적 인기를 유발한 매력 포인트였다[그림 3]. 막스 라인하르트 극단 소속의 무명 배우였던 그는 1920년 〈무희 바르베리나〉에 프리드리히 2세로 발탁된 것을 시작으로 무려 16편의 영화에서 같은 인물을 연기했다. 왕정이 무너진 독일에서 게뷔어가 '대리 왕'으로 등극하는 데[9] 결정적인 역할을 한 작품은 바로 〈프리드리히 대왕〉 4부작이다.

[그림 3] 프리드리히 대왕으로 분한 오토 게뷔어

"온 세계가 프로이센에 대항한다": 〈프리드리히 대왕〉

〈프리드리히 대왕〉의 영향력은 이 왕을 소재로 한 영화들을 'Fridericus rex 영화'로 총칭했던 사실에서 여실히 드러난다. 몰로의 소설 『프리드리히』를 원작으로 체레피Arzén von Cserépy가 감독한 이 영화는 이른바 '좋았던 옛 시절'에 대한 향수와 '교훈으로서의 역사'에 대한 인식에 기반하

9 바이마르 공화국 시기에 베를린에서는 '프리드리히—게뷔어의 밤' 행사가 종종 열렸고 여기에서 게뷔어는 프리드리히 2세의 복장으로 등장했다. 당시 유행한 농담 중 하나는 이 배우가 『내가 7년 전쟁에서 승리했듯이』라는 제목의 자서전을 준비하고 있다는 것이었다.

고 있다. 이는 감독이 밝힌 제작 의도에서도 명백히 나타난다.

> 역사는 모든 민족에게 위대한 스승이다. [……] 먹구름이 독일을 뒤덮은 오늘날, 과거로 돌아가 우리의 희망을 북돋우고 자신감을 기르는 작업이 이중으로 필요하다. 프리드리히 대왕은 강국 프로이센을, 그리고 세계대국 독일의 핵심을 창조했다. [……] 프리드리히 대왕 영화는 오늘날 전 세계의 적과 벗들에게 길을 제시할 것이다. 우리의 소망은 경고이자 동시에 위안인 이 작품을 통해 프로이센-독일의 강력했던 과거의 인상을 남기는 것뿐이다(Mertens, 1981 : X).

1부 〈질풍노도〉와 2부 〈아버지와 아들〉은 젊은 프리드리히가 왕위에 오르는 1740년까지를 그린 것으로 1922년 1월 31일 개봉되었다. 3부 〈상수시〉와 4부 〈운명의 전환〉은 그로부터 7년전쟁까지의 행적을 담고 있으며 이듬해 3월 22일 개봉되었다. 당대를 풍미했던 표현주의 영화의 영향을 받은 이 작품에서 배우들의 분장은 그로테스크한 느낌을 주며 표정과 동작은 과장되어 있다. 전편에서는 왕세자 시절 프리드리히의 익히 알려진 일화들이 다루어진다. 부자 간의 갈등, 왕궁으로부터의 도주와 실패, 친구 카테의 처형이 그것이다. 프리드리히와 대척점을 이루는 부왕 프리드리히 빌헬름 1세의 모습에서는 잔혹하고 비타협적인 권위주의보다는 강국 프로이센의 기초를 놓았던 치적이 더 부각된다. 한편 철학과 시, 음악에 몰두하는 프리드리히의 모습에서 프로이센은 '권력'과 '정신'을 공유한 이상적인 국가로 그려지는데,[10] 이는 운터 덴 린덴의 기마상에 반영

10 '권력'과 '정신'은 토마스 만이 「프리드리히와 대동맹」에서 프로이센 정신을 설명하기 위해 사용한 개념이기도 하다.

된 정신과도 일맥상통한다.

1923년 3월, 프랑스의 루르 점령으로 촉발된 위기가 고조되었을 무렵 개봉된 3부와 4부는 슐레지엔 전쟁으로 위험에 처한 프로이센, 고문을 철폐하고 귀족들에게도 세금을 부과하여 낡은 제도들을 혁신하려는 왕의 노력, 오스트리아 · 러시아 · 프랑스와의 외교전을 차례로 조명한다. 영화는 프리드리히가 슐레지엔 침공을 주저한 것으로 묘사함으로써 실제 역사를 왜곡한다. 강대국 사이에서 사면초가의 상황에 놓인 프로이센의 상황을 설명하는 장면의 자막은 "온 세계가 프로이센에 대항한다"인데, 이는 1740년대보다는 1923년 당시 독일인들의 시대 인식에 가까운 표현이다.

7년전쟁기의 프로이센에서 1920년대 초의 독일을 유추할 수 있는 장치들은 한두 가지가 아니다. 1757년 12월의 겨울날 슐레지엔의 촌락에서 밤을 지새우는 프리드리히의 모습 위로 등장하는 자막을 보자. "해마다 극심한 위기가 계속된다/ 해마다 프리드리히는 적들의 세계와 맞서 싸운다/ 선량한 군인들이 죽었다/ 수년 간의 전쟁은 조국과 군대를 소진시켰다." 영화는 또한 프리드리히의 낡은 군복과 진흙투성이 군화를 왕위 계승자인 조카 프리드리히 빌헬름의 화려한 의상과 대조시킴으로써 왕의 검소함을 강조한다. 오랜 전쟁에 지친 군인들이 왕의 거처로 난입하여 전쟁을 중단하라고 요구할 때 카메라는 그의 군화에 뚫린 커다란 구멍을 비추고, 이를 목격한 군인들은 감동하여 본래의 목적을 잊어버린다. 더구나 "이 세상에 마침내 평화를 가져올 수만 있다면 내 몸이 기꺼이 사지로 찢겨도 좋다" 운운하는 프리드리히의 감상적 평화주의는 역사 왜곡의 진수를 보여 준다. "[전쟁을 하기보다는] 운하를 건설하고, 무역로를 뚫고, 정의로운 법을 만들었어야 했다. 내 나라에 학교를 세우고 예술과 학문을 진흥시키고 싶었다"는 프리드리히의 토로는 계몽군주이자 경제군주로서의 모습을 강조한다. 그런데 이 긴 자막의 마지막 문장은 이 모든 이상을 하나의 절대 명령에 귀속시켜 버린다. "지금 강화를 체결함으로써 모든 것을 포기하란 말인가?" 이로써 영화는 베르사유 체제를 부정하고 승전이야말로 프로이센/독일이 번영할 수 있는 유일한 길이었다는 메시지를 던진다. 게다가 강화를 주장했던 왕세자에 대한 부정적인 묘사는 베르사유 조약에 조인함으로써 '등 뒤에 단도를 꽂은' 공화국의 지지자들에 대한 비난으로 읽힌다.

〈프리드리히 대왕〉은 바이마르 공화국 시기에 정치 투쟁의 대리전 성격을 띠었던 '영화전쟁'의 신호탄이었다. 좌파 정당과 지식인들은 이 영화의 역사 왜곡을 맹렬히 비난했다. 사민당 기관지 『전진*Vorwärts*』을 비롯한 좌파 언론은 영화 불매운동을 벌였고 노동자들이 여기에 호응했다. 1부와 2부가 선보인 1922년 1월 31일, 개봉관인 베를린의 '동물원 극장' 밖에는 주로 실업 노동자들로 이루어진 시위 군중이 상영 중지를 외쳤다. 논란은 쉽게 수그러들지 않았다. 프리드리히 2세가 즉위할 때 백성들에게 빵을 나누어 주는 장면이 1920년대 초의 식량 부족 상황에서 관객들을 동요시킬 수 있다는 지적이 나왔으며(Roper, 2003 : 497) 라테나우의 암살, 인플레이션 등으로 민심이 흉흉해지자 헤센과 튀링엔 주정부는 공공 질서에 위협이 된다는 이유로 상영 금지를 요구했다. 베를린 고등영화검열국은 이 안건을 심의했으나 기각해 버렸다. 이듬해 3부와 4부가 개봉되었을 때는 권총으로 무장한 노동자들이 영화관에 난입했다. 공산당 기관지 『적기*Die Rote Fahne*』는 이 영화가 지배 계급의 이데올로기를 노골적으로 반영한다고 비판했다. "박물관에서 나온 진짜 의상과 먼지 쌓인 가발, 천을 씌운 가구들의 반죽에서 군주정은 악취를 풍기며 눈짓한다."[11] 기사는 이 영화가 근래의 영화들 중 기술적으로 가장 떨어지며 심

11 *Die Rote Fahne*, 1922. 3. 29; Gertraude Kühn et al.(eds.), *Film und revolutionäre Arbeiterbewegung in Deutschland 1918–1932. Dokumente und Materialien zur*

지어 지루하기까지 하다고 비난한다. 불필요한 긴 자막이 몰입을 방해하며 관객의 환상을 깨뜨린다는 것이다. 술 마시고 담배를 피우고 사랑을 나누고 왕궁으로부터 도주했다가 잡혀와 동행했던 절친한 친구의 처형을 목도하는 젊은 프리드리히를 묘사하는 일련의 장면들 간에는 아무런 내적 연결성도 없다는 조롱이 이어진다. 공산당의 시각에서 이 영화는 왕정에 대한 향수를 자극하는 "거대한 선동 기구"일 뿐이었다. 자유주의 세력이 보기에도 이 영화는 "예술과는 무관한" "군주정의 선전"이었다.[12]

하지만 이 모든 정치적 입장은 영화의 인기와는 무관했다. 바이마르 당대의 영화평론가 로젠베르크Curt Rosenberg의 전언에 따르면, '동물원 극장'의 입장료가 상대적으로 비싼 편인데도 좌석은 연일 매진되었으며 관객층의 주류는 중간 계급이었다고 한다.[13] 반대파조차 이 영화의 대중적 파급력을 부인할 수 없었다. 앞의 『적기』 기사는 영화가 상영될 때마다 관객들로부터 "우레와 같은 박수"를 받았다는 사실을 아울러 증언한다. 프리드리히가 왕위를 계승하고 베를린 성의 발코니에 모습을 드러내는 장면에서 관객들이 열광적으로 발을 굴렀으며 환호가 끊이지 않았다는 것이다. 그뿐만이 아니었다. 크라카우어Siegfried Kracauer에 따르면 이 장면을 촬영할 때 동원된 2천 여 명의 엑스트라 역시 프리드리히 역할의 게뷔어가 발코니에 등장하자 감독의 지시가 없었는데도 엄청난 환호를 보냈다고 한다. 말하자면 "사람들이 알아서 연기했다"는 것이다(Kracauer, 1984 : 125). 이러한 분위기 속에서 〈프리드리히 대왕〉 1 · 2부가 성공을 거두자 배급사인 UFA는 대관료를 인하하기로 결정했으며, 본래는 3

Entwicklung der Filmpolitik der revolutionären Arbeiterbewegung und zu den Anfängen einer sozialistischen Filmkunst in Deutschland, vol.1, Berlin: Henschel Verlag, 1975, pp.259–262에 재수록. 여기서는 p.259.

12 Roland Schacht, "Fridericus Rex," *Die Weltbühne*, 1923. 3. 29, p.374f.

13 Curt Rosenberg, "Fridericus Rex," *Die Weltbühne*, 1923. 7. 5, p.13.

부작으로 계획되었던 연작을 4부로 연장하도록 했다.

위의 『적기』 기사는 이 영화가 대중적 인기를 얻은 이유에 대해서도 중요한 암시를 던진다. 현실에 좌절한 관객이 영화관에서 위안과 보상을 찾을 수 있었다는 것이다. 바이마르 시기의 대표적 영화 전문지 『영화무대 *Lichtbildbühne*』의 편집장이며 히틀러가 정권을 장악하자 런던으로 망명하여 영화평론가로 활약했던 볼렌베르크Hans Wollenberg는 훗날 이 영화가 전후 독일인들이 겪은 고통과 극도의 패배감을 완화시켜 주는 마취제 역할을 했으며 11월 혁명의 타격을 입은 사람들에게 상처받은 자신감을 회복시켜 주었다고 회상한다. 무엇보다도 "적들의 세계에 맞서 승리를 거둔 왕의 모습은 천재적인 지도자를 향한 그들의 갈망에 불을 지폈다"는 것이다(Wollenberg, 1948 : 30). 자유주의 계열의 유명 문예지 『세계무대 *Die Weltbühne*』는 "독일 민족의 영혼이 어떠한 상태인가를 알고 싶거든 서둘러 이 영화를 보라"고 권고하면서 다음과 같이 냉정한 진단을 내린다.

> 그것은 사실 진부한 이야기로서, 보통은 아무도 그에 대해 관심이 없고 제대로 아는 사람도 없다. 이 영화가 관객을 매료시켰던 요인은 세 가지이다. 빛나는 군사적 과거, 현재와의 관계, 오늘날 많은 사람이 갈망하는 강력한 위상을 지닌 위대한 왕의 등장이 그것이다.[14]

〈프리드리히 대왕〉은 "예술적이거나 민족 교육에 적합한" 가치를 지닌 영화에 주어진 유흥세 감면 혜택을 입은 첫 번째 영화로 바이마르 영화사에 기록되어 있다(Monaco, 1976 : 47 ; Wollenberg, 1948 : 14f.). 비극적 천재, 자애로운 통치자, 민족의 영웅 프리드리히를 통해 현실을 부

14 *Ibid.*

정하려 했던 이 영화는 곧 패전의 상흔으로 얼룩진 바이마르 공화국의 자화상이었다.

"그가 아직 살아 있다면": 〈노왕 프리츠〉

1923년 말 슈트레제만Gustav Stresemann의 화폐 개혁과 외교적 노력으로 공화국이 '상대적 안정기'로 접어들자, 프리드리히에 대한 맹목적인 이상화의 열풍은 다소 잠잠해진 듯했다. 건축가이자 작가인 헤게만Werner Hegemann의 『프리드리히 혹은 왕의 희생*Fridericus oder das Königsopfer*』(1924)은 이러한 분위기에서 나왔다. 프리드리히 신화의 신봉자인 1인칭 화자와 엘리스라는 미국의 기업가가 나누는 대화로 이루어진 이 책에서, 작가의 분신인 엘리스는 프리드리히가 독일제국의 초석을 놓은 것이 아니라 오히려 오스트리아와의 갈등을 조장함으로써 대독일 건설의 가능성을 영영 차단해 버렸다고 비난한다. 화자가 당혹해하며 자신의 견해는 프로이센 역사가들의 저작을 통해 형성된 것이라고 한 발 물러서자, 엘리스는 그들을 소독주의 신학의 설교자들로 매도한다(Hahn, 2007 : 84-87). 하지만 크라카우어가 지적한 것처럼 헤게만이 폭로한 '진정한 프리드리히'의 모습은 '전설의 프리드리히'를 말안장에서 끌어내리는 데 실패했다. 독일인들의 집단적 열망에는 '왜곡된 프리드리히'가 더욱 부합되었다는 것이다(Kracauer, 1984 : 126).

람프레히트Gerhard Lamprecht의 2부작 〈노왕 프리츠〉는 1896년에 나온 동명의 영화를 개작한 것으로, 〈프리드리히 대왕〉의 노골적인 왕정 찬양을 좀 더 은밀한 형태로 드러낸 작품이다. 이 영화의 1부와 2부는 각각 1928년 1월 3일과 20일, 역시 베를린의 동물원 극장에서 개봉되었다. 〈노왕 프리츠〉는 '프리드리히 대왕 영화' 중에서도 수작으로 꼽히는데, 그것은 이 영화가 당대를 풍미했던 신즉물주의 사조의 영향을 받아 감상적 표현이나 이데올로기적 메시지의 직접적인 전달을 최대한 자제하고 프리드리히 전설을 '객관적으로' 영상화하고자 노력했기 때문이다. 사실 제작 당시 람프레히트는 예산 부족 때문에 스펙터클한 영상보다는 상세한 자막과 몽타주 기법을 통해 왕의 결정과 행동 동기를 착실히 설명하는 방식을 선택했는데, 이것이 오히려 영화의 신뢰도를 높이는 효과를 가져왔다(Marquardt & Rathsack, 1981 : 126 ; Murray, 1990 : 77f.). 당대의 대표적 영화 잡지인 『영화통신*Film-Kurier*』은 이 작품이 영웅주의, 프로이센주의, 군국주의를 칭송하지 않는 "진정 비경향적인" 영화라는 평가를 내렸다.[15]

1부 〈평화〉는 1762년, 즉 7년전쟁이 끝나기 한 해 전의 상황 묘사로 시작된다. 주민들이 굶주림과 생활고를 호소하는 장면은 제1차 세계대전 후반부의 '순무의 겨울'을 연상시킨다. 이윽고 후베르투스부르크Hubertusburg 조약(1763)이 체결되어 전쟁은 끝나고, 베를린으로 돌아온 프리드리히는 경제 재건에 힘쓴다. 은행을 설립하고 공장을 세우며 세제를 개혁하여 재정적 위기를 타개하는 왕의 모습은 '상대적 안정기'의 바이마르 공화국에 필요한 지도자의 모습과 중첩된다. 오스트리아가 바이에른을 위협하자 굳건히 맞서 탁월한 외교관이자 행정가의 면모를 보여 주는 프리드리히를 통해, 관객들은 1918~1919년의 독일 또한 연합국에 맞서 더 나은 조건으로 강화조약을 체결하는 것이 가능했으리라고 생각할 수 있었다. 이 모든 가정은 곧 공화국의 현실에 대한 불만으로 이어질 수 있었다. 무엇보다도 1부 마지막 장면에서 유언장[16]을 쓰는 늙은 왕의 고독한 모습은 관

15 Ernst Jäger, "Der alte Fritz. Erster Teil: Frieden," *Film-Kurier*(1928. 1. 4).

16 프리드리히 2세는 호엔촐러른 가문의 전통에 따라 후계자에게 남기는 공식적인 '정치적 유언장'을 두 번 작성했다. 첫 번째 유언장은 1752년 여름에, 두 번째 유언장은 1768년 가을에 각각 작성되었

객의 심금을 울리기에 충분했다. 유언장에서 프리드리히는 후계자에게 조국을 위해 헌신하도록 간곡히 당부한다.

> 최후의 숨을 쉬는 순간에도 내 나라의 행복만이 나의 소망이다. 정의, 지혜, 활력으로 나라를 다스리기를, 무엇보다도 경제를 보살피기를, 그리고 명예롭고 영광스러운 군대가 나라를 수호하기를, 세상의 종말까지 이 나라가 계속해서 번영하기를!

〈노왕 프리츠〉에서 프리드리히는 거의 전능인으로 묘사된다. 유능한 군인, 행정가, 외교관인 왕은 지주들의 착취에 희생당하는 농민들을 보호하는 '자애로운 아버지'이기도 하다. 심지어 영화는 친지들과의 이별, 사별에 충격을 받고 애견 알크메네의 죽음으로 인해 슬픔에 잠기며 가발과 예복을 벗고 잠옷 차림으로 노쇠함을 드러내는 프리드리히의 모습을 삽입함으로써, 위대한 왕의 인간적인 '연약함'에도 눈을 돌린다. 이전의 '프리드리히 대왕 영화'와는 달리 이 작품에서 왕은 성급하고 완고하며 다른 사람들을 무시하기도 하지만, 이를 보는 관객들은 반감을 갖기보다는 오히려 지극히 인간적인 면모에 공감할 수 있었다. 다만 독일어와 독일 문화에 대한 모멸감을 공공연히 노출하는 장면은 민족 신화의 주역 프리드리히의 이미지에 타격을 미칠 위험성이 없지 않았다. 2부 〈종결〉에서 괴테의 『괴츠 폰 베를리힝엔』을 "이 정떨어지는 셰익스피어의 저질 작품의 모방"으로 매도하는 프리드리히의 모습이 이에 해당한다.

는데 영화는 바로 이 두 번째 유언장을 쓰는 장면을 포착하고 있다. 1768년 유언장의 전문은 1920년 볼츠에 의해 처음 공개되었으며 이듬해에 독역본이 나왔다. 프리드리히 2세의 유언장들은 일반적으로 그의 정견과 외교정책의 기조를 압축하고 있다는 평을 받는다. 김상태, 「프리드리히 2세의 외교정책의 이념과 실제: 그의 두 정치적 유언장을 중심으로」, 『서양사론』 26, 1985, 1-76쪽 참조.

국수적 민족주의자들에게는 껄끄러울 수 있는 이런 대목을 피해 가지는 않았지만, 대신 영화는 교묘한 방식으로 관객들의 주의를 분산시킨다. 〈노왕 프리츠〉는 상당히 긴 시간을 왕세자의 부적절한 애정 행각에 할애한다. 프리드리히에 비해 상대적으로 군주로서의 자질이 떨어지는 후계자에 대한 부정적인 묘사는 독일의 미래에 대한 불안으로 이어질 수 있었고, 그 결과가 현재의 고난이라는 결론을 은연중에 암시했다. 말하자면 이 영화는, '노왕 프리츠는 당대에는 국민들의 사랑을 받지 못했어도 국가에 그토록 큰 공적을 남겼는데, 우리는 빌헬름 2세를 너무나 빨리 포기한 것이 아닌가' 하는 후회를 유발할 수 있었다.

영화의 가장 중요한 메시지는 2부 에필로그에 나온다. 프리드리히 사후 20년이 지난 1806년 10월 15일, 예나Jena 전투에서 승리한 나폴레옹이 부관들과 함께 포츠담에 있는 프리드리히의 묘를 찾는다. 자막은 "모자를 벗으시오 여러분. 그가 아직 살아 있다면 오늘 우리는 이 자리에 있지 못했을 것이오"라는 나폴레옹의 대사를 전달한다. 한 천재가 다른 천재에게, 아니 프랑스가 독일에 최대의 경의를 표한 것이다. 예나 전투보다 더욱 치욕적인 베르사유 조약의 후폭풍에 시달리던 1920년대의 독일이 〈노왕 프리츠〉의 이 장면을 통해 자신들의 위대한 과거와 그 영웅을 확인하려 했으리라는 가정은 결코 무리가 아니다.

〈프리드리히 대왕〉 때와는 달리 〈노왕 프리츠〉의 경우 상영을 반대하는 조직화된 움직임은 없었다. 대신 자유주의 좌파와 공산당은 영화의 작품성을 폄하했다. 『적기』는 이 영화가 프리드리히를 "민주적인 민중의 왕"이자 "전쟁만큼이나 평화를 잘 이해하고 있는" 존재로 미화한다고 비난하면서, 이는 "역사의 부르주아적 키치화의 모범 사례"이자 "왕정주의 선전의 철저함을 보여 주는 증거"라고 규정했다.[17] 주연배우 게뷔어에 대한 평가 또한 양극화되었다. "프리드리히 대왕의 무능한 원숭이", "키치의 제왕" 같은 원색적인 비난의 반대편에서는 "영화에 구현된 인물 묘사의 최고봉"이며 "경의를 표할 가치가 있다", "지금까지 보여 준 모든 모습을 능가한다"는 격찬이 빗발쳤다.[18] 이와 같은 상충되는 평가는 일견 '객관적'으로 보이는 〈노왕 프리츠〉조차 공화국의 지지자와 적들 간의 투쟁의 장이었음을 증언한다. 이 영화에 대한 나치의 열광적인 칭찬은 향후 공화국의 운명을 예고하는 의미심장한 전조였다. "대단히 충격적이며 흥분된다. [……] 영화가 끝날 때 그토록 진지한 얼굴의 남성 관객들을, 입술을 떨며 흐느낌을 참는 여성 관객들을 본 적이 없다"(Marquardt & Rathsack, 1981 : 17). 이러한 반응으로 본다면 〈노왕 프리츠〉가 "진정 비경향적인 영화"라는 『영화통신』의 해석은 실로 심각한 오독이었다고 하겠다.

"우리는 다시 진군해야 한다": 〈상수시 궁전의 플루트 연주회〉

1929년 대공황 이후의 혼란기는 유성 영화의 등장으로 인해 대중오락으로서 영화의 영향력이 더욱 커진 시기인 동시에 영화의 정치화 현상이 현저해진 시점과도 겹친다. 보수와 진보의 이념이 각각을 대변하는 영화 속에서 날카롭게 대립했을 뿐만 아니라 영화를 둘러싼 좌·우의 투쟁 또한 한층 격렬하게 전개되었다. 특히 나치를 위시한 극우 세력은 1930년 이후 본격적으로 영화를 매개로 폭력적 정치 선동을 자행했다.

우치츠키Gustav Ucicky 감독의 〈상수시 궁전의 플루트 연주회〉는 바이마르 말기에 영화가 일으킨 정치적 소용돌이의 한복판에 위치한다. 멘첼

17 *Die Rote Fahne*, 1928. 1. 5/24; Kühn et al.(eds.), *Film und revolutionäre Arbeiterbewegung*, p.264f.에 재수록.

18 Roper, "Fridericus Films in Weimar Society," pp.501, 512; Ernst Jäger, "Der alte Fritz, 2. Teil," *Film-Kurier*, 1928. 1. 21.

[그림 4] 멘첼, 〈상수시 궁전의 플루트 연주회〉

이 1852년에 그린 동명의 그림[그림 4]에서 제목을 딴 이 영화는 1930년 12월 19일 개봉되었다. 프리드리히 시리즈 중 최초의 유성 영화이지만, 전편에 걸쳐 배경 음악이 입혀져 있다는 점 외에는 자막으로 대사를 전달하는 무성 영화와 별반 차이가 없다. 영화는 작품성 면에서는 〈노왕 프리츠〉보다 현저하게 후퇴하여 선전 영화로서의 본색을 여지없이 드러낸다. 사실 "올해의 가장 위대한 독일 영화"라는 우파의 칭송이나 "끔찍하게 지루한 영화"[19]라는 좌파의 폄하는 모두 영화의 수준보다는 그것이 함축하는 이데올로기에 대한 지적이라는 점에서 동일하지만, 평균적인 판단력을 가진 오늘날의 관객이라면 후자 쪽에 손을 들어 줄 것이 거의 분명하다.

영화는 1756년 드레스덴의 어느 가면무도회 장면으로 시작한다. 작센 수상이 개최한 이 행사는 사실 프로이센에 대항하여 비밀리에 회동한 오스트리아 · 러시아 · 프랑스의 '음모'를 위장하기 위한 모임이다. 때마침 '음모'를 알아차린 린데네크 소령이 드레스덴에서 포츠담까지를, 당시의 교통 사정으로서는 경이적인 속도인 8시간 만에 주파하여 프리드리히에

19 Karl Toelle, "Das Flötenkonzert der Kriegshetzer," *Arbeiterbühne und Film*, vol.XVIII, 1931. 1, no.1, p.26.

[그림 5] 영화 〈상수시 궁전의 플루트 연주회〉

게 알린다. 적국의 '불온한' 움직임을 보고받은 프리드리히는 '본디 전쟁을 원치 않았으나 어쩔 수 없이' 동원령을 내린다. 다소 단순한 구성에 멜로의 색채를 곁들이기 위해, 영화는 남편에 대한 불만으로 일탈을 꿈꾸는 린데네크 부인의 에피소드를 삽입한다. 이 대목에서 프리드리히는 린데네크 부부의 파경을 막기 위해 부인에게 친히 아내의 의무를 일깨워 줌으로써 신민들의 삶을 보살피는 가부장적인 지도자의 모습을 과시한다. 7년전쟁 발발 시점에서 마무리되기 때문에 극적인 전쟁 장면이 없는 대신, 영화는 상수시의 화려한 궁정 생활로 관객의 눈을 현혹시키는 데 주력한다. 멘첼이 묘사한 그 유명한 플루트 연주회 장면을 공간, 소품, 등장 인물의 배치에 이르기까지 세밀하게 재현한 것은 물론이다[그림 5].

영화에서 가장 흥미로운 부분은 7년전쟁에서 선제 공격을 한 것에 대한 프리드리히의 변명이다. "공격자는 최초의 총알을 발사한 쪽이 아니라 이웃을 공격하려는 계획을 세운 자"라는 발언은 마치 베르사유 조약에 독일의 단독 전쟁 책임을 명문화한 전승국에 대한 항의처럼 들린다. 이를 확대 해석하면 7년전쟁/제1차 세계대전은 프로이센/독일제국의 사활을 건 방어전이었다는 주장으로 연결된다. 실제로 제1차 세계대전에 대한 독일의 공식 입장은 "야만적인 러시아와 천박한 서구 문명에 맞서 독일의 문화를 수호하기 위한 방어전"이라는 것이었다. 이어지는 "집에 있는 것이 수백 배는 좋겠지. 하지만 우리는 다시 진군해야 해. 우리는 스스로를 방어해야 해. 그렇지 않으면 곧 이 땅 위에 어떠한 거처도 갖지 못하게 될 거야"라는 자막은 영화의 메시지를 뚜렷하게 전달한다. 나치의 '피와 땅' 이데올로기를 연상시키는 이러한 발언은 이 영화를 파시즘과 제2차 세계대전의 전조로 해석하는 구舊동독 역사가들의 시각을 뒷받침해 주는 듯하다(Kühn et al., 1975 : 83). 마지막 장면인 상수시 궁전 앞 군대 열병식과 함께 나오는 자막은 "내게 중요한 것은 프로이센 군대의 명예와 백성들의 안녕"이다. 군인들을 사열하는 왕의 모습이 실루엣으로 바뀌면서 영화는 막을 내린다.

바이마르 공화국 시기의 '프리드리히 대왕 영화' 가운데 이 영화만큼 격렬한 소요를 일으킨 경우는 없다. 〈상수시〉가 일으킨 파문의 진원지를 찾아내기 위해서는 먼저 당시의 '영화전쟁'이 어떠한 대립 전선을 형성하고 있었는가를 살펴보아야 한다. 이 영화가 개봉되기 불과 두 주 전인 1930년 12월 5일, 레마르크Erich Marie Remarque 원작의 반전 영화 〈서부전선 이상 없다〉의 상영을 둘러싸고 빚어진 소요를 전제하지 않고는 〈상수시〉가 불러온 사회적 논란과 동요를 이해하기 어렵다. 이 날 괴벨스Joseph Paul Göebbels는 치밀한 사전 계획 하에 나치 당원들과 돌격대SA를 동원하여 〈서부전선 이상 없다〉 상영 방해 작전을 펼쳤다.[20] 악취탄과 연막탄, 생쥐, 고함으로 인해 영화는 상영 시작 10여 분 만에 중단되었다. 베를린

20 〈서부전선 이상 없다〉 상영 방해 사건의 전말은 Modris Eksteins, "War, Memory, and Politics: The Fate of the Film All Quiet on the Western Front," *Central European History*, vol.13, no.1, 1980, pp.60–82; Jerold Simmons, "Film and International Politics: The Banning of All Quiet on the Western Front in Germany and Austria, 1930–1931," *Historian*, vol.52, 1990, pp.40–60; 고유경, 「서부전선 이상 없다, 독일은 이상 있다. 영화전쟁으로 본 바이마르 공화국의 초상」, 『서양문화사 깊이 읽기』, 푸른역사, 2008, 276–305쪽 참조.

시내 곳곳에서 연일 계속된 시위와 이 영화 뒤에 '유대인의 음모'가 도사리고 있다는 괴벨스의 선동은 불과 1주일 만인 12월 11일, 상영 허가를 철회하게 만들었다. 이 결정이 내려지자 독일의 여론은 양분되었다. 검열 당국의 조치를 열렬히 환영하는 보수 민족주의 세력과 이를 비판하는 좌파 세력이 서로를 향해 비판의 날을 세웠다.

이런 소란 속에서 바로 그 다음 주인 12월 19일 〈상수시〉가 개봉되자 사태는 더욱 험악해졌다. 18시 30분에 시작된 첫 상영에서 관객 몇몇은 휘파람을 불고 야유를 보냈다. 결국 경찰이 들어와 소란의 주모자들을 퇴장시키고, 불응할 경우 강제 구인하겠다고 통고했다.[21] 이렇게 되자 독일 영화계는 상충하는 정치 세력들의 전쟁터를 방불케 했다. "후겐베르크 Alfred Hugenberg의 키치는 꺼지고 레마르크의 영화를 돌려달라" 같은 구호가 넘쳐났다.[22] 이듬해 1월 말 영화가 베를린의 노동자 지구에서 확대 개봉되자 실업자들을 중심으로 한 시위대가 상영 철회를 요구했다. 여기에는 사회주의 청년단원, 공산당원, 기타 노동자들이 함께 참여했다. 경찰은 시위대 중 50여 명을 연행하고 그 중 12명을 구금했다. 〈서부전선 이상 없다〉에 상영 금지 처분이 내려진 반면 〈상수시〉는 경찰의 비호를 받았던 것이다. 1931년 2월 13일, 베를린 노이쾰른 구의 한 극장에서는 〈서부전선 이상 없다〉 상영 당시 괴벨스의 방해 공작을 본떠 악취탄을 던지고 검은 잉크를 채운 계란을 영사기에 투척했다. 『베를리너 타게블라트 *Berliner Tageblatt*』는 상영 도중 흥분한 관객들이 "더 이상 전쟁은 없다!", "우리는 함께 진군하지 않겠다"고 고함쳤다고 전한다.[23] 베를린의 대표적

21 "Unruhen im Ufa-Palast beim Flötenkonzert von Sanssouci," *Der Film*, 1930. 12. 20.

22 영화 제작사인 UFA가 1927년 말부터 독일국가인민당 당수인 언론 재벌 후겐베르크 휘하에 들어갔기 때문에 좌파의 공격은 그에게 집중되었다.

23 *Berliner Tageblatt*, 1931. 2. 14; Kühn et al.(eds.), *Film und revolutionäre Arbeiterbewegung*, p.270에 재수록.

노동자 지구인 베딩의 경우 신분증을 소지한 사람들만이 영화관에 들어갈 수 있었고, 실업수당을 받는 사람들은 아예 입장이 금지되었다.

영화에 대한 평단의 반응도 냉소적이었다. 크라카우어는 『프랑크푸르트 신문』에 기고한 칼럼에서, 이 영화의 '난산'은 오로지 산파 역할을 한 경찰 덕분이라고 조롱했다(Kracauer, 1984 : 459-462). 『적기』는 "쓰레기 같은 프리드리히 대왕 영화"라는 표현으로 영화의 가치를 일축하면서, 〈상수시〉를 "노동 계급에 대한 독가스 공격", "나치 선전"으로 치부했다.[24] 역시 공산당 계열의 잡지 『노동자 연극과 영화*Arbeiterbühne und Film*』는 UFA가 이러한 시위에도 불구하고 상영을 철회하지 않는 것은 노동자들에 대한 명백한 도발 행위라고 주장했다.[25]

이러한 상황에서도 〈상수시〉는 대성공을 거두었다. 1930년 1월 15일부터 1931년 12월 10일까지 약 2년간 동물원 극장에서 상영된 영화들의 평균 개봉일 수는 17일이었는데, 〈상수시〉는 무려 44일을 기록했다. 1931년 6월의 한 설문조사에 따르면 이 작품은 1930/31년 시즌에 개봉한 영화들 중 흥행 순위 3위를 기록했는데(Wolff, 1981 : 18), 이는 특정 계급의 지지만으로는 어려운 일이다.

바이마르 공화국 말기에 나치의 민족공동체 선전이 계급과 세대의 경계를 넘어 전 독일인들에게 파급력을 가질 수 있었던 원인의 하나는 바로 '프리드리히 대왕 영화'의 성공을 가능케 한 독일인들의 심리적 정황에서 찾을 수 있다. "민족적 본능과 힘 그 자체에 대한 숭배가 정치적 견해에 대한 어떤 질문이나 심지어 정당에 대한 지지보다도 일반 독일인에게 더

24 "Fridericus-Drex-Film," *Die Rote Fahne*, 1931. 2. 1; Kühn et al.(eds.), *Film und revolutionäre Arbeiterbewegung*, p.267에 재수록.

25 "Flötenkonzert von Sanssouci und proletarischer Filmkampf," *Arbeiterbühne und Film*, vol.XVIII, no.3, 1931. 3, p.24.

깊이 뿌리내린 듯"하다는 당대의 저명한 영화 평론가 케르Alfred Kerr의 진단(Welch, 1981 : 7)은 공화국의 몰락과 나치즘의 승리가 어떻게 가능했는가에 대한 설득력 있는 해석의 하나일 수 있을 것이다.

4. 나오는 말

독일 민족주의가 탄생시킨 여러 정치 신화 중에서도 프리드리히 2세의 신화는 상당한 비중을 차지한다. 지난 2세기 동안 영욕과 부침을 반복한 그의 이미지를 따라가는 여정은 곧 독일인들의 역사 의식과 정치 의식의 변모를 읽어내는 작업이기도 하다. 낭만주의 시기에는 계몽주의자로서의 이상과 절대군주로서의 현실이 불일치했으며 독일어와 독일 문화의 가치를 폄훼했다는 질타를 받았던 프리드리히는 민족주의 운동의 성장과 더불어 통일의 선구자로 거듭났다. 프로이센 왕국과 독일제국의 지배자들은 프리드리히 신화를 통해 '대왕'의 후계자로서 자신의 권위에 후광을 덧입힐 수 있었다. 그들은 프리드리히를 소재로 각종 기념물을 조성하고 관련 서적의 출간을 독려했으며 무엇보다도 독일 민족국가의 충복이었던 역사학의 도움을 받아 신화를 완성시켰다.

그러나 그 어느 때보다도 독일 민족주의가 프리드리히를 필요로 했던 때는 바이마르 공화국 시기였다. 제1차 세계대전의 패전 후 독일에서는 더 이상 존재하지 않는 왕과 황제 대신 보수 민족주의 세력이 이 신화를 전유함으로써 강력한 민족국가의 재건을 꿈꾸었다. 과거에 대한 향수를 불러일으키고 현재의 고난을 위로하며 장차 독일의 위대한 부활을 약속하는 존재로서, 프리드리히 2세는 독일 역사상의 그 누구보다도 적절한 상징이 될 수 있었다. 변화된 시대 상황 속에서 프리드리히 신화가 새롭게 내포하게 된 반反공화국 정서는 때마침 성장일로에 있던 독일 영화산업과 결합하여 일군의 '프리드리히 대왕 영화'가 제작될 수 있는 환경을 조성했다. 이 영화들의 정치적 의도는 너무나 뚜렷했기에 당대의 정치·사회적 갈등을 피할 수 없었을 뿐 아니라 그것을 촉발시켰다. 상영 때마다 거의 예외 없이 열광과 항의를 동시에 몰고 왔던 '프리드리히 대왕 영화'들은 그 자체로 바이마르 사회의 깊은 분열을 증언한다.

프리드리히 신화의 역할은 그것으로 끝나지 않았다. 나치에게 프리드리히가 대변하는 프로이센주의를 상기시키는 작업은 '민족'의 대의에 공감하는 사람들의 지지를 얻기 위한 적절한 수단이었을 뿐 아니라 향후 새로운 전쟁을 도모하기 위한 여론을 조성하기에도 안성맞춤이었다. 나치는 프리드리히의 생일인 1월 24일을 '프리드리히의 날'로, 그의 사망 150주년인 1936년을 '프리드리히의 해'로 선포했다. 괴링Hermann Göring은 프리드리히를 "프로이센의 왕좌에 앉은 최초의 민족사회주의자"로 칭송했으며(Kroll, 2003 : 631), 괴벨스의 집무실과 전시에 만들어진 히틀러의 벙커에는 프리드리히 대왕의 초상화가 걸렸다. 역사상 가장 극단적인 형태로 배타성을 표출했던 제3제국 시기의 프리드리히 신화는 민족/인종 간의 경계짓기가 필연적으로 내포하는 차별과 그것이 초래할 수 있는 폭력성을 뚜렷이 예고한다.

제3제국 중반을 지나며 '지도자 원리'가 더욱 강조되고 전쟁이 또다시 현실로 도래하자, 신화적 영웅으로서의 프리드리히는 그 수명을 다했다(볼프룸, 2007 : 82). 제2차 세계대전 종전 이후 프리드리히는 심지어 '히틀러의 선구자'로 매도되는 굴욕을 겪어야 했다. 분단된 베를린의 동쪽에 위치한 운터 덴 린덴의 기마상은 동독 정권 초기에 반동적 프로이센 정신을 연상시킨다는 이유로 상수시 궁전으로 옮겨졌다가, 호네커Erich Honecker 시절인 1980년 다시 원래의 자리로 돌아왔다. 이러한 사실들은 프리드리히 2세가 언제나 독일 사회의 논쟁 한가운데 위치했음을 말해 준다. 최근 DVD로 출시된 제3제국 시기의 '프리드리히 대왕 영화'들은 250여 년 전의 프로이센 왕에 대한 독일인들의 수요가 여전히 건재함을 입증한다. 이러한 현상이 단지 과거에 대한 향수인지, 새로운 민족적 정체성을 모색하는 독일 사회의 내적 혼란을 의미하는지는 시간이 더 흐른 뒤에 판단할 수 있을 듯하다.

참고 문헌

1. 영화

Fridericus rex(1922~1923)

Der alte Fritz(1927~1928)

Das Flötenkonzert von Sanssouci(1930)

2. 사료

Arbeiterbühne und Film(1930~1932)

Der Film(1930)

Film-Kurier(1928)

Die Weltbühne(1923)

Goethe, Johann Wolfgang von, *Werke, 9. Aus Meinem Leben: Dichtung und Wahrheit*, München: dtv, 1998.

Kühn, Gertraude, Karl Tümmler & Walter Wimmer(eds.), *Film und revolutionäre Arbeiterbewegung in Deutschland 1918-1932. Dokumente und Materialien zur Entwicklung der Filmpolitik der revolutionären*

Arbeiterbewegung und zu den Anfängen einer sozialistischen Filmkunst in Deutschland, Berlin: Henschel Verlag, 1975.

Kugler, Franz, *Geschichte Friedrichs des Großen*, Leipzig: Seeman, 2008.

Mann, Thomas, "Friedrich und die große Koalition," *Gesammelte Werke, X. Reden und Aufsätze*, Oldenbourg: S. Fischer Verlag, 1960.

Marcks, Erich, *Männer und Zeiten. Aufsätze und Reden zur neueren Geschichte*, Leipzig: Quelle & Meyer, 1922.

3. 연구 문헌

고유경,「서부전선 이상 없다, 독일은 이상 있다. 영화전쟁으로 본 바이마르 공화국의 초상」, 박준철 외,『서양문화사 깊이 읽기』, 푸른역사, 2008.

모스, 조지,『대중의 국민화』, 임지현 · 김지혜 옮김, 소나무, 2008.

볼프룸, 에드가,『무기가 된 역사』, 이병련 · 김승렬 옮김, 역사비평사, 2007.

Dwyer, Philip G.(ed.), *Modern Prussian History 1830-1947*, Harlow: Pearson Education, 2001.

Ellwein, Thomas & Waldemar Brückmann, "Friedrich der Große im Spiegel der Nachwelt," *Zeitschrift für Religions- und Geistesgeschichte*, vol.1, 1948.

Hahn, Peter-Michael, "Friedrich der Große und die deutsche Nation," *Geschichte als politisches Argument*, Stuttgart: Kohlhammer, 2007.

Jacobsen, Wolfgang et al.(eds.), *Geschichte des deutschen Films*, Stuttgart: Metzler, 2004.

Koebner, Thomas(ed.), *Diesseits der 'Dämonischen Leinband,' Neue Perspektiven auf das späte Weimarer Kino*, Augsburg: Richard Boorberg Verlag, 2003.

Kohle, Hubertus, *Adolph Menzels Friedrich-Bilder. Theorie und Praxis der*

Geschichtsmalerei in Berlin der 1850er Jahre, München: Deutscher Kunstverlag, 2001.

Korte, Helmut, *Der Spielfilm und das Ende der Weimarer Republik*, Göttingen: Vandenhoeck & Ruprecht, 1998.

Kracauer, Siegfried, *Von Caligari zu Hitler. Eine psychologische Geschichte des deutschen Films*, Frankfurt: Suhrkamp, 1984.

Kroll, Frank-Lothar, "Friedrich der Große," Hagen Schulze & Etienne François (eds.), *Deutsche Erinnerungsorte*. vol.3, München: C. H. Beck, 2003.

Marquardt, Axel & Heinz Rathsack(eds.), *Preußen im Film*, Hamburg: rororo, 1981.

Mertens, Eberhard(ed.), *Filmprogramme, vol.5: Die großen Preußenfilme I: Produktion 1921-1932*, Hildesheim · New York: Olms Presse, 1981.

Monaco, Paul, *Cinema and Society. France and Germany during the Twenties*, New York · Oxford · Amsterdam: Elsevier, 1976.

Murray, Bruce, *Film and the German Left in the Weimar Republic: From Caligari to Kuhle Wampe*, Austin: Univ. of Texas Press, 1990.

Roper, Katherine, "Fridericus Films in Weimar Society: Potsdamismus in a Democracy," *German Studies Review*, vol.26, no.3, 2003.

Welch, David, " The Proletarian Cinema and the Weimar Republic," *Historical Journal of Film, Radio & Television*, vol.1, no.1, 1981.

Wolff, Udo W., *Preußens Glanz und Gloria im Film*, München: Wilhelm Heyne Verlag, 1981.

Wollenberg, Hans, *Fifty Years of German Film*, London: Falcon Press, 1948.

해방 이후 우익 민족 담론의 공고화 과정*

김수자

1. 들어가는 말

세계가 하나의 장소로 재구성되고, 노동 · 자본 · 정보가 국경을 자유롭게 넘나드는 전 지구적 특성들이 지구 곳곳에서 나타나고 있다. 근대 이래 국민국가를 지탱하며 경계를 강화하는 요인으로 인식되는 민족이라는 '신화'도 약화되는 것처럼 보인다. 이러한 전 지구적 시대에 한국 사회에서는 민족 담론과 탈민족 담론이 공방을 주고받고 있다.[1] 그러나 현재까

* 이 글은 『역사학보』 198호(2008년 6월)에 게재되었던 논문을 수정 · 보완한 것이다.

1 역사학 부문에서 탈민족 담론의 지형을 구성하는 대표적인 학자들은 임지현, 박노자, 윤해동 등이라고 할 수 있다. 탈민족 담론의 논리적 근거는 탈근대주의와 세계화로 요약될 수 있다. 즉 근대적 민족 담론의 신화와 허구성을 비판하는 탈민족 담론은 세계화에 근거를 두고 있다. 이제 국사는 세계화되어야 하고 다양한 주체들은 민족이라는 경계를 넘어서야 한다는 것이다. 반면에 민족 담론 지형의 대표적인 학자로는 안병욱, 김동춘, 임대식 등을 들 수 있다. 이들은 민족이라는 공동체적 유대 관계가 조직적이고 지속적인 저항운동을 이끈 원동력이었다면서, 세계화 시대 민족주의적 가치관은 무소불위 초국적 자본의 폭력을 견제할 수 있다고 지적한다(「진보적 민족주의 유효한가」 연속 기획물, 『한겨레신문』, 2007. 11. 30).

지도 논쟁의 무게 중심은 어느 한쪽으로 기울어지지 않고 평행을 유지하고 있다. 이와 같은 현상은 한편으로 지구화, 신자유주의에 대한 인식과 맞물려 민족 담론이 가지고 있는 유효성, 폐해성에 대한 입장 차이에서 연유하는 것이라 할 수 있다. 그리고 다른 한편으로는 한국 사회에서 민족 담론이 갖는 복합적인 성격 때문이라고 할 수 있다. 한국 사회에서 민족 담론은 반공 · 근대화 · 산업화를 지향하는 보수 진영의 국가주의적 '권력' 담론으로서 작동하기도 했지만 동시에 통일 · 민주화를 지향, 실천해 낸 진보 세력들에게도 마찬가지로 전유되었기 때문이다.[2]

한국 사회에서 '민족'은 한국전쟁 이후로 지배 이데올로기, 즉 '이념'에 압도당했다고들 한다. 그러나 바로 그 지점에서 '민족'은 '반공'과 결합했다. 민족 담론이 전쟁 시기에 와서 반공 담론과 '순식간'에 하나가 된 것은 아니다. 이 과정은 해방 직후부터 지속적으로 진행되었으며 그 중심에는 이승만, 한민당 우익 세력이 있었다. 그러나 민족 담론이 반공 담론과 결합하여 공고화되어 가는 과정에도 다른 한편으로는 분단 극복의 이념으로 지배 이데올로기에 대한 저항 담론의 한 요소로서 존재하고 있었다. 그러므로 한국 사회에서 민족 담론은 양면적이며 복합적 성격을 띠면서 그 지형을 형성해 냈다고 할 수 있다.

민족 담론이 복합적 성격을 갖게 된 것은 해방 이후부터라고 할 수 있다. 해방 직후 민족 담론은 '짧은 시기' 동안 일제 시기 민족해방운동을 전개한 민족운동 세력들의 '전유물'처럼 여겨졌었다. 그리고 그런 가운데 민족운동 세력들은 자연스럽게 친일 · 반민족 세력 척결이라는 구호를 해방 직후 국가 건설 운동의 전면에 위치시킬 수 있었다. 그러나 신탁통치

2 한국에서 반공주의는 국민을 강하게 결속시키는 기능을 해온 최고의 국가 이념이었을 뿐만 아니라 기존 질서에 도전하는 모든 형태의 대항 이념을 제압할 수 있는 강력한 무기이기도 했다(김동춘, 『분단과 한국사회』, 역사비평사, 1999, 37쪽).

운동이 전개되면서 민족 담론은 변화를 맞이하기 시작했으며 대한민국의 수립과 한국전쟁은 민족 담론의 방향을 '확실하게' 역전시켰다. 반탁운동이 전개되던 시기에 민족 담론은 반공과 결합했고, 이것은 대한민국 수립, 한국전쟁을 거치면서 공고화되었다.

그렇다고 해방 직후 통일민족 민주국가 수립을 지향하는 민족 담론이 폐기되거나 소멸된 것은 아니었다. 제헌국회 내 소장파 세력, 조봉암의 진보당, 4·19의 민주, 사회운동 세력들이 제창한 통일·민주화 이슈의 중심에는 여전히 민족 담론이 '건재'했다. 이와같이 민족 담론은 보수, 진보 세력이 자신들의 세력을 강화하거나 정당화하는 과정을 거치면서 '이율 배반적'으로 공존했다. 그러므로 그 내용은 점차 복합적이고 상호 모순성을 띠는 담론으로 현재까지 이르게 되었다고 할 수 있다.

2. 해방 후 민족 담론의 지형도

1945년 해방이 되면서 한민족의 핵심 의제는 자주독립국가 건설이었다. 이 과제 해결을 위한 첫 시도가 8월 16일 건국준비위원회(이하 건준)의 조직이었다. 건준은 일민족 국가 건설을 위한 준비기관의 역할을 담당할 목적으로 결성되었으며, 국내 민족해방운동 세력의 연합전선체로서의 성격을 지니고 있었다. 건준은 신생 국가 건설을 위한 기초 작업의 하나로 반민족 친일파 청산을 주장하게 된다.[3]

그러나 미국과 소련 군대가 북위 38도선을 경계로 각각 군정을 설치하여 분할 점령 통치를 실시하게 되었다. 즉 38선을 중심으로 북에는 소련

3 안재홍, 「조선건국준비위원회와 여余의 처지 성명서 발표」, 『전단』, 1945. 9. 10.

군이, 남에는 미군이 주둔하게 되면서 친일 청산 문제는 미·소라는 외세와의 협의에 따라 이루어지게 되었다. 게다가 해외에서 민족운동을 전개했던 독립운동 세력들이 귀국하게 되면서 민족문제 해결 방안으로 여러 해법들이 나오게 되었다. 그러나 해법들은 기본적으로 일제 시기 민족운동의 연장선으로서 민족주의에 의거한 것이었다.

해방 직후 국가 건설 과정에서 제기되었던 친일파 청산 문제를 둘러싼 민족·반민족 담론은 대체로 박헌영의 조선공산당, 여운형의 인민당, 안재홍 등의 좌익과 중도 우익 세력 등에 의해 주도되었다. 이들은 국가 건설의 제일 과제 중 하나로 친일 청산을 제기했으며 이를 통해 민족 정기를 회복해야 한다는 민족 담론을 주도했다.

그러나 1945년 10월 귀국한 이승만은 국가 건설을 위해 시급히 해야 할 일은 친일 청산의 문제를 제기해 분열을 야기하는 것이 아니라 우선은 '민족 단결'이라고 강조하게 된다.

> [……] 이 중대한 순간에 나만 살자고 애쓰다가 민족 전체를 못살게 하는 일이 있어서는 안 된다. 오로지 우리의 할 일은 먼저 우리 전체가 살아야 한다.

나아가 이승만은 자신을 중심으로 독립을 위해 '하나로 뭉치자'는 민족 단결을 주장했다. 그리고 좌우익 모든 세력들을 망라한 통합체인 독립촉성중앙협의회(이하 독촉중협)를 결성했다.[4] 그러나 좌익 세력들은 이승만의 통일전선체 결성이 '친일 민족 반역자인 매국노 제외 원칙'이 불명확하다며 이의를 제기, 무조건적인 단결의 무모성, 반민족성을 강조했다. 당시 조공의 박헌영은 통일체를 구성하기 위해서는 목표와 원칙이 있어야 하고,

4 「독립촉성중앙협의회 결성 결의」, 『매일신보』, 1945. 10. 25.

덮어놓고 한데 뭉칠 수는 없다며 민족 단결의 원칙을 강조했다. 그리고 "지금 조선의 상황은 일본 제국주의를 물리치기는 했으나 뿌리째 근멸根滅시키지는 못했으며, 여전히 일제의 잔재 세력이 남아 있고, 이러한 친일파를 근절시킨 이후에 순수한 애국자, 진보적 민주주의 요소만을 한데 뭉치어 통일해야 한다"[5]는 민족 단결의 원칙을 제시했다. 이것은 해방된 직후 친일 청산, 사회개혁을 요구하는 사회적 분위기를 대변하는 것이었다.

김구, 임시정부 세력도 신생 국가의 건설에 친일파 세력을 제외한 민족 세력의 단결을 주장하고 있어 민족 · 반민족 세력의 구분을 확실히 했다.[6]

> 우리 민족 개개인의 혈관 속에는 다 같이 단군 성조의 성혈이 흐르고 있다. 극소의 친일파 민족 반도를 제외한 외에 무릇 한국 동포는 마치 한 사람같이 굳게 단결해야 한다. 오직 이러한 단결이 있을 후에야 비로소 우리의 독립 주권을 창조할 수 있고, 소위 38도선을 물리쳐 없앨 수 있다.

이 시기 국내의 좌우익 세력은 모두 자주독립 국가 건설의 방안으로 민족 세력의 규합을 위한 통일전선체 구성을 필수적인 것으로 인식하고 있었다. 그러나 그 통합체에 반민족 세력이라 할 수 있는 친일 세력의 참여 여부를 놓고는 이승만 · 한민당 세력과 좌익 · 임시정부 세력이 입장을 달리하고 있었다. 즉 이 시기 국가 건설의 주체여야 하는 민족 세력의 범주에는 일제 시기 민족해방운동을 전개한 세력들이 망라되어 좌 · 우익 구분 없이 포함되어 있었다. 그러므로 좌익 세력을 공산주의 세력과 결부시켜 극렬, 파괴 분자로 규정하는 이승만의 민족 담론은 이 시기에는 적극적으로 논의되지 못했을 뿐 아니라 담론의 지형을 형성하지도 못했다.

5 박헌영, 「민족통전 결성에 관한 조공의 견해 피력」, 『자유신문』, 1945. 10. 31.
6 「임정개선 환영대회, 서울운동장에서 개최」, 『동아일보』, 『서울신문』, 1945. 12. 20.

한편 이승만은 공산당에 대한 자신의 생각을 두 차례에 걸쳐 방송하여 좌익 세력에 대한 인식의 변화를 보여 주며 자신의 방식대로 민족 담론을 전개시켜 나갔다. 이승만은 1945년 11월 23일 독촉중협 결성 당시 1차로 공산당에 대한 자신의 입장을 발표했다.[7]

> 악독한 왜적의 압제 하에서 지하 공작으로 백절불굴하고, 배일 항전하던 공산당원들을 나는 공산당원으로 보지 않고 애국자로 인정한다. [……] 공산주의자들을 두 부분으로 나누어 말할 수 있는데 첫째는 공산주의가 경제 방면으로 근대 대중에게 복리를 줄 것이다. 이것을 채용하자는 목적으로 주장하는 인사들이다. 이러한 공산주의에 나는 얼마만큼 찬성한다. 둘째는 경제 정책의 이해는 어찌되던지 공산 정부만 수립하기 위하여 무책임하게 각 방면으로 선동하는 중에서 분쟁이 생겨 국사에 손해를 끼치는 이들이다. 이 분자가 참으로 염려되는 점이다. 이러한 분자들이 국중에 있어서 국민이 분열되고 골육이 상쟁하는 참화를 양성하니 나는 이러한 공산분자로 인하여 근심한다.

이승만은 공산주의자를 공산주의 이념의 소유자와 정권 쟁탈 목적의 소유자로 분리하여 사고했다. 이것은 일제 시기부터 독립운동을 했던 좌익 세력에 대한 일반 대중들의 지지와 관련이 있다. 공산주의에 대한 차별적 인식은 좌익 세력들을 독촉중협에 참여시켜 이 단체가 좌우익을 망라하는 연합체임을 보여 주기 위함이었다. 그리고 이것은 결국 독촉중협을 통해 국내 지지 기반이 약한 자신의 정치적 취약성을 극복하기 위함이었다.

그러나 조공이 독촉중협에 참여하지 않자 이승만과 우익 세력은 공산

7 이승만, 「공산당에 대한 나의 관념 방송」, 『서울신문』, 1945. 11. 23.

주의에 대한 입장을 2차로 발표했다.[8]

> 한국이 지금 우리 형편으로 공산당을 원치 않는 것을 세계 각국에 대해 선언한다. [……] 공산주의는 극렬, 파괴주의자들이다. 즉 유럽의 각 해방국들이 현재 공산 분자의 파괴운동으로 분열, 분쟁이 없는 나라가 없고 [……] 중국도 중국 공산 분자들의 파괴운동이 쉬지 않고 일어나 중국을 두 조각으로 분열시켜 동족상쟁으로 피를 흘리게 만들고 있다. 이들 공산주의 극렬 분자들의 목적은 독립국과는 상관없이 남의 노예를 만들고 저의 사욕을 채우려는 자들이다. 이들은 러시아를 충성스럽게 섬기라고 하고 싶다며 우리나라와 우리 민족과 가족을 팔아먹으려는 자들을 방임하면 우리 민족과 우리 가족을 보전할 수 없다. [……]

이것은 이승만의 공산주의에 대한 기본적인 인식을 드러낸 것이기도 하지만 자신을 중심으로 하는 통일전선체인 독촉중협에 조공, 좌익 세력이 참가하지 않자 내세운 입장이라 할 수 있다. 공산당에 대한 1차 입장에서 공산주의를 이념과 정권 쟁탈 및 정치 세력으로 분리하여 사고했던 것과는 달리, 공산주의 전체를 수용할 수 없으며 이를 파괴와 분열 세력으로 규정한 것이다.

민족 담론의 지형에 커다란 전기가 마련된 것은 1945년 12월 말 신탁통치안이 국내에 알려지면서부터라고 할 수 있다. 국내 좌우익 세력이 자주 독립국가 건설 방안으로 민족 세력 규합을 위한 통일전선체를 구성하는 시점에서 모스크바 3상회의안 내용 중 신탁통치안이 동아일보에 왜곡 보도되면서 독립 지연에 대한 불만과 38선 고착화에 대한 우려 등에 대한

8 이승만, 「공산당에 대한 나의 입장」, 『동아일보』, 1945. 12. 21.

불안은 순식간에 일반 민중의 민족 감정을 폭발시켰다. 당시 여론은 신탁통치 실시를 민족적 위기 상황으로 그렸고, 이 위기 상황을 "조선 민족은 세계에서 보기 드문 단일 민족이며 유구한 5천 년 독립의 역사와 문화를 가지고 있으므로 극복할 수 있다"는 단일 민족 담론을 전개했다.[9] 좌우 세력 모두 신탁통치 반대 논리의 중심에 '민족'을 두고 있었다. 즉 신탁통치제는 조선인에 대한 민족적 모독이니 우리 3천만 민족은 국제 정의와 민족 보존을 위해 최후의 일인까지 싸워야 된다는 주장이 그것을 잘 보여 준다.[10] 나아가 한민족이 연합국에게 자주 독립할 능력, 자격이 있음을 보여 주자며 민족 단결을 주장했다.

그러나 이때 민족 단결의 중심체를 설정하자는 주장에는 각 세력마다 차이가 있었다. 이승만은 자신이 조직한 독촉중협을 중심으로, 김구와 임시정부 세력은 임시정부를 중심으로 하자는 것이었다. 그리고 좌익 세력은 민족반역자 친일파를 제외한 통일전선체를 새롭게 조직할 것을 주장했다.[11] 그러나 1946년 1월 2일 좌익 세력들이 신탁통치 반대 입장을 철회하고 찬탁으로 입장을 변경하자, 민족 담론은 새로운 국면을 맞게 되었다. 인민공화국과 조선공산당은 신탁통치를 찬성하며 모스크바 3상회의안 결의를 지지한다는 입장 변화를 밝혔다.

당시 우익 세력들은 이를 맹렬히 비난했다.[12] 그들은 민족 담론의 지형과 관련해서도 반탁이었다가 찬탁으로 돌변한 좌익의 태도를 맹렬히 비난했다. 특히 "조선공산당 대표 박헌영이 조선은 소련의 일국 신탁제를

9 「천도교 청우당, 반탁 결의문 발표」, 『자유신문』, 1945. 12. 30; 「조선인민당, 반탁성명서 발표」, 『자유신문』, 1945. 12. 30; 「경성대 직원 신탁 반대를 결의하고 성명서 발표」, 『서울신문』, 1945. 12. 31; 「임정, 대한민국 건국강령 발표」, 『전단』, 1946. 1. 8.

10 「신탁통치 반대 국민총동원 위원회가 설치」, 『동아일보』, 1945. 12. 30.

11 「반파쇼공동투쟁위원회 결성총회, 신탁안 철폐 요구 성명서 발표」, 『서울신문』, 1946. 1. 1.

12 「각정당, 조공과 인공의 2일의 찬탁대회 반박성명서 발표」, 『동아일보』, 1946. 1. 5.

지지하며 20년 내에 소련에 포함될 것을 주장했다"[13]는 동아일보 기사의 내용은 국내에 커다란 파문을 일으켰다. 이를 계기로 우익단체들은 한민당 본부에 모여 "박헌영의 발언은 조선의 독립을 말살하고 영원히 조선 민족을 소련의 노예화로 유린하는 매국매족의 행위"라며 규탄했다.[14] 나아가 탁치를 반대하지 않는 것 자체가 매국적 행위라고 단정했다. 즉 좌익 세력은 우익의 민족 담론 속에서 민족반역자로 규정되기 시작했다. 우익은 공산당 및 좌익 세력의 궁극적 목적은 모국의 힘을 빌려는 것이라며 비난했다. 이때 모국은 소련을 지칭하는 것이었다. 즉 좌익 세력은 친소 세력이며 이들은 소련에 나라를 팔아먹으려는 매국노라는 등식을 만들어 냈다. 그리고 이것은 역으로 해방 직후 친일 반민족 세력으로 분류된 친일 우익 세력들을 반탁운동 세력, 반공 세력, 민족 세력으로 등치시키는 결과를 가져왔다. 즉 좌익, 공산 세력은 민족운동을 전개한 민족 세력에서 나라를 팔아먹는 민족반역자, 매국노 세력, 즉 반민주주의적, 반민족 파쇼 세력으로 범주화된 것이다.[15] 이 범주화 및 담론의 주도 세력은 이승만, 그리고 동아일보를 기관지로 했던 한민당이었다.

이 같은 민족 담론 전환의 중심에는 이승만, 한민당 세력 외에 우익 청년단체들의 역할이 중요했다. 우익 청년단체들은 당시 우익 지도자들의 행동대였던 한편 여론의 형성자, 선전자로서도 중요한 역할을 담당하고 있었다.[16] 이들은 여운형, 김규식에 의해 주도된 좌우합작운동도 독립을 지연시키는 것이라며 즉각적으로 중지할 것을 주장하는 대회를 개최할 정도로 극우 민족 담론의 토대를 마련해 나갔다.

13 「박헌영 조선의 소련 감독 신탁통치 찬성 표명」, 『동아일보』, 1946. 1. 17.
14 「40여개 단체 대한 조공 대표 박헌영 타도 결의」, 『전단』, 1946. 1. 16; 「우익계 각 단체 조선공산당 배격 결의」, 『조선일보』, 1946. 1. 17.
15 「조선청년총동맹, 반탁성명서 발표」, 『서울신문』, 1945. 12. 31.
16 우익 청년단체들은 신탁통치 반대운동이 전개되던 시점에 많이 결성되었다.

이승만의 민족 단결에 대한 논리는 초기와 변화된 바가 없었으나 신탁통치 국면을 거치면서 점차로 '힘'을 발휘하게 되었다.[17]

> 우리가 자초로 좌우 합작을 지지한 것은 우리의 독립주의를 양보하려는 것이 아니요. 다만 좌익파들에게 한번 더 기회를 주어 마음을 고쳐서 우리와 협동하여 나라를 회복하기에 합작되기를 바란 것이다. [……] 소위 공산혁명을 이 나라에 일으켜서 민족끼리 자상잔멸케 하려는 의사는 곧 폐기해야 될 것이다. 지금도 늦지 않았으니 절대로 남의 나라를 조국으로 알고 민족 분열을 주장하는 사람들은 다 내어놓고 한국 정신을 가진 남녀는 타국의 지휘를 받지 않는다는 결심을 해명한 후 우리와 성심 합작하여 정권 회복에 함께 용진분투하기를 바란다. [……] 이 기회를 놓으면 우리의 전도가 망연하리니 한인의 혈육을 가진 자는 다 이에 합동하는 것이 인심이요 또 천심일 것이다.

이와같이 이승만, 우익은 반탁운동을 통해 반탁=민족주의, 찬탁=반민족주의라는 등식을 대중적으로 확산시켰으며 이는 결국 민족 대 반민족, 민주 대 반민주(파쇼)의 대립 구도를 만들어 냈다고 할 수 있다. 그리고 그 가운데 반탁=민족주의=반소반공주의라는 등식을 성립시켰다.

이러한 시도는 앞에서도 언급한 바와 같이 동아일보가 중심이 된 여론 조작을 통해 이루어졌다. 동아일보는 모스크바 3상회의안 내용의 오보뿐 아니라 미소공동위원회 개최 기간 동안 지속적으로 반소 기사를 게재했으며 이승만은 방송을 통해 소련이 신탁통치를 주장했다고 역설했다. 그리고 이러한 주장들은 사실 확인 여부와는 무관하게 독립을 열망하는 남한민의 민족 감정과 결부되면서 '힘'을 가지게 되었다. 이것은 역으로 찬

17 「민족통일총본부 총재 이승만, 입법의원과 좌우 합작에 관해 담화」, 『동아일보』, 『서울신문』, 1946. 11. 5.

탁에서 반탁으로 태도를 바꾼 좌익 세력들의 민족 담론을 약화시키는 결과를 가져왔다.

3. 이승만 세력의 민족 담론 장악

반탁운동 국면에서 좌익 세력을 민족 세력의 범주에서 제외시킨 이후 우익 세력 특히 이승만, 한민당 세력은 선독립 후통일의 논리를 내세워 단독정부 수립을 주장하게 된다. 그러나 이러한 주장은 38선을 철폐하고 통일국가를 수립하려는 김구, 임정 세력의 견제를 받았다. 그러나 점차 한반도를 둘러싼 국제 정세나 국내 미군정과 각 정치 세력의 역학 관계에 의해 단독정부 수립은 '순서'를 밟아가듯이 진행되었다. 이승만은 1946년 6월 정읍에서 단정 수립의 필요성을 주장하기 시작했다.[18]

> 이제 우리는 무기 휴회된 공위가 재개될 기색도 보이지 않으며 통일정부를 고대하나 여의케 되지 않으니 우리는 남방만이라도 임시정부 혹은 위원회 같은 것을 조직하여 38 이북에서 소련이 철퇴토록 세계 공론에 호소하여야 할 것이니 여러분도 결심해야 될 것이오.

그러나 이승만의 단독정부 수립 주장은 단일 민족 담론에 의해 제동이 걸렸다. 즉 단독정부 수립 발언은 "민족을 분열시키는 것이며 나아가 남북 분단을 야기하는 것"이라는 비난 여론에 부딪혔다.[19] 그러나 1947년 9월 이승만은 재차 남쪽만이라도 국권 회복의 토대를 마련하는 것이 중요

18 「이승만, 정읍 환영 강연회에서 단정 수립 필요성 주장」, 『서울신문』, 1946. 6. 4.
19 「남조선 단정설에 관해 한독당 반대 담화 발표」, 『서울신문』, 1946. 6. 5.

하다며 단독 선거를 주장하게 된다. 이와 같은 주장은 한반도를 둘러싼 국제 정세의 변화로 인해 힘을 얻기 시작했다. 즉 제2차 미소공위가 결렬되자 한반도 문제 해결 방법은 교착 상태에 빠지게 되었다. 그러자 미국은 한반도 문제를 유엔에 이관하여 '명예롭게' 손을 떼는 방안을 강구하게 되었다. 이후 한반도 문제는 유엔 결의에 의해 진행되었으며 유엔은 남북한 총선거 실시를 통한 임시정부 수립을 결정하게 되었다.

한반도 문제 해결 방안의 변화로 인해 남쪽의 정치 세력들은 다시 '민족'을 중심에 두고 한반도 문제를 해결해 나갈 것을 제기했다. 대표적인 중도 세력이라 할 수 있는 안재홍은 "단일 민족 조국 고토에서 다만 국제 노력에만 끌려가고 있어 눈 멀거니 뜨고 민족이 분열 대립하여 패멸敗滅의 구덩이를 걸어 들어가고 있는 것을 보고만 있을 수는 없다. 그리고 우리는 남에서나 북에서나 어느 파 사람임을 묻지 말고 모든 주의와 파당도 전 민족의 운명과는 바꿀 수 없다는 것을 깨달아 민족 단결을 꾀하자"고 주장했다.[20] 안재홍은 민족을 중심에 두고 민족 내부 분열의 봉쇄를 강조한 것이며 이를 통해 궁극적으로는 민족 통일을 이루어 내자는 것이었다.

김구, 김규식 또한 "우리 민족이 주야로 통일과 독립을 갈망하고 있으나 요사이 통일은 안 되어도 독립만 되었으면 하는 경향이 있다. 그러나 우리의 통일과 독립은 불가분한 일인데도 불구하고 남조선 총선거로 독립을 한다고 하는 것은 이해할 수 없는 일"이라고 언급했다. 김구는 더 나아가 "우리가 아무리 서로 다른 이국 사람의 환경 아래 있다 하더라도 5천 년 역사를 가진 단일민족이다. 우리는 서로 같은 피와 피를 통해서 서로 통사정하여 보는 길밖에 이제는 마지않은 것이다"[21]라며 단일민족임을 강조함과 동시에 민족 감정에 호소, 사정해서라도 분단국가 수립의 위기

20 안재홍, 「유엔조선임시위원단의 내조와 국민의 태도에 대해 방송」, 『조선일보』, 1948. 1. 8.
21 김구, 「남북 협상에 임하는 결의 표명」, 『경향신문』, 1948. 4. 17.

를 극복해 보자며 단선, 단정을 반대하고 남북 협상을 추진했다. 이때 김구, 김규식의 민족 범주에는 남북한 모두가 해당되는 것은 말할 나위도 없었다.

그러나 이 시기 이승만의 민족 범주에는 좌익 세력은 물론이요, 중간파 세력까지도 제외되고 있었다. 좌익 세력은 이미 공산 분자로 불렸으며 남북에서 반민족 음모를 계획하며 골육骨肉이 한인이면서도 사상은 비민족인 자로 설정되었다. 이 같은 논리는 단선, 단정 노선을 정당화하는 근거의 하나로 이용되기도 했다.[22]

> 사람의 몸에 한편이 죽어가는 경우에는 살아 있는 편이라도 완전히 살려서 죽은 편을 살리기를 꾀할 것인데 다른 방책 없이 운명을 기다리고 있다면 살아 있는 편까지 마저 죽어버리자는 것은 누구나 알아들을 수 없는 말이다. 이북 동포들은 사지에 빠져 하루가 십 년같이 이북 동포들이 살려낼 기회가 있기를 바라고 기다리는 이때에 우리가 아무것도 않고 방임하고 있다면 이는 인정도 아니요 동족상애의 도리도 아닐 것이다. 우리는 할 수 있는 대로 매진하여 같이 살아야 할 것이다.

이와같이 이승만은 단독정부 수립을 민족 담론을 통해 합리화하고 있다. 그러나 그 민족 범주에는 좌익, 중간파 세력들은 포함되지 않았다. 왜냐하면 공산주의자들은 타국인 러시아를 저의 조국이라 하며 조국과 민족을 배신한 자들이며 그렇기에 그들과 싸워 민족을 지켜내기 위해서는 이들과 싸울 수밖에 없다는 것이었다.[23]

1948년 5월 남한만의 총선거 실시를 통해 대한민국이 수립되었다. 그

22 이승만, 「3 · 1기념식에서 완전 독립과 국권 회복의 역설」, 『조선일보』, 1948. 3. 2.
23 「이승만 남한 총선거 실시 즈음 투표 권고 담화」, 『조선일보』, 1948. 3. 11.

러나 대한민국은 '반쪽 국가'였다. '반쪽 국가'는 국가를 하나로 완성시켜야 한다는 통일이라는 과제를 해결해야만 했다. 이승만은 1948년 8월 대통령 취임사에서 남북 통일과 강토 회복을 강조하며 공산주의 세력을 국권을 파괴하려는 자, 한민족 전체의 원수로 규정했다.[24]

> 이북 동포 중 공산주의자들에게 권고하느니 우리 조국을 남의 나라에 부속하자는 불충한 사상을 가지고 공산당을 빙자하여 국권을 파괴하려는 자들은 우리 전 민족이 원수로 대우하지 않을 수 없나니 남의 선동을 받아 제 나라를 결단내고 남의 도움을 받으려는 반역의 행동을 버리고 남북의 정신 통일로 우리 강토를 회복해서 조상의 유업을 완전히 보호하여 가지고 우리끼리 합하여 공산이나 무엇이나 민의를 따라 행하는 것이 좋을 것이다.

이승만은 남북 통일의 유일한 길은 고유한 민족 정신에 호소하는 수밖에 없다며 민족의 저력 및 단일민족을 강조하고 있다. 즉 우리는 단일민족이므로 이 강토가 양단되면 완전한 국가로 행동하지 못하게 됨을 잘 알기 때문에 국가 민족을 위해 남북 통일을 적극 추진할 것이며 이는 신생 정부의 제일 중대한 과업으로 강토 완정完整과 민족 통일을 설정했음을 밝히고 있다.[25]

나아가 정부 수립 이후 민족 담론의 중심은 대한민국 정부가 민족주의에 의거하여 수립되었으며 반면 북한의 인민공화국은 소련의 괴뢰인 김일성이 세운 괴뢰 정부이므로 국가로 인정할 수 없다는 논리를 전개하여 북한 정권의 반민족성, 비정통성을 강조하고 있다. 이것은 북한 정권을 비난함으로써 동시에 남한 정부의 정통성, 합법성을 획득하고자 함이었

24 「정부통령 취임사」, 『서울신문』, 1948. 7. 25.
25 「국무총리 이범석, 취임 소감 피력」, 『서울신문』, 『조선일보』, 1948. 8. 3.

다.[26] 그러므로 자연스럽게 대한민국 정권이 북한에 있는 동포들을 구제해야만 하는 민족적 과제로 통일이 설정되는 것이었다. 그리고 통일 방법은 북한의 정권이 괴뢰이며 반민족적이기 때문에 이들을 포섭, 수용하는 것이 아니라, 그 세력을 완전히 근절시킬 수 있는 무력 사용도 정당화하는 것이었다.[27]

> 친애하는 동지 여러분, 같은 할아버지의 자손으로 피와 살이 섞여 있는 우리 동포에게 싸움을 조장하는 자 그 누구입니까? 이는 소련만을 저희들 할아버지로 아는 공산 분자들이 아닙니까? 그들은 비록 같은 동족이라 할지라도 기실 동족이 아닌 우리 민족의 원수입니다. 흡혈귀입니다.

이와 같은 민족 담론은 남한에 존재하는 좌익 세력 및 반정부 활동을 하는 세력에게 그대로 적용되어 실행에 옮겨졌다. 이승만은 대한민국 최초의 시련이라 할 수 있는 여순사건을 처리하면서도 이 혼란의 주체를 공산, 좌익 세력으로 규정하는 한편 이를 민족을 남의 나라에 복속, 노예화시키려는 반민족 행위로 규정했다.[28] 나아가 이를 반정부 활동조차도 반민족적인 것으로 규정하는 국가보안법 제정의 근거로 삼았는데, 이 법에 의해 남한은 반공 국가의 틀을 마련했다고 할 수 있다. 이와같이 여순사건은 민족 담론에 반공주의가 결합되는 또 한 번의 중요한 계기가 되었다.[29] 이것은 점차 민족 담론이 국가주의화되어 가는 과정을 잘 보여 주는

26 이것은 북한의 김일성 정권도 마찬가지였다. 김일성 역시 이승만을 반민족 세력, 미국 제국주의의 꼭두각시로 규정하여 남한 정부에 비해 북한 정부가 합법적이라는 것을 주장하고 있다.

27 「국방부 정보처, 이북 동포에게 고함」, 『독립신문』, 1948. 12. 11.

28 대한민국 공보처, 「적자의 선동을 경계하고 충의로 치안 유지에 협력하라」, 『대통령 이승만박사 담화집』, 공보처, 1948. 10. 29. 7쪽; 「불순자를 철저히 제거 반역사상방지법령 준비」, 『대통령 이승만박사 담화집』, 공보처, 1948. 2. 5, 8쪽.

것이라 할 수 있다.

> 어찌하여 남의 나라에 저의 조국을 부속시키고 그 노예가 되자는 불충불의한 언행으로 도당徒黨을 모아 장관과 동족의 남녀를 참혹하게 학살하고 내란內亂을 일으켜 정부를 전복하려는 음모로 참담한 정경에 이르고 있는가.

남북 통일 외에 강조되었던 또 하나의 주요한 대한민국 정부의 과제로 설정된 것은 민주주의 국가의 확립이었다. 1949년 신년사에서 이승만은 자유를 사랑하고 독립권을 애호하는 우리는 민주 정체의 기초를 공고히 세워서 동양의 모범적인 민주국으로 세계 평화와 자유를 보장하는 신성한 국가를 이루어야 함을 강조했다. 이것은 대한민국은 단순히 대한민국에 국한되는 것이 아니라 주변 국가들에게도 모범이 되는 민주 국가를 수립하자며 대외적 위상을 강조하는 것이었다. 이때 민주주의 국가는 민족적 민주주의 국가였다. 민족적 민주주의란 대한민국이 완전한 주권 국가인 동시에 한민족이 역사적 독자성과 현실적 환경에 비추어 반드시 단일 민족 국가인 것이며 결코 어떠한 개인적 또는 집단적 특권을 허락하지 않는 것이라고 정의했다. 이와 같은 단일민족의 통일 국가와 민족적 민주주의 국가 수립을 위한 정치 이념으로 이승만은 일민주의를 제창한다. 즉 이승만이 주장한 민족적 민주주의는 민주주의 국가 체제의 중심을 '민족'에 두겠다는 명시적 개념의 성격이 강하다고 할 수 있다. 이것은 북한의 사회주의 체제를 비판하면서 반대로 남한이 민주주의 국가라는 것을 강조하는 담론의 연장선상으로 이해되어야 할 것이다. 일민주의의 강조는 이승만 정부의 권력 취약성과 관련된 것이었다. 즉 대한민국 정부 수립에

29 김수자, 「대한민국 수립 직후 민족주의와 반공주의의 형성 과정」, 『한국사상사학』 25집, 2005, 385-386쪽.

반대하고 참여하지 않은 남북 협상 세력과 중간파 세력들 그리고 사회 각지에 뿌리내리고 있는 사회주의 세력들로 인해 이승만의 권력 기반은 불안했다. 이러한 취약한 권력 기반을 극복하기 위해 이승만은 자신을 중심으로 무조건 뭉치자고 주장하면서 '하나의 민족'을 강조하는 일민주의를 표방한다. 이승만은 일민주의를 국시로 제시하고 "우리는 본래 오랜 역사를 가진 단일한 민족으로서 언제나 하나요, 둘이 아니다. 이 하나인 우리 민족은 무엇에고 하나이어야 한다," "오랜 역사를 가진 언제나 하나인 이 민족이 결코 이류異類에게 물들 리가 없다"[30]며 하나 된 민족으로서의 통합을 강조하고 있다. 통합을 강조하는 일민주의는 남과 다른 개성을 부정하는 배타적 성격이 강하며, 이것은 점차 반공주의와 결합하여 한편으로는 권력자의 정치 활동을 합리화하기 위한 이데올로기로, 다른 한편으로는 국가의 이익이 국민 개개인의 이익이나 그 무엇에도 우선한다고 강조하며 국가 권력의 정당성을 확보하려는 국가주의로 변했다.

구체적으로 일민주의는 대한민국의 토대로서 민족주의, 민주주의를 단단히 하기 위한 정치 이념으로 제창된 것이라 할 수 있다.[31]

> 공산당을 타도하고 일부 동족 간의 투쟁을 하는 것은 우리 동포 마음속에 민주주의 정신을 확립하여 국가의 독립과 국민의 자유를 확보하는 동시에 그 토대를 영구히 지속하는 데 그 의의가 있다는 것과 일민주의는 이 목적을 달성하는 데 그 근원이 되는 것으로서 [……] 국민에게 민주주의 정신을 지시하는 것이다. 나아가 우리가 공산당을 거부하고 동족 간에 투쟁하며 나아가는 것은 우선 국가의 독립과 국민의 자유를 보호하자면 민주주의를 확보해야

30 이승만, 『일민주의 槪述』, 일민주의보급회, 1949, 46쪽; 양우정, 『이대통령 건국정치 이념』, 연합신문사, 1949, 89-90쪽.

31 「이승만 대통령, 일민주의를 강조하는 특별교서를 발표」, 『서울신문』, 1949. 12. 20.

만 될 것이요, 민주주의를 확보하기에는 공산주의의 설 자리를 없이 해야 할 것입니다.

이와 같은 발표를 통해 공산주의는 이제 완전히 민족의 범주에서 제외되었다. 공산주의 사상은 이제 기피해야 되며 나아가 제거해야 되는 것이 되었다. 그러므로 "공산주의 사상이 머리에 들어가면 사람이 지독하게 되어 우리 민족이 아니며 그저 체계와 명령 위에서 움직이는 벌써 조선 민족이 아니라 외국 민족이 다 된 것"이라고 설명하고 있다.[32] 이와같이 이승만은 정부 수립 이후 대한민국 최대의 적이 동포와 민족을 부정하는 공산주의라고 규정하고, 공산주의 국가인 북한을 소련의 괴뢰, 꼭두각시라고 지칭하며 궁극적으로는 북한을 부정한다. 반대로 대한민국 정부는 민주주의 체제를 선택함으로써 북한 정권에 비해 정통성을 지닌 국가임을 강조한다. 그러나 이와같이 북한을 괴뢰로 적화 야욕에 불타는 존재로 규정함으로써 이승만은 북한을 북한 정권자와 북한 동포로 분리해서 사고해야만 했다. 이러한 인식에 따라 이승만은 북한 괴뢰로부터 북한 동포를 구출해 내는 것 자체가 민족적 과제이자 자신의 정치적 과제라고 생각했으며, 이러한 논리에 따라 북진통일론을 제기하게 된 것이다.

그러나 이 시기 남한에서는 이승만과는 다른 방식의 통일을 논의하는 세력이 존재했다. 그들은 주로 임시정부 계열, 김구 · 김규식의 남북 협상 세력 그리고 국회 내 소장파 의원들이었다. 이들은 원내외를 막론하고 민족자주적 평화 통일을 주장했다. 이들은 평화 통일은 민족의 지상 명령이라며 외세의 간섭이 배제된 상태에서 북한과의 협상을 통해 통일을 이루어야 한다고 강조했다.[33]

32 박종화, 「남행록」, 『동아일보』, 1948. 11. 14.

이들 소장파 세력은 이승만 정부의 "북한과의 협상은 북한 정권을 인정하는 결과가 되므로 부당하다"는 주장에 대해서도 통일이라는 것은 두 개 이상의 실체를 전제로 하는 것이라며 북한을 인정하는 태도를 보였다. 그리고 통일을 위해서는 국내적으로는 외군 철수와 반민족적 요소 즉 친일, 반민족 세력의 척결이 선행되어야 하고, 민중의 생활을 향상시키는 민주 정책을 수립해야 한다고 주장했다. 또한 한반도에 각각 국가가 수립된 현 시점에서 통일이라는 민족적 과제는 민주 정책, 민주 개혁이 이루어져야 가능함을 밝히고 있다.[34] 그러나 이와 같은 남북협상파나 중간파 세력의 계보를 잇는 국회 내 소장파 세력들은 1949년 6월 국회 프락치사건으로 인해 붕괴되었으며, 이를 계기로 분단 극복, 통일을 주장하던 민족 담론은 합법적인 공간에서 전개될 수 없었으며 이는 이승만 정권의 정권 강화를 위한 민족 담론만이 담론의 지형을 주도하게 되었음을 의미하는 것이었다.

4. 민족 · 반공 담론의 결합

전쟁은 한국 민족 담론의 변화를 가지고 온 가장 뚜렷한 전환점이었다. 이 시기에 민족 담론과 반공 담론의 결합은 공고화되었으며 나아가 반공 담론이 민족 담론의 내용을 제한, 규정하는 상황에 처하게 되었다. 즉 반공주의에 저촉되면 이는 민족주의적인 행동이 아니며 자연스럽게 그 행위자는 공산 분자, 반민족자로 낙인이 찍혔다. 공산당은 재차 "조국과 민

33 백운선, 「제헌국회 내 소장파 세력의 활동과 그 붕괴」, 『한국과 국제 정치』 8-1, 1992, 126-127쪽.
34 『제헌국회 속기록』, 제2회 제4호, 448-455쪽, 제2회, 제24호, 451-452쪽, 제2호, 제66호, 275쪽; 『신천지』, 1949년 5월호, 57-59쪽.

족을 팔고 평화와 자유를 유린하는 소련의 주구이자 악마"로 규정, 매국노로 강제화되었다. 공산주의자로 규정되면 남한에서 활동할 수 없게 매장되는 것이었다.

이승만과 당시 남한의 지배층은 전쟁을 한민족 간의 민족전쟁이 아닌 남북한을 공산화하려는 소련 제국주의와의 전쟁으로 규정했다.[35]

> 우리 전쟁은 난이라고 하는데 이북서 38선을 넘어와 살인 방화하면 내란이겠으나 소련이 침범하게 한 후에는 내란이 변하여 전쟁이 되고 보니 유엔에서 민주 진영을 보호하기 위해서 소련에 항거한 것이다. 이 전쟁은 소련에서 이남을 쳐서 이남을 공산화하려고 한 것이니 [……]

그러므로 이들은 한국전쟁을 남한 민족이 소련 제국주의, 공산주의와 벌인 전쟁 즉 남한이 소련과 치른 민족해방전쟁으로 규정할 수 있었던 것이다.[36] 당시 국회의장이었던 신익희 또한 "인류의 공동의 적인 소련 공산주의가 민주주의 국가로 지금 자라나려는 우리 대한민국을 대상으로 한 것"이라며 한국전쟁을 소련과 대한민국의 대결로 설정하고 민족전쟁으로 보았다.[37] 그리고 전쟁으로 인해 민족의 적이 역적 김일성이 아니고, 그 배후에 있는 소련 제국주의임을 강조했다. 그는 한민족은 장구한 역사와 문화민족으로서 혈육이 서로 같기에 다툴 수 없는데 나라의 앞잡이로서 국토를 팔고 동족을 몰아다 노예화시키려는 무리들, 소련을 자기의 조국으로 아는 공산주의자들이 있기 때문에 전쟁이 벌어진 것으로 보고 있

35 대한민국 공보처, 「이북 진격과 38선 문제에 대하여 기자와 문답」, 『대통령 이승만박사 담화집』, 공보처, 1953, 340쪽.

36 김정훈, 「한국전쟁과 담론정치」, 『경제와 사회』 46회, 2000, 159쪽.

37 「신익희 국회의장, 부산에서 시국에 대한 담화 발표」, 『민주신보』, 1950. 7. 12.

다.[38] 민족의 통일과 평화는 소련, 나아가 중국 공산당과 그들에 물든 무리들이 사라지면 자연스럽게 찾아올 것으로 보고 있다.

이승만은 북한에서 공산 세력을 물리쳐 내는 것은 민족 해방의 완성이며 동시에 남한민의 과제로 설정했다. 그리고 이 과제를 해결하기 위해서는 이승만 자신을 중심으로 뭉쳐야 한다는 민족단결론을 재차 강조했다. 민족 단결의 내용은 반정부적인 정치 세력에게도 적용되는 것으로 자신의 권력 강화를 위한 것이었다. 이승만은 민주국가 확립과 이북 동포를 구해 내는 통일을 위해서는 당파나 정권 획득을 목적으로 하는 활동들을 '더러운 생각', '사사로운 것'으로 규정하고 사사로운 마음을 갖는 자들은 공산당을 유리하게 하는 자, 나아가 공산당이라고 단정했다.[39]

> 또한 이 자리에서 한가지 말씀하려고 하는 것은 언제든지 그 유일한 목적을 가지고 다들 뭉치고 한덩어리가 되어가지고 너니 나니 무슨 정당이니 무슨 당파니 구별을 말고 우리나라 금수강산 삼천리 안에는 우리나라를 회복해 가지고 우리 민중이 자유로 영광스러운 백성으로 살아보겠다는 결심이 없는 사람은 공산당 이외에는 한 사람도 없을 것입니다. [……] 여기에 모인 여러분들은 나와 이 자리에서 다시 한 번 맹세하고 각각 내 마음속에 있는 무슨 더러운 생각이 있거나 사사로운 생각이 있거나 무슨 정치상 파당력이나 영광한 자리다툼이나 한다는 것이 조금이라도 마음에 있으면 오는 이 자리에서 다 씻어버릴 생각을 가지고 우리나라에 태산같이 쌓인 장애물을 박차고 나가자는 생각을 가지고 내 개인과 내 생명을 제공해서 우리나라 우리 민족이 오래오래 살자는 목적으로만 밀고 나가야 될 것입니다. [……] 우리 국가에 민

38 「조병옥 내무부 장관의 8 · 15기념사」, 『대구매일신보』, 1950. 8. 15.
39 대한민국 공보처, 「대통령 탄신일에 치사致辭」, 『대통령 이승만박사 담화집』, 공보처, 1953, 247-249쪽.

주국가를 영원히 세워서 저 아래 칭에서 학대를 받고 압제를 받고 지내던 이 동포들이 다 상등 사람과 같이 살 수 있도록 만들어가지고 참 한국은 완전한 민주국가를 세웠다는 칭찬을 듣도록 여러분이 해 주기를 부탁하며 [……]

이와같이 전쟁 이후로 이승만은 형제와 친구도 아랑곳하지 않은 북한 전쟁 도발자들과 이들을 조종하는 소련에 의해 전쟁이라는 동족상잔의 비극을 당했고, 이들의 압제에서 고통받고 있는 북한의 동포, 민족을 구출해 내는 것이 대한민국의 최고의 임무이며, 그러기 위해서는 이승만 자신과 정부를 중심으로 일치 단결해야 하고, 이러한 가운데에서만이 민족주의의 과제가 해결된다는 논리를 내세웠다.

이것은 전쟁 이후의 한국 정치 상황과 무관하지 않았다. 당시 국회와 야당 세력은 이승만과 정부에 전쟁 책임을 추궁하며 반정부 활동, 개헌운동을 전개했다. 이에 이승만은 새로운 정치 기반인 정당 창당을 준비하며 자신의 약화된 정치력을 강화시키고자 했다.

전쟁을 경험한 이후 공산 세력에 대한 우익의 태도는 더욱 폭력적이 되었다. 그들은 단순히 배척의 대상이 아니라 폭력을 행사해도 죄의식이 발생하지 않는 상대가 된 것이다.[40] 전쟁 이후 공산주의자, 공산당을 빨갱이라는 용어로 대체했고, 빨갱이는 '죽여도 좋다'는 말을 빈번하게 사용했다. 이것은 빨갱이와 국민의 적대적 대립 의식을 기초로 같은 피를 나눈 혈육이라 하더라도 정치적으로 빨갱이라면 가족이나 사회 구성원, 국민이 될 수 없다는 생각을 전제로 하는 것이었다. 여기에서 빨갱이는 단순한 이념 집단이 아니다. 반민족적임은 물론 인종적으로도 상종할 수 없는 집단으로 형상화되었다. 즉 혈육이라 할지라도 공산주의 교육을 받으면 혈

40 김동춘, 『전쟁과 사회』, 역사비평사, 2008, 366, 374쪽.

육이 아니며 소련을 조국이라 하는 원수라고 했다. 이는 9 · 28 서울 수복 직후 양주동이 "빨갱이는 곧 겉은 한인이나 속은 완전히 슬라브화된 사이비 한인"이라고 지목하면서 이들에 대한 무조건적인 토벌의 필요성을 역설한 데에서 잘 나타난다.[41]

우익은 북한과 북한민에 대해서는 적의 소굴에 갇혀 있는 자유를 갈망하면서도 나올 수 없는 존재로 설정하고 구해내야만 하는 '우리 민족 · 동포'로 규정했다. 그러므로 전쟁이 종결되지 않은 상태에서 전쟁을 정리하려는 정전 회담이나 휴전 회담은 이승만이나 남한민들에게는 받아들일 수 없는 것이었다.

> 그러한 제안은 평화안이 아닌 만큼 우리는 그것을 평화안으로 인정할 수 없으며 인정하지도 않을 것이다. 공산군이 압록강 및 두만강 넘어로 철퇴할 것을 동의하도록 만듦으로써만 비로소 국련이 선언한 제 목적에 합치되는 평화 교섭이 시작될 수 있을 것이다. 원한의 38선 이북에 사는 수백만의 충성한 한국민이 공산당 상전들의 노예로서 생활하는 것을 우리는 우리의 힘으로 막을 수 있는 한 그냥 놓아둘 수는 없는 것이다. 한국 정부는 그들을 해방시키고 보호할 것을 기도하며 오로지 그렇게 함으로써만 우리는 그들 동포에 대한 우리의 책임을 다할 수 있는 것이며 그들은 우리가 그렇게 하여 줄 것을 바랄 수 있는 권리를 가지고 있는 것이다.[42]

> 또 우리가 직접 경험한 바와 같이 그러한 방위란 도저히 불가능한 것이다. [……] 한국이 재분할되면 38 이남에서 자유를 누리던 지역도 많이 공산 압

41 김동춘, 「양주동 외, 赤禍三朔九人集, 국제보도연맹」, 『전쟁과 사회』, 역사비평사, 374쪽 재인용.
42 대한민국 공보처, 「더 무서운 전쟁의 서곡이 될 어떠한 평화 제안도 수락치 않는다」, 『대통령 이승만박사 담화집』, 공보처, 1953, 285쪽.

제 하에 들어가게 될 것이다. 우리는 한 겨레이며 다 같은 살과 피를 가지고 있다. [……] 그들을 그냥 놓아두고 구호의 손 없이 고생하게 놓아두지는 차마 못하겠다. [……] 한국이 분할되면 한 가지 분명한 일이 있다. 즉 그것은 남북을 막론하고 이 분할에 반대하여 폭동이 일어나고야 말 것이다. [……] 공산주의자들이 그러한 분할로써 끝을 매줄 리 만무하다는 것이다. 한국이 재분할되면 두 가지 일이 발생할 것은 명백하다. 즉 일편에서는 크렘린의 상전들이 공산 괴뢰들에게 말하기를 공산군은 서구 제국주의자들을 압록강에서 새로 설정된 분할선까지 격퇴시켰다고 대승리를 자랑할 것이다. [……] 다른 한편에서는 [……] 소련은 결코 한국을 전부 지배하지 않으면 만족치 않을 것이다, 그들이 한국을 필요로 하는 것은 그들이 이미 획득한 이득을 강화하는 동시에 일본 침공의 기지로 사용하려는 데 있다. [……][43]

이승만은 공산 치하에서 고생하고 있는 동포를 구원하기 위한 민족 해방을 위해서는 전쟁도 불가피하다고 하면서 잠시라도 쉴 수 없으며 이러한 논리에 의거해 정전 회담, 휴전 회담을 강력히 반대했다.[44] 그리고 이 회담의 반대 논리는 또한 공산 세력을 신뢰할 수 없다는 인식에서 비롯되는 것이다. 즉 휴전 회담을 맺고 전쟁을 종결시키면 그들은 남한을 적화시키고자 할 것이고 그 후에는 일본, 미국으로까지 그 세력을 확장시키려는 야욕을 강조했다. 이런 논리를 통해 이승만은 반공 담론을 강화함과 동시에 다른 한편으로는 외국, 특히 미국의 원조 및 방위조약을 확보해내고자 한 것이다.

이와같이 한국전쟁은 한국 민족주의의 성격 변화에 결정적인 계기를 가져왔다. 분단 성립으로 인한 민족 모순의 상황을 자연스럽게 합법적인

43 대한민국 공보처, 「침략 재개의 위험 미 기자에 경고」, 『대통령 이승만박사 담화집』, 공보처, 1953.
44 대한민국 공보처, 「대통령 취임사」, 『대통령 이승만박사 담화집』, 공보처, 1953.

것으로 만들었기 때문이다. 전쟁 전에도 민족주의는 정치 세력들에 의해 의도적으로 분단 정부를 합리화하거나 상대방을 부정하는 권력 담론으로 이용되었으나 이것이 전 한국민에게 내면화된 것은 아니었다. 그러나 전쟁 이후 이승만 정권은 거창 양민 학살, 부역자 처리 등 '용공 분자'에 대한 무차별적 투옥과 학살과 무수히 많은 반공 국민대회를 개최하며 국민들을 동원해 내는 과정을 통해 폭력적 · 강제적 · 대중적으로 반공 담론과 민족 담론을 결합시키면서 이것을 내면화시켜 나갔다고 할 수 있다.[45] 즉 전쟁을 경험한 이후 그리고 강제적인 내면화 과정을 거치면서 한 민족임에도 불구하고 상대방을 철저히 부정하고 나아가 상대방을 원수로 여기거나 제거의 대상으로 인식하게 되는 상황에 '모두'가 합의하게 하는 상황으로 만든 것이었다.

전쟁 경험을 통해 반공주의가 북한을 적대 국가로 규정했다는 점에서 반공주의는 민족주의를 압도했다. 하지만 실제로는 민족 담론이 반공 담론과 결합하면서 두 담론은 더욱 공고화되었으며 나아가 국가 권력 담론으로 정치 반대 세력을 압박하는 무소불위의 이념으로 작용했던 것이다.

5. 나오는 말

개항 이후부터 해방 전까지 한국의 민족주의는 한반도라는 지역을 중심으로 반만 년의 역사를 가진 단일 민족으로서의 문화적 · 역사적 자존심과 공동체 의식을 강조하며 국권 침탈의 위기를 극복하려는 성격이 강했다. 일제 시기를 거치면서 한국 민족주의의 최대 과제는 자주독립 국가

45 서주석, 「한국전쟁과 이승만정권의 권력 강화」, 『역사비평』 11, 1990, 137-138쪽; 유재일, 「한국전쟁과 반공 이데올로기 정착」, 『역사비평』 18, 1992, 147쪽.

건설이었다. 1945년 해방 이후 자주 독립국가 건설은 냉전과 이데올로기 대립에 의해 분단국가 건설로 귀결되었다. 이 과정에서 한국의 민족주의는 상당 부분 굴절되고 변형되었다.

그러나 국가의 위기 상황을 극복하기 위해 제시된 혈연공동체 즉 단군의 자손이라는 단일 민족 담론은 변함없이 지속되었다. 이 혈연공동체에 포함되는 민족의 내용과 그 범주는 시대적 상황과 정치 세력의 역학 관계에 의해 변화되었다. 특히 민족 범주를 구성하는 해방 이후 민족 담론은 이승만과 한민당이 주도했다. 이승만은 과거 독립협회 활동 시기에 언론 매체가 중요한 역할을 할 수 있음을 체험한 인물이었으며 해방 이후 가장 적극적으로 담론을 형성하여 자신의 권력 강화에 유리하게 활용했다. 그리고 한민당 세력은 당시 동아일보를 운영하고 있던 지주로서 확보한 담론 형성의 장을 적극적으로 활용하며 민족 담론을 주도해 나갈 수 있었다. 이들의 민족주의 담론 형성은 일제 시기 민족운동의 경험과 일정 정도 연결되는 지점이 있다. 즉 1930년대 국내 우파 진영의 민족 담론은 민족의 고유성, 민족 정신을 강조하는 국수주의적 민족주의론이라고 볼 수 있다. 나아가 민족 문화의 완성을 위해서는 계급적 차별성보다는 전 민족적 결집이 필요하다는 '민족대동단결론'과 연결된다고 할 수 있다.[46]

해방 공간 특히 미소공위 기간 이후 민족 담론은 주로 민족의 범주에서 공산주의 세력을 제외시키기 위한 작업들이었으며, 이것은 대한민국 정부가 수립된 이후 그리고 한국전쟁 이후로 확고하게 자리 잡게 되었다고 할 수 있다. 이와 같은 민족 담론의 변화는 이북 동포들을 공산 세력의 압제에서 구원해 내야 하며 같은 민족을 억압하고 있는 공산 세력인 김일성에게는 무력도 불사한다는 무력 통일 논의를 자연스럽게 만들었다. 이와 같

46 박찬승, 「일제하 국내 우파 진영의 민족주의」, 『근현대사 강좌』 9호, 1997, 109쪽.

은 과정을 거쳐 전쟁 이후 민족 담론은 철저하게 공산주의를 부정하는 반공주의적 성격을 띠게 되었으며, 이것은 현재에까지도 한국의 민족주의가 반공주의적이며 보수적이고 폐쇄성을 지니도록 하는 결과를 가져왔다고 할 수 있다.

참고 문헌

김동춘, 『분단과 한국사회』, 역사비평사, 1999.

_____, 『전쟁과 사회』, 역사비평사, 2008.

김수자, 「대한민국 수립 직후 민족주의와 반공주의의 형성 과정」, 『한국사상사학』 25집, 2005.

김정훈, 「한국전쟁과 담론정치」, 『경제와 사회』 46, 2000.

대한민국 공보처, 『대통령 이승만박사 담화집』, 공보처, 1948.

_____, 『대통령 이승만박사 담화집』, 공보처, 1953.

박찬승, 「일제하 국내 우파 진영의 민족주의」, 『근현대사 강좌』 9호, 1997.

백운선, 「제헌국회 내 소장파 세력의 활동과 그 붕괴」, 『한국과 국제 정치』 8-1, 1992.

서주석, 「한국전쟁과 이승만정권의 권력 강화」, 『역사비평』 11, 1990.

양우정, 『이대통령 건국정치 이념』, 연합신문사, 1949.

유재일, 「한국전쟁과 반공 이데올로기 정착」, 『역사비평』 18, 1992.

이승만, 『일민주의 概述』, 일민주의보급회, 1949.

제3부

경계의 문화, 문화의 경계

아시아계 이민의 확산과 미국 주도문화 세력의 경계짓기 고찰 _ 이선주
유럽의 오리엔탈리즘에 대한 카프카의 문학적 유희: 「만리장성 축조 때」에 나타난 중국 이미지를 중심으로 _ 김연수
'경계' 개념에 대한 문화기호학적 접근: 구별의 원리에서 교환의 메커니즘으로 _ 김수환

아시아계 이민의 확산과 미국 주도문화 세력의 경계짓기 고찰*

이선주

1. 들어가는 말: 아시아계 이민의 확산과 이민법

미국의 형성 과정은 국가가 혈연에 의한 본질적 공동체가 아니라 사람들의 경험과 필요에 의한 구성물이며 국가 구성원들 간의 계층 관계는 주도 세력의 작위적인 등급화임을 시사한다. 베네딕트 앤더슨Benedict Anderson은 국가란 특정한 시기에 사람들의 경험을 통해 구성되고 의미가 부여된 역사적 공동체라는 의미에서 상상의 공동체라 했다. 수천 년의 역사를 가진 중국이나 유럽 국가의 역사에서 그러한 점을 주장하려면 매우 긴 증명이 필요하다. 또 한국이나 일본과 같이 단일한 피부색과 단일 민족으로 이루어져 왔다고 생각되는 국가에서는 인종이나 신체적 차이에 따른 계층화의 작위성을 보기가 쉽지 않다. 이에 반해 미국은 16, 17세기

* 이 글은 『새한영어영문학』 50권 3호(2008년 8월)에 게재되었던 논문을 수정 · 보완한 것이다.

경 서유럽에서부터 사람들이 '비어 있는' 인디언 땅에 이주해 오면서 토착민인 인디언들을 물리적으로 정복해 감으로써 국가의 꼴을 갖추기 시작했다. 백인들은 드넓은 토지를 차지하고 경작할 노동력이 필요하게 되면서 아프리카와 미개한 지역의 흑인들을 잡아 미국 땅에 산포한다. 흑인은 백인 주도 세력의 필요에 의해 강제로 이주해 온 것이다. 현재까지도 흑인과 백인 간 경제적 · 문화적 차이가 확연함에도 불구하고 오랜 거주의 역사와 노예로서의 부당한 세월에 대한 응분의 대가로 아무리 인종주의적 백인이라 하더라도 흑인이 당연히 미국 시민이라는 데에 감히 이견을 제시하지는 못한다.

그런데 19세기 말이 되어서야 미국으로 이주해 오기 시작한 아시아계에 대해서는 다른 차별이 적용되고 있다. 법적으로는 틀림없는 시민인 아시아인에 대해서도 온전한 시민으로 받아들여지지 않고 다른 조건과 단서가 따라붙는다. 닐 고탄다Neil T. Gothanda는 아시아인이 시민이 되기 위해서는 법적으로뿐 아니라 문화적으로도 검증을 통과해야 하는 부당한 상황을 "시민권의 무화無化"라고 표현한다(Gothanda, 2001 : 79). 그런 의미에서 데이비드 리David Leiwei Li는 "미국 시민권이 중세 신분 계층 구조로부터 민주국가의 합의 원칙으로 변혁되어 왔다고 통용되고 있음에도 불구하고, 국가의 기원과 실제 문화를 보면 그것과 다른 스토리를 말해준다"고 지적한다(Li, 1998 : 2).

리사 로우Lisa Lowe는 미국이민법을 아시아계에 대한 차별법이라는 관점에서 연구했다. 그녀는 지난 한 세기 반 동안 미국 시민권은 아시아계 이민을 거스르는 법적 · 경제적 문화적인 정의를 내려왔음을 밝힌다. 미국 시민권은 아시아 이민자들을 국가 정치 영역 안으로 마지못해 포함시키면서도 자신들의 본토로 돌아가야 맞을 "모순되고 혼란스럽고 비지적인 성분으로 주변화"시켜 왔다는 것이다(Lowe, 1996 : 4). 아시아계를 이렇게 주변화하여 미국 내의 시민으로 받아들이려 하지 않는 것은 역사적으로 아시아인에 대한 미국 국가의 복합적인 우려가 스며들어가 있기 때문이라 한다. 그렇다면 백인이나 흑인보다 먼저 미국에 이주해 온 것도 아니고 그들처럼 영어가 모국어도 아니어서 자기 주장에 서투르고 신체적으로도 그들보다 건장하지 않은 아시아계에 대해 불안해하는 것은 무엇 때문일까? 경제적인 요인과 국가정체성이라는 두 가지 면에서 아시아인들에 대한 경계와 염려를 살펴볼 수 있다.

근대 미국의 건설과 번영에 중국인, 일본인과 필리핀 이민자들은 경제적으로 중대한 역할을 했다. 1860년대 경부터 아시아계 중 가장 먼저 중국인들이 하와이로 이주하여 기존의 미국인보다 훨씬 저렴한 임금을 받고 하와이 농장에서, 그 다음에는 주로 캘리포니아에서 노동을 담당했다. 농장주들은 지역의 노역을 중국계가 독점하는 것보다는 아시아계 간의 경쟁을 부추겨 임금 인상을 억제하고자 했다. 한 민족의 지나친 팽창을 막기 위한 정책적 차원에서 일본인들의 이주가 허용되었다. 1880년대에서 1920년대까지 일본인 약 20만 명이 하와이로 이주해 왔다. 미국에서 아시아계 이민 노동의 채용은 더 저렴한 노동을 자본주의 경제에 배치하려는 지령에 따른 것이다. 중국계, 일본계와 필리핀계 노동자들이 미국의 농업 경제와 철도 건설에 투입되었고, 그들은 이후 의류업계와 서비스업계의 근간을 쌓아 왔다.

그런데 아시아계 노동자들은 백인 유럽 이민자를 대체하려 위협할 수 있는 '황색 위험'으로 여겨져 백인 국수주의자들의 반발을 사기도 했다. 아시아계 노동력이 너무 커지거나 아시아인들이 자본을 축적하게 될 것을 우려하는 목소리도 높아졌다. 이런 반응에서 아시아계의 세력 확장을 방해하는 인종 차별에 바탕을 둔 여러 차별 제도가 법제화되었다. 아시아계에 대한 경계는 또한 국가정체성 면에서 부각되었다. 미국은 끝없이 펼

쳐진 서부로의 계속된 팽창과 농토와 목초지와 마을을 이루어 가는 국가 건설을 위해 타국에서 온 노동력을 계속 필요로 했다. 미국은 밀려오는 이질적인 '이방인'이 어느새 미국 국민임을 요구하는 혼종성의 상황 앞에서 미국 시민권의 '순수성'을 유지하려고 했다.

이와같이 다양한 인종이 섞이기 시작한 미국에서 자본의 강령과 국가의 강령은 서로 모순을 보였다. 자본의 강령에 따르면, 자본을 창출하는 노동력의 근원이 무엇인가에 대해서는 묻지 말고 노동력을 추상적 노동으로 물신화해야 자본의 극대화를 꾀할 수 있다. 아시아계 이주민에 대한 미국의 용인은 그러한 자본의 흐름을 따른 행위이다. 그런데 국가정체성을 염두에 두는 국가의 강령은 다른 것을 요구한다. 리사 로우가 말하듯이 "국가는 정치 영역에 참여할 한 통합된 문화를 이룰 '추상적 시민'이 필요하며 정확하게 특정 인종과 언어와 문화로 규정된 미국 시민권을 유지하는데 지대한 관심을 갖고 있다" (Lowe, 1996 : 13). 다시 말하면 국가의 강령 안에는 유럽계의 앵글로색슨을 중심으로 한 '이상적 시민'으로 미국 국가를 형성하려는 의식적인 배타적 국가 의지가 작용하고 있었다. 단일한 구성원으로 국가를 상상하는 프로젝트는 미국을 대표하는 구성원으로 앵글로색슨주의를 유지하는 것이다. 여기에 기왕 국가 건립을 위해 오래전에 끌어들인 흑인에 대해서는 그들의 고통과 역경에 대한 대가로 미국 시민권을 '받을 만하다'고 인정해 주고, '너무도 달라' 미국 시민으로 포함할 수 없는 사람들인 아시아계에 대해서는 배척을 공식화한다.

이민법은 아시아계 이민의 모순성을 공식적으로 명명화하기 위한 시도이다. 아시아인들을 미국 내로 받아들여 작업장과 시장 '안에' 위치시키고 인정하면서 언어적 · 문화적으로는 아시아계들을 국가의 '바깥'에 외국인으로 위치시키는 것이다. 이런 면에서 리사 로우는 법이 국가정체성의 보편성을 묶어 주고 인증하는 장치라면, 국가라는 상징체에 대한 변방과 위협의 대상을 법으로 규제하기 위한 이민법은 바로 그 국가의 보편성을 심문하는 장이 될 수 있음을 지적한다. 자본의 경제적 모순과 국가의 정치적 모순을 '해소'하기 위해 아시아인들을 배척하는 대표적인 법들은 다음과 같다. 1882년 중국인 노동자의 유입을 제한한 중국인 배제 법령, 1913년 중국인과 일본인을 겨냥하여 '시민됨에 부적당한' 사람들의 토지 소유 금지법, 인종의 배제를 지역의 배제로 확장시켜 '아시아지역 금지법'을 만든 1917년의 이민법과 실질적으로 모든 아시아인들의 입국을 거부하는 1924년 이민법 등이 있다. 이러한 법률은 중국계, 일본계, 한국계와 같은 국가적 · 민족적 범주를 "영원한 외국인으로 보아 미국에 동화될 수 없다는 인식을 고착시켜" 미국 시민으로는 부적당하다고 분리해 놓은 것이다(Gothanda, 2001 : 80). 일본계 미국인들의 문학에서 매번 등장하는 제2차 세계대전 동안의 일본인 억류 정책은 아시아인들에 대한 배척과 불신을 압축하고 있다. 일본이 하와이 진주만을 공격하자 미국은 전쟁을 선포하며 단 나흘이나 닷새의 말미를 주며 서부 지역에 거주하는 일본인들에게 집과 재산을 처분하고 수용소로 떠날 것을 명령한다. 12만 명의 일본계 미국인들이 수용소에 수감되었다. 그 중 8만 명은 미국 시민권자였고 4만 명은 미성년자였다고 한다. 이러한 일련의 아시아인 배제 법령에는 국가의 속성과 시민권의 제한선에 대한 미국인들의 우려가 극도로 표출되어 있다. 그러므로 이민법은 경제적 필요에서 받아들였으면서도 정치적으로는 시민에서 배제하고 법적으로 참정권을 박탈한 아시아 출신에 대한 배척의 역사이다. 이민법은 시민과 이방인의 구별을 명확하게 하기 위해 법률로 상징적 폭력을 행사하는 국가 독점의 역사이다.

1965년 이민법으로 국가별 이민 수를 제한한 할당제가 폐지되어 아시아인들에 대한 이민의 문호가 넓어진다. 이는 경제적 필요에 맞추어 이민법을 탄력적으로 적용하기로 하면서 생긴 변화이다. 제2차 세계대전 이후

자본의 강령과 미국 국가의 정치적 강령 간에는 모순이 더욱 커진다. 자본의 강령은 노동과 자본을 확장하고 원자재와 소비 시장을 확보하며 국내 긴장의 안전판을 제공하기 위해 경제의 국제화를 필요로 한다. 반면 국가적 강령은 전후 국제 정치 · 경제에서 위상과 협상력을 높이기 위해 강력한 응집력과 대표성을 가진 국가정체성을 요구했다. 1970년대 이래로 제조업이 저임금 노동시장을 찾아 국제적으로 이동함에 따라, 미국 노동력의 비율은 서비스 부문이 증가하고 제조업 부문이 감소했다. 에드워드 장Edward T. Chang은 이러한 경제구조 변화는 최소의 임금을 받고 비기능직의 허드렛일을 시간제로 감당해 줄 인력을 많이 필요하게 만들었고, 미국 시민들이 기피하는 이러한 일을 담당해 줄 노동력 확보를 위해 이민의 문호를 열 필요성이 대두되었음을 지적한다(Chang, 2001 : 434). 몇 가지 전략이 이러한 자본의 강령에 부응하기 위해 사용되었다. 미국 자본은 아시아와 라틴아메리카의 더 싼 임금 지역으로 이동하고 1965년 이민법은 이민을 대폭 개방하여 국내 저임금의 노동 공급을 원활하게 했다. 이 법은 미국에서 필요로 하는 기술을 가진 이민자와, 미국 시민권자의 가까운 친지에게 우선권을 부여했다.

국가는 제도적인 것과 상상적인 것 두 가지로 이루어져 있다. 즉 치안법과 국토 영역을 규정짓는 정치적인 것과 연계나 소속을 규정하는 문화적인 것으로 구성되어 있다. 현재까지도 미국이 아시아계 미국인들을 완전한 미국 시민으로 받아들이고 있지 않다는 의심과 비난을 받는 것은 바로 상상적인 즉 문화적인 측면에서 그렇다. 인종적 · 문명적 · 정치적으로 타자였던 아시아인들이 이제 최소한 법적으로는 '진짜' 시민이 되었고 법적으로 동등한 보호를 받는다. 하지만 아시아계 미국인이 미국의 국가적 상상력을 대표하는 일은 없다. 가장 뒤늦게 미국의 법적 주체로 합병된 아시아계 미국인은 오히려 만인의 평등이라는 국가적 명분과 국가정체성을 대표하는 주도문화의 배타적 요구 사이의 갈등 한가운데 서게 된다. "인종에 대한 완곡 어법인 문화가 국가의 사회적 재정렬을 지속 · 전복할 수 있는 객관적인 정치적 힘이 된" 셈이다(Li, 1998 : 6). 가장 뒤늦게 비로소 시민권자가 된 아시아계 미국인들은 이번에는 문화적인 근거에서 시민권자임을 다시 증명하도록 요구받는다.

이 글은 바로 미국 주도문화 세력의 경계짓기에 의한 아시아계 미국인의 경제적 · 문화적 지위 간의 괴리에 대한 탐구를 목적으로 한다. 이를 위해 다음 2절에서는 어떤 문제적 사안이 생겼을 때 아시아계 미국인의 시각과 미국 주류문화의 시각은 똑같은 사안에 대해 매우 다른 이야기를 하고 있음을 고찰하려 한다. 두 입장의 시각 차이는 아시아인 특히 태평양 연안의 아시아 국가들을 지칭하는 모범 소수민족 담론에 대해 아시아계 미국인 학자와, 미국 주류 학자 간의 시각 차이에서 현격히 드러난다. 또한 1992년 L.A. 폭동에 대해 한국계 미국인이 파악하는 당시의 상황과 문제점 인식이 미국 주류사회 쪽의 학자가 보는 시각과 중대한 차이가 있음을 살펴보려 한다. 3절에서는 구체적인 작품으로 이창래의 『네이티브 스피커』를 통해 한국계 미국인의 시각과 미국 주류사회의 시각 차이와 경계짓기를 점검하고자 한다. 한국계 미국인으로 뉴욕 시장 후보로 거론되는 존 강이라는 인물이 품은 원대한 이상과 노력과 좌초를 통해 미국 주류사회와 국가의 오해와 배척을 살펴보고자 한다.

2. 모범 소수민족과 L.A. 폭동: 아시아계 이민자와 미국 주도 세력의 시각 차이

1965년 이민법에 의해 아시아계 이민자의 수가 증가하고 성실한 고학력 출신의 아시아계 이민자들은 미국에 이주하여 온갖 궂은 육체 노동을 통해 일가를 이루기 시작한다. 여타 소수민족계보다 아시아계들 특히 중국, 일본, 한국계와 같은 태평양 연안의 아시아계 출신의 성공적인 정착이 두드러졌다. 특히 1990년대 이후로는 미국의 유명 대학들에 이들 지역 출신 학생들이 유달리 높은 입학률과 성취도를 보여 주는 것으로 알려지면서 '모범 소수민족Model Minority'이라는 칭호가 널리 유통되었다. 모범 소수민족이라는 호칭은 단순하게는 아시아계 사람들이 미국에서 일궈낸 경제적 · 교육적 성취에 대한 칭찬과 인정이라는 긍정적인 평가를 담고 있다. 이러한 긍정적 의미가 들어 있는 것이 사실이면서도 아시아계들은 오랜 경험을 통해 그런 칭찬이 사실은 미국 주도 세력이 아시아계에 대해 어떤 한정선을 그어놓는 경계짓기는 아닌가라는 의구심을 갖는다. 미국 사회 내에 엄연히 존재하는 아시아계에 대한 차별을 덮으려는 의도가 숨어 있는 것은 아닌지, 아시아 몇 나라에 대한 이러한 당근책이 다른 소수민족에게 채찍이 되는 것은 아닌가라는 의구심을 갖는다.

이런 회의적 시각은 자신의 경험에 바탕을 둔 아시아계 출신의 학자들이나 아시아계에 대해 미국 주도 세력과 다른 관점을 견지한 학자들이 가지고 있다. 반면 미국의 주류문화 입장에 선 대다수의 보수 학자들은 모범 소수민족이라는 담론에 대해 그 숨은 의도 내지 오랜 세월 침윤되어 온 문화적 의미 같은 것에 대해 그다지 의심을 갖고 있지 않다. 오히려 모범 소수민족이라는 단순한 표현에서 아시아계 학자들이 너무 속뜻을 찾는 사시적인 시각을 갖고 있는 것이 아닌가라고 생각한다. 그래서 미국 주도문화 세력 즉 비非히스패닉 백인 미국인에게 실시하는 객관적인 설문조사를 통해 그러한 주장의 타당성/비타당성을 증명해 보일 수 있다고 생각한다. 모범 소수민족 담론의 부정적 여파에 대해 의견을 제시하는 학자와 주류사회에서 그러한 주장을 점검해 보는 입장을 비교해 보면 두 입장의 현격한 시각 차이를 실감하게 된다.

로우는 20세기 후반 아시아 국가들의 경제적 부흥이 부각되면서 아시아인들에 대한 미국인들의 뿌리깊은 염려가 다시 고개를 들기 시작했음을 지적한다. 그녀는 "떼거지로 침범해 들어오는 무리들, 믿어서는 안 되는 유혹적인 여자, 굽실거리면서 뒤통수치는 부하, 미국적 독창성을 훼손하는 기계적 효율성의 자동 인간"과 같은, 아시아계 이민자에 대한 끊임없이 되풀이되는 스테레오타입이 현재까지도 지속됨을 언급한다(Lowe, 1996 : 18). 아시아 출신 이민자들은 20세기 중반까지는 배타적으로 제외시켜야 할 황색 위험으로, 20세기 후반부터는 추켜 세워 주며 길들일 필요가 있는 모범 소수민족으로 유형화되었다. 즉 성공적인 아시아계에 대한 모범 소수민족이라는 유형화는 현재도 믿지 못하고 위험스러운 존재이긴 하나 현실적으로 미국 내에 받아들일 수밖에 없는 현실성을 인정한 일종의 당근책으로서의 유형화로 보는 것이다.

데이비드 리의 모범 소수민족에 대한 분석은 이보다 더 나아가 그 담론이 미국 문화 내의 인종에 대한 미묘한 양가적 태도를 반영하고 있다고 본다. 리는 모범 소수민족 담론은 아시아계 미국인들을 유럽적 동화의 서사에 포함시켜 두 가지 기능을 하도록 만든다고 본다. 첫째, 이 담론은 다른 유색 소수인종들이 활용하지 못한 미국 민주주의의 약속의 타당성을 확인해 주는 기능을 하고, 둘째, 이 담론은 백인과 유색 인종 간의 시민권의 차별화를 덮어 주며 능력 위주의 사회라는 신보수주의 이론을 뒷받침해 주는 기능을 한다는 것이다. 리는 신보수주의의 대표자로 로널드 레이건을 들며 그의 연설을 통해 "아시아인들이 미국의 반석이 되는 가치(신앙, 공동체 정신, 책임)들을 공유함에 경탄하면서도 '당신의' 가치관과 '당신의' 노력이 '우리' 미국인의 시스템에 필요하다"(Li, 1998 : 9)고 말하고 있음을 지적한다. 그래서 리는 과거에 아시아계를 보던 '황색 위험'과 현재의 몇몇 우수한 동화同化의 능력을 보여 주는 민족계를 모범이라고 칭하는 '모범 소수민족' 사이에는 근본적인 연속성이 있다고 본다. 즉 황색 위험이라는 소외의 담론은 아시아계들을 융합할 수 없는 존재로 구조화하는 반면, 모범 소수민족이라는 앱젝션abjection 담론은 아시아계들을 동화 가능한 존재로 법적으로 위치시키면서도 동시에 아시아계들을 근본적으로 미국 바깥에, 즉 문화적으로는 완전한 시민이 아닌 존재로 계속 놓고 있기 때문이다. 그는 아시아인들은 동화될 수는 있지만 중심/동일함에는 속할 수 없고 오직 그것에의 근접성으로만 측정된다고 말한다. "동화될 수 있는 아시아인들은 자신들의 '비진품성'과 비적법성을 인정하는 한에서 주류사회를 복사 내지 모방하는 게 환영을 받는다"고 한다(Li, 1998 : 10). 그러므로 리는 모범 소수민족으로 미국 내부에 아시아인들을 위치시켜 놓은 것은 지배사회의 이중적 전략이라고 말한다. 아시아계를 백인이 지명한 모델로 추켜 줌으로써 다른 소수민족과 떼어놓는다. 그러면서도 동시에 아시아계를 자신들의 '마이너'라 부름으로써 소위 '진짜 국민'으로부터 그들을 구별지어 차별시키기 때문이다.

미란다 맥고완Miranda Oshige McGowan과 제임스 린드그렌James Lindgren은 공동 논문에서 모범 소수민족 유형화를 둘러싼 이와 같은 아시아계 학자의 우려가 사실에 맞는 것인지를 점검한다. 두 학자는 먼저 모범 소수민족에 대해 긍정적인 견해를 가진 미국 주도 세력 즉 비히스패닉 백인 미국인이 정말로 아시아계 미국인에 대한 적대감이나 우호적이지 않은 견해를 마음속에 숨기고 있는 것인지를 밝히고자 한다. 아시아계 학자들이 생각하듯이 미국 주류사회에 의한 모범 소수민족 유형화가 실제 아시아계 미국인에 대한 백인들의 비우호감을 감추고 있는 것이라면, 모범 소수민족이라는 유형화를 믿고 사용하는 백인들은 반이민 정책을 동조한다는 것인데 실제 그러한지를 조사하고자 한다. 또한 그러한 백인들은 소수

민족에 대한 정부의 지원에 반대하는 입장을 가지고 있어야 할 텐데 실제 그러한지 등을 조사한다. 또 모범 소수민족 유형화는 아시아계들이 미국 내에서 받는 불평등한 부당한 처우를 과소 평가하거나 보이지 않게 하는 역할을 한다고 아시아계들은 생각하는데 주류사회에 대한 설문조사를 통해 아시아계의 처우에 어떻게 생각하는지에 대해서도 조사한다.

미국의 주류사회적인 입장에 선 맥고완과 린드그렌은 이 점검을 위해 국가에서 실시한 1990년, 1994년 2000년의 '국민의식 구조조사'를 살펴본다. 그러나 미국인은 인종 문제에 관한 한, 설문조사에서 진심을 말하지 않는다는 것이 공공연한 사실인데 두 학자는 그 결과를 가지고 액면 그대로 단정적 결과를 내놓는다. 즉 모범 소수민족 유형화에 긍정하는 미국 주류사회인들이 아시아계나 이민자에 대해 적대감을 숨기고 있다거나, 이민정책에 반대한다거나 아시아계나 소수민족에 대한 우대책에 대해 적대적이라는 연관성을 전혀 발견하지 못했다고 정리한다. 전체적으로 볼 때 더 많은 수의 백인 미국인들이 모범 소수민족 유형에 대해 일단 긍정적인 견해를 가지고 있고 반면 상당수는 아시아계에 대해 부정적인 견해를 보여 주기도 했다고 한다. 연구의 중점 대상인 전자의 사람들이 아시아계 학자들이 주장하듯이 겉으로는 우호적이면서 속으로는 '불순한' 의도를 가지고 있다는 연관성을 결국 찾아내지 못했다는 것이다. 다만 아시아계 학자들이 모범 소수민족 담론에 대해 표명한 우려 중 단 한 가지만 타당성이 있어 보인다고 두 공동 저자는 결론지었다. 아시아계들이 근면하고 학업 성취도가 좋다며 긍정적인 견해를 갖고 있는 주도문화 사람들은 직업이나 주거에서 아시아계 미국인들에 대한 미국 내의 차별이 거의 없다고 '편안히' 믿는 경향을 보여 주었다고 한다(McGowan & Lindgren, 2006 : 333). 그 두 가지 사이에 어떤 강한 연관 관계가 있는 것은 아니지만 모범 소수민족이라는 생각을 갖고 있는 주류사회인에게서 아시아인들에 대한 사회 차별이 별로 없다고 편안히 믿는 경향을 보여 준다는 정도의 결과만 나왔다는 것이다.

이와같이 주도문화 세력 속에 오랜 역사와 이해 관계 속에서 만성적으로 스며들어 있는 의식을 명확한 가설과 설문조사로 입증할 수 있다고 믿는 두 학자는 모범 소수민족 유형화의 문제점을 다음과 같은 정도에서만 인정한다. 이 유형화는 사람이 인종집단에 의해 정렬될 수 있다는 전제를 포함하며, 그럼으로써 인종을 사람들 사이의 우선적 구분으로뿐 아니라 개인의 중요한 특징으로 만든다는 점에서 경계해야 한다는 것이다. "모델이나 일반화는 필연적으로 환원주의이다. 그러나 세상에 대한 일반화는 어떤 모델을 세워 학문의 형태를 만들기 위해 필요하다. 해로운 유형화와 유용한 일반화 간의 구분선은 매우 포착하기 어렵다"고 결론내린다(McGowan & Lindgren, 2006 : 376). 법적으로뿐 아니라 사회적 · 문화적으로도 동등한 권리를 온전히 받기 위한 소수민족계의 투쟁에서 나온 모범 소수민족에 대한 비판을 다른 여타의 유형화나 모델의 문제점 정도로 환원적 일반화를 해버리는 것이다. 법상으로는 시민이면서도 사회적 능력이라는 주관적인 규제 기제에 의해 '비열한' 존재로 주변화되는 구조가 모범 소수민족에 내포되어 있는데 이는 주도 세력 학자들의 단순 명료한 분석으로 입증될 수 있는 게 아니다. 역사적으로 침윤된 인식론적 구조와 감정의 구조에 뿌리를 두고 있기 때문이다. 그만큼 아시아계 이민자와 미국 주도 세력 간에 생각의 간극을 메우기가 요원하다고 보여진다.

아시아계 특히 한국계 학자와 미국 주도문화에 속하는 학자 간의 현격한 시각 차이는 1992년 로스앤젤레스 폭동에 대한 쌍방의 주장에서 극화된다. 타마라 노퍼Tamara K. Nopper는 2006년에 쓴 글에서 L.A. 폭동에 대한 한국계 학자들의 글을, 특히 수미 조Sumi K. Cho와 일레인 김Elaine H. Kim과 에드워드 장Edward T. Chang의 글을 토대로 비판을 하는 과정 중 미국 주도문화 세력의 시각을 분명히 드러낸다. 이 논문은 노퍼의 글을 요약해 가면서 위의 세 한국계 학자의 원본 글을 통해 노퍼의 글이 어디까지는 타당하고, 어떤 핵심적인 면에서는 주도 세력의 오만함에서 나온 오독을 하여 한국계를 그릇되게 비판하는지를 살펴보고자 한다.

노퍼는 "아시아계 미국인이 쓴 인종 문제에 대한 글에서 1992년 L.A. 폭동에 대한 언급이 없는 경우는 드물다"고 말한다(Nopper, 2006 : 73). 그만큼 그 사건은 인종 문제의 핵심을 압축적으로 담고 있기 때문이다. 노퍼는 아시아계 특히 한국계 학자들의 서사는 유기遺棄의 서사라는 특징을 갖고 있다고 지적한다. 흑인 로드니 킹Rodney King을 구타한 백인 경찰들이 석방된 뒤 분노한 흑인들과 히스패닉계들이 인근의 코리아 타운에서 방화와 약탈을 하는 사흘 동안 경찰은 피해자가 미국 내의 약자인 아시아계이므로 방관하고 내버려 두었다고 주장하는 일련의 유기의 서사라는 것이다. 그는 그들이 재산상 손해를 보았고 국가가 이를 막기 위해 좀 더 효율적으로 경찰력을 움직일 수 있었을 것이라는 주장이 사실이라 하더라도 이 유기의 서사는 단순한 사실 묘사라기보다는 더 큰 정치적 목적에 기여한다고 본다. 다시 말하면 노퍼는 한국계 학자들은 피해자가 아시아인이어서 국가가 폭동 동안 거의 방치해 두었다는 논리로 L.A. 폭동을 봄으로써, 오히려 아시아계의 권리를 옹호하는 단체들이 이 서사를 이용하려는 정치적 의도가 다분히 있다고 보는 것이다. 또 한국계 학자들의 유기의 서사는 왜 국가가 L.A. 폭동 당시에 그렇게 반응해야만 했는지를 보지 못하는 문제점과 한국계들은 마치 흑백 인종 갈등 구조에서 아무 상관없는 자신들이 애꿎게 갈등 속에 끼여 들어간 것으로 보는 그릇된 시각이 들어 있다고 비판한다.

일단 노퍼는 폭동 동안 경찰이 발발 지점인 코리아 타운을 의도적으로 방치했음은 인정한다. 그렇지만 그것이 아시아계나 한국계여서 방치해 둔

게 아니고 어느 인종이나 민족이었더라도 경찰 작전은 그렇게 진행되었을 것이라고 한다. "코리아 타운이 폭동자를 봉쇄하기 위한 경찰 작전에서 담보로 내놓은 피해 지역으로서의 역할을 했음은 맞는 말이다" (Nopper, 2006 : 85). 국가 대응은 개인 재산을 보호하는 것보다는 폭력과 파괴를 퍼붓는 것으로 대표되는 '암흑'이 퍼지는 것을 억제하는 데에 초점이 주어지기 때문이라고 말한다. 과연 이러한 설명이 피해 당사자에게 이해를 구하는 말일 수 있을까? 또한 백인 주류사회에서 폭동이 발발했더라도 피해를 입을 것을 감수하는 담보물로 백인 거주 지역을 경찰이 내주었을까라는 질문에는 당연히 부정적인 답변이 나온다.

수미 조는 약탈과 방화가 시작되었을 때 구조 신고 전화에 경찰이 계속 반응을 보이지 않은 것은 부유한 백인 사회의 안전을 확보하기 위해 코리아 타운을 의도적으로 희생시킨 것으로 본다. 의도적으로 희생시켰다고 보는 점에서는 노퍼와 같으나 노퍼는 이는 국가가 으레 취하는 경찰력의 운영 방식일 따름이라는 것이고 수미 조는 "백인 지배나 안전이 위협을 받으면 모범 소수민족은 손쉽게 잊혀지고 방치됨"을 여실히 보여 준 것으로 본다(Cho, 1993 : 202). 일레인 김의 L.A. 폭동에 대한 분석의 글은 수미 조와 같은 시각이면서도 그 차분한 어조와 경각심을 환기시키는 설득력으로 공정성을 확보한다. "29일과 30일에 그들이 경험한 것은 1990년대에 한인들이 '미국인이 된다는 것'은 진정 무엇을 의미하는지에 대해 찬물을 끼얹은 경험이었다" (Kim, 1993 : 219). 일레인 김은 L.A. 폭동을 가난하고 참정권이 없는 사람과 눈에 보이지 않는 부자 간의 싸움으로 본다. 그녀는 가난과 차별을 당하던 아프리카계 미국인의 불만이 폭동으로 터져 나올 때 미국 뉴스 매체는 교묘하게 한인과 흑인 간의 갈등을 집중 부각시킴으로써 그들을 압제한 백인 주류사회로 가야 할 화살을 한인에게로 돌려 코리아 타운을 전쟁터로 내놓은 것으로 본다. 『뉴스위크』에 기고를 의뢰받았을 때 그녀는 뉴스 매체가 미국 내의 뿌리 깊은 인종 폭력으로부터 사람들의 관심을 돌려놓기 위해 한국계 미국인과 아프리카계 미국인 간의 긴장을 이용했다는 취지의 글을 썼다. 그 기사가 나간 후 그녀를 비난하는 글이 사무실과 집으로 쇄도했고 이미 60년 전에 조상이 미국으로 이민 왔고 미국에서 태어난 자신에게 미국에 대해 감사와 칭송이 아닌 다른 말을 한데 대해 "네 나라로 돌아가라"는 독설이 퍼부어졌음을 그녀는 적고 있다.

에드워드 장의 글은 노퍼의 두 번째 비판, 즉 아시아계는 자신들을 미국의 인종 문제와는 아무 관련 없는 아웃사이더처럼 생각한다는 주장에 대해 좋은 반론이 될 수 있다. 에드워드 장은 L.A. 폭동이 일어난 배경을 인구구조의 변동과 노동시장의 열악한 변동면에서 객관적으로 분석한다. 로스앤젤레스의 남부 중심지는 예전에는 흑인 인구가 90% 이상을 차지한 지역이었다. 1990년대에 들어서면서 소수의 흑인과 대다수의 라틴계와 아시아계로 인구구조가 변모되자 외곽으로 밀려난 흑인들의 피해 의식이 심화되었다고 한다(Chang, 2001 : 432). 또한 저렴한 노동력을 찾아 생산 공장이 해외로 이탈하면서 미국 내에 실직자가 속출하고 노동시장은 고학력의 하이테크 산업과 저임금의 열악한 시간제 노동으로 이분화되었다. 특히 흑인들은 후자의 열악한 노동 형태에 몰리게 되면서 불만과 분노가 고조되고 결국 "L.A. 폭동은 사실 도움을 구하는 외침이었다"고 본다. 장은 1965년의 흑인 폭동에서는 유대인이 그 표적이었듯이 1992년에는 계급 갈등을 현저히 의식되게 하는 인근의 가게 주인들인 한국계에게 분노가 표출되었다고 본다. 장은 이렇게 L.A. 폭동을 그 지역의 인구적 · 경제적 변동에 따른 역사적으로 지속되어 온 계급 갈등의 표출로 분석한다.

이러한 분석은 노퍼가 말하듯 흑인과 백인 간의 갈등에서 빠져 아무런 책임 없는 아웃사이더의 피해 의식적 시각이라고는 전혀 보이지 않는다.

무책임한 아웃사이더인 듯이 행동한다는 비난을 피해자에게 돌리기 이전에 아시아계를 얼마나 이중적으로 미국 주류사회가 경계짓고 있는지를 여실히 보여 준 사건으로 L.A. 폭동을 올바르게 평가해야 할 것이다. L.A. 폭동은 필요한 때에는 모범 소수민족으로 치켜 세우며 다른 소수민족과 경계짓다가 주도 세력이 위협받는 순간에는 담보로 희생시킬 수 있는 경계의 시민으로 아시아계를 대한 사건이기 때문이다. L.A. 폭동과 같은 명약관화한 사건에 대해서도 아시아계의 시각을 의도적으로 오독하여 주류사회의 변함없는 입장을 지속적으로 유포하는 데에서 격차의 심연을 확인하게 되며 대처의 어려움을 실감한다.

3. 이창래의 『네이티브 스피커』: 한국계 정치인과 미국 주도문화 사회의 견제

아시아계 또는 한국계 미국인과 미국 주류사회의 시각의 간극을 보여주기 위해 살펴보았던 모범 소수민족 유형과 L.A. 폭동은 이창래의 『네이티브 스티커』에서 중요한 인물의 모습과 시대 배경으로 등장한다. 주인공 헨리의 아버지인 1세대 이민자의 경제적 성공과 사회적 폐쇄성에서 모범 소수민족의 모습과 한계가 부각된다. 작품의 배경인 뉴욕에서 아프리카계 미국인을 중심으로 한인 야채가게에 대한 보이콧 운동과 L.A. 폭동에 대한 언급이 중첩된다. 또한 1993년 중국 밀항선인 '골든 벤처'가 약 3백여 명의 불법 이민자를 태우고 뉴욕의 부둣가에서 침몰하자 미국 정부가 추방과 감금의 혹독한 처리를 했던 사건도 언급되어 서론에서 살핀 이민과 불법 체류자에 대한 미국의 태도가 작품의 기저를 형성한다. 바로 이러한 이민자나 불법 체류자를 미국 시민으로 대표하고자 하는 야심을 가진 한국계 1세대 정치가 존 강의 이상과 좌초는 배타적인 미국 시민권 개념과 아시아계 정치인에 대한 국가의 밀탐과 제거의 공작 정치를 보여 준다. 사회경제적 사다리가 아니라 정치적 사다리를 오르는 존 강의 드라마는 소수민족계의 무참한 제한 구역을 드러내 보여 준다. 아시아계 정치인이 주도문화 세력이 허용한 경계를 넘어서려 할 때 어떤 죄명을 씌워 국가는 미국 주류사회가 그에게서 철저히 등을 돌리도록 만드는지를 볼 수 있다. 이러한 점에 초점을 두어 『네이티브 스티커』를 통해 이민의 확산과 미국 주도문화 세력의 경계짓기를 살펴보고자 한다.

헨리의 아버지의 인생 이야기는 아시아계 모범 소수민족 유형의 전형이다. 미국에 단돈 몇 달러와 영어 몇 마디만 안 채 미국에 도착하여 그는 온갖 육체 노동을 다한다. 고국에서 명문 대학 출신이라는 게 미국에 와서는 아무런 소용이 없는 상황에서 그는 "미국의 유명한 게토 지역에서 25년 동안 야채장수로서 자신을 몰아붙이는 일편단심의 노력"(Lee, 1995 : 49)을 한다. 그렇게 고된 강도와 장시간의 노동으로 점철된 삶을 산 결과 그는 뉴욕 시에 몇 개의 야채가게를 소유한 사장이 된다. 이제 경제적으로는 미국의 주류사회 지역에 주택을 구입할 정도가 되었으나 미국 내에서 주입한 아시아계 이민자에 대한 열등 의식이 몸에 배어 마치 자기 존재를 송구스러워하듯이 백인 이웃을 대하는 모습을 보여 준다. 아버지를 냉소적으로 바라보는 헨리는 백인 이웃들과 자신의 가족 관계를 다음과 같이 묘사한다. "WASP과 유대인들과 담을 맞대고 있는 조용한 파트너인 우리는 마치 우리의 모든 일은 항상 아무 문제없이 이루어지고 있다는 듯이 미소 외에는 그들을 거슬리게 한 적이 없고 마치 어떤 것도 우리로 하여금 분노나 슬픔의 감정을 터트리게 할 수 없다는 듯 완벽한 예의 범절의 허울로 감싸고 있었다"(Lee, 1995 : 52).

백인에게는 예의와 관용의 태도만을 보여 주는 '제스처 인생'을 살면서 흑인에게는 절대 손해보지 않으려는 태도가 매일 반복되는 흑인 손님과의 물건값 실랑이에서 보여진다. 아버지는 흑인에 대해 "아무런 느낌이 없었다. 연민도 전혀 없었다. 그에게 검은 얼굴은 불편함이나 문젯거리 또는 죽음의 위협을 의미했다. 그는 자신의 품위 기준에 맞는 흑인을 만나 본 적이 없다"고 생각했다. 모범 소수민족이라는 유형화는 단순한 칭찬의 의미가 일차적이지만 미국의 주류사회가 용인하는 소수민족과 용인하지 않는 소수민족을 구분하여 후자에게 불이익을 주거나 소수민족 간의 분리를 염두에 두거나 부추기는 호칭임을 앞에서 살펴보았다. 헨리의 아버지의 모습은 모범 소수민족이라 부르는 유형화를 반성적 태도 없이 받아들여 백인 사회의 인종 차별 태도를 그대로 답습하여 마치 자신은 주류사회에 들어간 양 가난하고 범죄율 높은 흑인 사회를 적대시하는 경향을 보여 준다. 이 책에는 곳곳에 L.A. 폭동을 연상시키는 "흑인에게는 총을 쏘고 우리의 가게와 사무실이 불에 타 바닥에 나뒹구는 것을 지켜만 보고"(Lee, 1995 : 52)와 같은 문구들이 삽입되어 있다. 이창래Chang-Rae Lee는 작품을 구상하고 있을 당시에 일어난 L.A. 폭동을 작품 저변의 배경으로 하면서 어떤 한국계에게서 보이는 흑인에 대한 차별이나 물질적 성공에의 몰두나 주변에 대한 무관심 같은 근시안적 의식이 폭동을 초래한 한 요인은 아니었는지를 상당히 공정하게 그려낸다.

동시에 법적으로만이 아니라 문화적 능력을 온전한 시민의 조건으로 사회가 요구하므로 이민자들이 문화적으로 또다시 자신이 시민임을 정당화해야 하는 부당성을 보여 준다. 미국 시민으로서 인정받으며 사회생활에 참여하기 위해서는 언어와 문화의 습득이 요구되는데 이러한 문화적 소통 능력이 부족한 이민자들의 생활 반경은 지독히 협소해질 수밖에 없다. 헨리의 아버지는 경제적으로 성공했음에도 뉴욕 사회 속에 전혀 소속되어 참여하지 못하고 매일 밤 혼자 텔레비전을 보며 한국말로 중얼거리는 고립된 삶에 갇힌다. 1990년대 초반에 뉴욕에서 아프리카계를 중심으로 한국인 야채가게에 대한 보이콧 운동에서도 자신의 주장을 영어로 잘 표현하지 못하는 한인들이 더욱 궁지에 몰리게 됨을 보여 준다. L.A. 폭동 당시 뉴스 매체에서 한국인의 시각은 환기되지 않았듯이, 다음 장면은 뉴스 매체가 문화적 능력이 부족한 한국계에 대해 부정적 이미지와 임의적인 재단을 조장하고 있음을 보여 준다.

> 가장 확연히 내 눈에 띈 것은 그들이 한국계를 마음대로 취한 모습이다. 한 기자는 앞치마를 두른 야채 상인이나 자기 가게 문 앞에 서 있는 여자를 코너에 몰고 취재를 했다. 그들 둘 다 찡그린 얼굴에 지쳐보였다. 조명은 너무 거칠었다. 한국인들은 거기에 서서 불편하게 어색한 영어로 어려운 개념을 설명하려고 애를 쓰고 있었다. 뉴스 기사 속에 한 컷으로 처리되어 어눌하게 소리를 내는 그들은 항상 무식하고 무정하게 나왔다. 마치 인간 담벽처럼.

한국계를 비롯한 아시아계 이민자들이 매일매일 생존을 위해 몰두하는 동안 그들에게는 미국 생활에서 목소리가 없었고 정치적 존재가 부재했다. 돈 나카니시Don T. Nakanishi는 1994년 통계를 들어 미국에서 18세 이상 성년 중 아시아계의 비시민 비율이 55%로 가장 높고, 라틴계는 44%, 아프리카계 미국인은 5%, 비히스패닉 백인은 2%만이 시민이 아니라고 한다(Nakanishi, 2001 : 110). 특히 뉴욕에 사는 18세 이상의 아시아계 중 73%가 미국 시민권이 없는 것으로 집계되었다. 시민권을 가진 사람의 선거 등록률도 백인의 경우 약 90%라면 아시아계는 50%가 조금 넘는 수치로 아시아계의 정치 참여는 어느 유색 인종보다 미미하여 그만큼 국가 정책의 우선순위에서 제일 밀리게 된다. 이민자들이 거주국에 완전히 참여하고 통합되기까지 가장 복잡하고 오랜 시일이 걸리는 학습 경험이 미국 선거 정치에 참여하고 정치적으로 문화 변용하는 것임을 감안할 때 이 통계 수치는 미국에서의 아시아계 입지가 가장 미약함을 보여 준다.

이러한 아시아계의 미미한 정치적 입지를 고려해 볼 때 『네이티브 스피커』에서 한국계 미국인 1세로 미국 시의원이며 뉴욕 시장의 후보자인 존 강이라는 정치적 인물이 작품에 등장한 것은 가히 의미심장하다. 여태껏 아시아계 미국 문학은 미국 사회에서 정체성 문제나 세대 간 갈등, 고국과 거주국 간의 비교문화적인 접근에 머물렀던 반면, 이 소설은 한국계 문학으로서는, 아니 아마도 아시아계 문학으로서도 거의 처음으로 국가 정치 세계를 소설의 주제로 붙든 것이다. 존 강은 한국계 미국인만을 대표하는 단지 또 하나의 에스닉 정치가가 되려는 게 아니다. 그는 이민율이 높은 지역의 시의원으로서 현재 자신의 존재가 대변되지 못하는 갓 이민 온 사람들을 대표하여 "그들을 전리품이나 억압당한 자로서가 아니라 뉴욕 시의 살아 있는 목소리"(Lee, 1995 : 304)가 되게 만들려는 거대한 포부를 가지고 있다.

존 강을 지지하는 민족은 한국계, 중국계뿐 아니라 카리브 해의 흑인이나 세계 곳곳에서 갓 이민 온 사람들이다. 반면 이미 미국 사회에서 양 산맥을 형성하는 아프리카계 흑인이나 백인은 그를 탐탁지 않게 생각한다. 직업군으로도 상인들이나 노동조합에 소속된 고용인은 그다지 존 강에게 관심을 보이지 않는다. 반면 운전수나 음식점 종업원, 봉제사, 그리고 배달부와 같은 비정규직이나 시간제 노동자들이 그들의 때묻은 "니클과 다임으로"(Lee, 1995 : 142) 그를 지지한다. 뉴욕의 택시운전수를 노린 연쇄강도사건 뉴스 보도를 통해 갓 이주한 이민자나 불법 체류자의 역경이 택시운전수로 대표되어 시사된다. 택시기사는 열악한 고용 조건이어서 미국 시민들이 기피하는 직업인만큼 수시로 채용 가능하고 영어를 모르는 사람도 도로의 표지판을 식별할 수만 있으면 가능하므로 처음 미국에 온 사람들이 흔히 도전하는 직업이다. 택시기사들이 강도로 돌변한 손님에게 살해당하는 사건이 수시로 일어났지만 연쇄 사건을 이룰 만큼 터지지 않는 한 뉴스거리도 되지 않는다. 그 이유를 화자 헨리는 "운전수라는 한 집단을 대표해서 말해 줄 사람이 없기 때문이며" 여러 저개발 국가에서 이제 막 온 그들은 "서로를 너무나 다른"(Lee, 1995 : 246) 사람들로만 인식하기 때문이라고 적시한다. 그들은 민족적 차이라는 변수 밑의 이주자들의 공통 분모인 거주국에서의 존재의 비가시성과 대표성의 부재라는 공통 분모를 알아보지 못한다.

한국계 미국인 1세라는 열악한 태생 한계를 가진 존 강을 현재 언론이 가장 유망한 차기 뉴욕 시장 후보로 인정해 주게 되기까지에는 그의 능력과 더불어 미국 인종 구조에 대한 그의 치밀한 정치력이 작용했다. 존 강은 아시아계에 비해 경제력은 약하나 정치력은 훨씬 확고한 흑인계의 지지를 받지는 못하더라도 흑인계와 적대적이 되어서는 안 됨을 잘 인식하고 있다. 다니엘 김Daniel Y. Kim은 소수민족 정치가가 '진짜' 정치가로 받아들여지기 위해 소지해야 하는 속성이 무엇인지를 보여 준다는 점에서 존 강의 정치 드라마가 흥미로움을 언급한다(Kim, 2004 : 235). 존 강뿐만이 아니라 저자인 이창래도 이 소설에서 흑인과의 관계 제시에 매우 조심스럽다. 존 강은 미국 주도 세력인 백인이나 흑인의 적대감을 자극해서는 절대 정치인으로 성공할 수 없기 때문에 신중하고, 이창래는 자신의 독자층이 일차적으로는 미국 국민이므로 그러할 것이다. 두 사람이 인종 관계에 대해 조심한다는 의미는 의도적으로 낙관적이거나 순응적이라는 의미라기보다는 현실적인 신중한 처신, 그래서 객관적이기도 한 그러한 처신으로 보인다. 존 강은 흑인과 한국계가 함께 모여 있는 곳에서 연설을 하면서 각각 노예 역사와 식민 역사를 통한 공통된 아픔을 기반으로 연계해야 할 필요성을 강조한다. 이창래는 L.A. 폭동과 같은 흑인과 한국계 간 갈등의 폭발적 성격을 익히 알고서 이 문제에 대한 현명한 정치적 접근이 존 강의 정치 인생의 성패에 중대 요소임을 제시한다. 앞서 살핀 일레인 김은 L.A. 폭동을 부분적으로는 한국계에 대한 흑인의 피해 의식에서 나온 분노의 표출로 보며 상당히 직접적으로 흑인도 비판한다. 반면 이창래는 헨리의 아버지를 통해 목전의 경제적 이득에만 몰두하고 흑인을 무시하는 태도를 보여 줌으로써 상당수 한인들의 문제점도 제시한다. 동시에 한인계의 야채가게에 대한 흑인의 보이콧 운동에서 어느 쪽을 편드는 말을 해서는 안 되는 존 강의 어려운 입지를 충분히 보여 주면서 동양계 소수민족 정치인이 국가적인 정치인의 입지를 점하기가 얼마나 어려운지를 시사한다.

존 강의 취약점이 인종에 있음을 본능적으로 파악하는 그의 정적은 사안을 인종에로 집결한다. 재선을 노리는 현 뉴욕 시장 드 루즈는 "어떻게 게임을 에스닉 도전자에게 불리하게 흐르도록 만드는지를 잘 알고 있다. 그를 주변화시키고 고립시키고 그의 열정을 인정해 주면서도 그 열정에 급진적인 색채를 입혀서 열광적 행동이라 이름을 붙인다"(Lee, 1995 : 36). 리암 콜리Liam Corley는 드 루즈 뉴욕 시장의 인종 차별적 성향과 이주민에 반대하는 토민 보호주의정책 성향을 들어 그가 1994년에 뉴욕 시장이 된 루돌프 줄리아니Rudolph W. L. Giuliani III를 반영하는 것으로 설명한다. 줄리아니가 뉴욕 시장이 된 1990년대는 신자유주의 지구화의 추한 문화정치적 양상이 팽배한 시대이다. "줄리아니 시대는 인종적으로 표가 나는 이민자들을 공격하는 폭력의 공공 담론이 폭발하던 시대이며 백인과 중산 계급 이해관계를 대변해서 자신들의 세계와 권력을 훔쳐가는 사람들을 공격하는 반응을 대표하는 시대이다"(Corley, 2004 : 66). 이러한 인종 차별과 이민 배척의 시대적 분위기는 밀입국 화물선인 '골든 벤처'에 대한 보도 뉴스를 통해 전경화된다.

남루한 화물선에 짐짝처럼 구겨져 수용된 3백여 명의 중국인 밀입국자들이 뉴욕 선착장을 눈앞에 두고 난파해 버린 배에서 튕겨 나와 익사하고 잡혀 가는 모습은 추악한 "아시아인 인간 화물"로 보였다(Lee, 2004 : 348). 추악한 만큼 염치도 모르고 쳐들어 올 것 같은 아시아인의 침입에 미국 주도문화 세력은 새삼 황색 공포에 휩싸인다. 이러한 분위기를 이용하여 드 루즈 뉴욕 시장은 존 강에게 인종 색채를 입혀 추락시키려 하고 연방정부기관 INS는 소수민족 정치인인 존 강을 감시하여 지지층의 인적 사항을 빼돌려 불법 거주자들을 색출하고자 한다. 주정부와 연방정부의 수장과 실세의 잠입 첩보망에 걸려드는 것은 전혀 나쁜 의도가 없고 전혀 불법이라 할 수도 없는 존 강의 후원 조직이다. 존 강의 후원 조직은 돈 없는 소수민족들이거나 갓 이민 온 사람들의 푼돈으로 운영된다. 이 푼돈을 모아 존 강은 자신을 믿고 도움을 요청하는 사람들에게 조건 없이 돈을 빌려 주어 그들의 정착을 돕는다. 그는 한국인이 아는 사람들끼리 하는 일종의 경제적 품앗이 제도인 계契조직을 그들의 민족이나 피부색이나 불법 체류자 여부에 상관없이 운영한다. "모든 것은 사적으로 행해지며 우리는 가족처럼 전표도 계약서도 없이 일을 다룬다. 그 때문에 나는 당신의 얼굴을 보고 목소리를 듣고서 당신이 (나에게) 말한 것처럼 사는지를 확인해야 한다. 당신의 피부색이 무엇인지는 상관없다. 당신의 입에서 마늘내가 나든 돼지고기 기름내가 나든 칠리 냄새가 나든 그런 것은 중요하지 않다. 당신의 아내나 남편이나 아이들을 데려오기만 해라. 가게 계약금이 필요하면 당신이 일하는 가게의 주인을 데려와라"(Lee, 1995 : 280). 그의 도움을 요청하는 사람 중에는 공식 금융권과 거래를 맺을 수 없는 불법 체류자들이 상당 수 있다. 사립 첩보원인 주인공 헨리가 이 회계를 보면서 명단을 사립 탐정회사 사장에게 넘기고 그 명단은 존 강에 대한 비밀 첩보를 의뢰한 INS에게로 넘어간다.

국가정보기관 INS로 명단이 넘어가면서는 존 강의 온정적 계조직은 천

인공노할 우범 조직으로 변모된다. 그의 계의 죄목은 어떤 은행에도 수수료를 내지 않았고 세무서에도 신고하지 않는 돈거래라는 점으로 보도된다. 이런 보도를 국세청이나 금융감독원이 하지 않고 무시무시한 INS가 주도하는 것은 소수민족계인 존 강의 후원 조직을 뒷조사하면 불법 체류자를 색출할 수 있고 지나치게 커버린 소수민족계 정치인에게 치명타를 입히는 것은 불법 체류자를 도왔다는 죄목임을 알기 때문이다. 공식 금융권을 통하지 않은 돈거래를 했다는 사소한 트집거리 하나가 불법 이민을 도운 매국노로 침소봉대되고 미국 주류사회에서 이는 용납될 수 없는 대역죄가 된다. 존 강의 사건과 연관된 불법 체류자들이 온갖 나라 출신을 망라함을 보도하던 뉴스 기자는 상황이 이미 너무 멀리까지 나가버린 것처럼 전혀 놀라지도 않고 무덤덤하게 보도한다. 미국 시민들이 존 강의 집 앞에 몰려와 "미국인에게 미국을!" 또는 "우리는 우리 빌어먹을 미래를 되돌려 받겠다"라는 플래카드를 흔들어 대듯이, 뉴욕 시장의 후보자였던 존 강은 한순간 국가를 위협하는 매국노, 나아가 동양 외모이므로 외국인으로 낙인찍혀 미국에서 도저히 살 수 없게 추방된다.

이 소설은 존 강이라는 한국계 미국인 정치가의 이상과 실패에 대한 이야기이다.[1] 그러나 다시 보면 이 소설은 미국의 경제적 강령과 정치적 강령 사이의 간극을 극적으로 노출시켜 미국의 정치적 레토릭의 실패에 대한 이야기이다. 미국의 3D 업종을 비정규직과 시간제 노동으로 감당해줄 노동력이 필요하다는 경제적 강령에 따라 외국인과 불법 체류자를 묵

1 이창래는 존 강을 미국 주도문화 세력의 희생자로만 전적으로 그리지는 않는다. 자신의 심복인 에두아르도Eduardo가 사실은 자신을 해하는 스파이 조직의 첩자임을 알게 된 뒤 그가 있을 때 사무실 폭파사건이 일어난 데 존 강이 연루된 듯한 암시나, 지나친 음주와 미성년 술집 여자에 대한 추행과 음주 운전 등에서 그의 개인적 결함이 분명히 제시된다. 하지만 이러한 개인적 결함으로 그가 실패하게 되어 있다고 보기는 어렵고 INS와 뉴욕 시장의 첩보와 공작이 이러한 개인적 결함을 적절하게 이용하며 그의 정치 인생을 종식시킨다.

인하면서 미국의 시민권을 이들에게는 결코 용납하지 않는 정치적 강령 간의 크나큰 괴리를 존 강에 대한 죄목과 색출된 불법자의 추방이 보여 준다. 미국의 대표되지 않는 소수민족과 불법 이주민들을 대표하려는 존 강에 대한 정부의 밀탐과 공작은 미국 주도문화 세력이 아시아인을 어디까지 용인하고 어디서부터는 감시와 진압을 시작하는지를 보여 준다. 그리고 효과적인 진압 방법은 주류사회의 두려움과 증오심을 자극하는 인종 문제에로의 환원임을 극화한다.

4. 나오는 말

필자는 20세기에 들어와 급격히 팽창한 아시아계 이민의 확산이 가져온 미국의 경제적 · 사회적 여파를 살피고 아시아계의 팽창을 우려하는 미국 주도문화 세력의 경계짓기와 변두리로 제한하기를 살펴보았다. 서두에서는 이 점을 어느 민족보다도 아시아계에게 차별적인 이민법을 중심으로 점검했다. 일찍이 미국의 '주도' 세력으로 자리 잡은 백인이나 고난의 역사로 시민권을 '받을 만' 하다고 인정받은 흑인과 달리 아시아계는 미국에서 온전한 시민으로 받아들여지지 않고 있다. 아시아계가 시민이 되기 위해서는 법적으로만이 아니라 문화적인 능력을 검증받아 문화적으로도 시민임을 인정받아야 하기 때문이다.

아시아계 이민에 대한 이중적 잣대는 미국 국가의 자본 강령과 국가 정체성 강령 간의 모순을 부각시킨다. 자본의 강령은 노동력의 근원이 무엇인지를 묻지 말고 노동을 추상화하여 이윤을 극대화해야 한다. 미국의 경제적 강령은 고국의 어려운 상황을 탈피해 이주해 오려는 노동 수요가 많고 이주국인 미국에서의 불안정한 신분이라는 두 가지 요인 때문에 아시아인들의 노동력이 저렴하므로 미국으로 대량 유입하라고 한다. 그러면서도 국가적 강령은 앵글로색슨의 순수성으로 국가정체성을 규정하라고 한다. 의식적인 배타적 국가 의지가 유럽계의 앵글로색슨을 중심으로 한 '이상적' 시민으로 미국 국가를 형성하라고 지령한다. 경제적으로는 아시아인들을 받아들여 자본의 유리한 논리를 따르면서 문화적으로는 타자로 그들을 배제하는 것이다. 이민법은 아시아계 이민의 모순성을 법으로 명시한 것이다.

미국 주도문화 세력의 아시아계에 대한 경계짓기는 같은 사안에 대해 아시아계의 시각과 미국 주류문화의 시각이 하는 매우 다른 이야기를 통해서 증명된다. 특히 '모범 소수민족'이라는 유형화와 1992년 L.A. 폭동에 대한 이야기가 그러한 시각 차이를 여실히 보여 준다. 1992년 L.A. 폭동은 아시아계인 한국계를 필요한 때에는 모범 소수민족으로 추켜 세우며 다른 소수민족과 경계짓다가 주도 세력이 위협받는 순간에는 담보로 내놓아 희생시킬 수 있는 대상임을 보여 준 사건이다. 모범 소수민족과 L.A. 폭동에 대한 아시아계 입장의 글과 주류문화 세력의 글은 인종 문제에 대한 인식론적 간극을 명백히 보여 준다.

필자는 이민법과 모범 소수민족과 L.A. 폭동에 대한 담론 연구를 통해 아시아계에 대한 미국 주도문화 세력의 경계짓기에 대한 이론적 토대를 마련한 뒤 세 번째 절에서는 구체적으로 이창래의 작품 『네이티브 스피커』에서 이 점을 살펴보았다. 이 소설은 아시아 문학으로는 거의 처음으로 국가 정치 세계를 소설의 주제로 붙들었다. 이민자들이 거주국에 통합되기까지 가장 어렵고 오랜 시일이 걸리는 학습 경험이 미국 선거 정치에 참여하고 정치적으로 문화 변용하는 것임을 고려할 때 이는 매우 의미심장한 주제이다. 그리고 고탄다가 지적하듯이 정치인에게 기부할 때 보통 지나치게 큰 액수나 대가성을 바라고 기부하는 경우가 뇌물로 규정되는 반면, 아시아계와 연관된 정치자금은 당연히 뇌물이 된다. "아시아계들은 기본적으로 반민주적이고 서구 정치에 동화될 수 없는" 사람들이므로 그들의 정치기부금은 미국 정부를 음해할 어떤 목적을 띤 뇌물로 크게 문제시되는 현실을 고려할 때 미국 선거 정치를 소재로 포착한 것은 매우 의미 있다. 1세대 한국계 미국인 정치가로 차기 뉴욕 시장을 준비하던 존 강의 이상과 좌초는 미국의 경제적 지령과 정치적 지령 사이의 간극을 극화한다. 아시아계 정치인이 주도문화 세력이 허용한 경계를 넘어서려 할 때 국가의 효과적인 진압 방법은 주류사회의 두려움과 증오심을 자극하는 인종 문제에로의 환원임을 극화한다.

참고 문헌

Chang, Edward T., "America's First Multiethnic 'Riots'," Don T. Nakanishi & James S. Lai(eds.), *Asian American Politics: Law, Participation, and Policy*, New York: Rowman & Littlefield, 2001.

Chang, Gordon H.(ed.), *Asian Americans and Politics: Perspectives, Experiences, Prospects*, California: Stanford Univ. Press, 2001.

Cho, Sumi K., " Korean Americans vs. African Americans: Conflict and Construction," Robert Gooding-Williams(ed.), *Reading Rodney King Reading Urban Uprising*, New York: Routledge, 1993.

Corley, Liam, "Just Another Ehtnic Pol: Literary Citizenship in Chang-Rae Lee's Native Speaker," *Studies in the Literery Imagination*, vol.37, no.1, 2004.

Gothanda, Neil T., " Citizenship Nullification: The Impossibility of Asian

American Politics," Gordon H. Chang(ed.), *Asian Americans and Politics: Perspectives, Experiences, Prospects*, California, Stanford Univ. Press, 2001.

Hing, Bill Ong, "Making and Remaking Asian Pacific America: Immigration Policy," Don T. Nakanishi & James S. Lai(eds.), *Asian American Politics: Law, Participatio, and Policy*, New York: Rowman & Littlefield, 2001.

Huang, Betsy, "Citizen Kwang Chang-rae Lee's *Native Speaker* and the Politics of Consent," *Journal of Asian American Studies*, vol.9, no.3, 2006.

Kim, Daniel Y., "Do I, Too, Sing America? Vernacular Representations and Chang-rae Lee's *Native Speaker*, *JAAS*, vol.6, no.3, 2004.

Kim, Elaine H., "Home is Where the Han Is: A Korean American Perspective on the Los Angeles Upheavals," Robert Gooding-Williams(ed.), *Reading Rodney King, Reading Urban Uprising*, New York: Routledge, 1993.

Lee, Chang-Rae, *Native Speaker*, New York: Riverhead Books, 1995.

Lee, Rachel C., " Reading Contests and Contesting Reading: Chang-rae Lee's *Native Speaker* and Ethnic New York," *MELUS*, vol.9, no.3, 2004.

Li, David Leiwei, *Imaging the Nation: Asian American Literature and Cultural Consent*, California: Stanford Univ. Press, 1998.

Lowe, Lisa, *Immigrant Acts: On Asian American Cultural Politics*, Durham & London: Duke Univ. Press, 1996.

McGowan, Miranda Oshige & James Lindgren, "Testing the 'Model Minority Myth,' *Northeastern University Law Review*, vol.100, no.1, 2006.

Nakanishi, Don T., "Beyond Electoral Politics: Renewing A Search For a Paradigm of Asian Pacific American Politics," Gordon H. Chang(ed.),

Asian Americans And Politics: Perspectives, Experiences, Prospects, Stanford: Stanford Univ. Press, 2001.

Nopper, Tamara K., "The 1992 Los Angeles Riots and the Asian American Abandonment Narrative as Political Fiction," *The New Centennial Review*, vol.6, no.2, 2006.

Ong, Aihwa, "Cultural Citizenship as Subject Making: Immigrants Negotiate Racial and Cultural Boundaries in the United States," Rodolfo D. Torres, Lous F. Miron, & Jonathan Xavier Inda(eds.), *Race, Identity, and Citizenship A Reader*, Oxford: Blackwell, 1999.

Parikh, Crystal, "Ethic America Undercover: The Intellectual and Minority Discourse," *Contemporary Literature*, vol.43, no.2, 2002.

Wong, Sauling Cynthia, *Reading Asian American Literature: From Necessity to Extravagance*, Princeton: Princeton Univ. Press, 1993.

유럽의 오리엔탈리즘에 대한 카프카의 문학적 유희:

「만리장성 축조 때」에 나타난 중국 이미지를 중심으로*

김연수

1. 들어가는 말

'성벽' 혹은 '장성'과 같은 건축물들은 '공간' 지배와 결코 무관할 수 없는 사회적 · 정치적 권력의 표현임을 굳이 푸코Michel Foucault를 인용하지 않아도 짐작할 수 있다. 오리엔탈리즘이나 (탈)식민주의 담론도 실은 공간의 조직과 재조직 과정에서 파생한 공간 재현의 담론이라 해도 전혀 틀린 말은 아닐 것이다. 최근 포스트모더니즘이론에서나 문화이론에서 '공간으로의 전환 spatial turn'을 운운하는 것도 이런 맥락에서 이해될 수 있다. 그러나 여기에서는 공간론적인 접근과 성찰보다는 구체적인 작품에 그려진 '성벽' 혹은 '장성'과 같은 건축물이 긋고 있는 경계선의 문화적 상징성을 성찰해 보고자 한다. 그 경계선에 투사된 이념적 · 문화적 차이와 긴

* 이 글은 『독일문학』 107집(2008년 9월)에 게재되었던 논문을 수정 · 보완한 것이다.

장, 경계의 안과 밖, 중심과 주변의 관계에 대한 논의를 서양과 동양 사이의 경계로 생성된 오리엔탈리즘의 콘텍스트에서 교차시켜 보고자 한다.

중국의 '만리장성'을 서양인의 사유를 거쳐 '문학'이라는 허구적인 범주 안에서 다루는 카프카Franz Kafka의 단편 「만리장성 축조 때Beim Ban der Chinesischen Maues」는 오늘날 우리의 눈으로 확인 가능한 '실제 공간'인 '역사적' 만리장성만을 지시하는 것은 아니다. 이미 카프카라는 유럽인의 사유를 거쳐 나온 '상상의 공간'이고, 게다가 문학이라는 허구적인 텍스트의 틀 안에서 '만리장성'의 의미 내지 작가의 해석도 부가되고 있을 뿐만 아니라 동시에 다양한 해석의 가능성을 열어 두기 때문이다. 따라서 카프카의 '만리장성'을 이해하기 위해서는 그의 텍스트를 그 생성 콘텍스트, 즉 작가 개인적인 삶의 콘텍스트와 그 삶이 관계맺고 있던 유럽이라는 사회 공간의 역사적 · 문화적 콘텍스트, 특히 동양을 바라보는 유럽의 오리엔탈리즘 담론과 함께 고려하면서 접근하지 않을 수 없다. 이 연구에서는 카프카의 작품을 이런 다양한 콘텍스트에 정위시켜 보면서 그 콘텍스트들과 텍스트 사이에서 생기는 의미의 그물망을 따라 분석해 보고자 한다.

2. 유럽의 오리엔탈리즘 담론과 카프카의 중국 연구

긍정적 오리엔탈리즘과 부정적 오리엔탈리즘

클라크J. J. Clark는 동서양 교류문화사에 관한 저서에서 동양에 대한 서양의 오랜 양가적 감정을 유럽의 대표적인 문호 괴테Johann W. von Goethe와 키플링Rudyard Kipling의 말을 인용하여 표현하고 있다.[1]

자기 자신과 타자를 아는 자는 또한 동양과 서양이 분리될 수 없음을 알 것이다. (괴테)

오, 동양은 동양, 그리고 서양은 서양이니 땅과 하늘이 신의 위대한 심판대에 서게 될 때까지 두 세계는 결코 만날 수 없을 것이다. (키플링)

한 잎인 듯 보이지만 두 잎이고, 두 잎인 듯 보이지만 한 잎인 은행나무 잎에 동양을 비유한 바 있는 괴테는 동양을 서양의 타자로 보기는 하지만, 세계를 구성하는 분리될 수 없는 상호 보완적인 존재로 생각한다. 반면에 '백인의 짐을 지어라'는 문구로 영국의 제국주의를 선전했던 키플링은 동양과 서양을 이원화하여 하늘과 땅처럼 영원히 평등할 수 없는 관계로 보고 있다. 동양에 대한 서양의 이러한 양면적인 시각은 고대 그리스와 페르시아의 관계로까지 거슬러 올라갈 수 있을 정도로 뿌리가 깊지만, 18세기 이후의 현상에만 주목해 보아도 역력하다. 중국 열풍을 일으킨 계몽사상가들이나 인도 문화에 사로잡혀 상상력을 키웠던 낭만주의자들은 자문화 성찰의 거울 내지 동경의 대상을 동양에서 찾기도 했다. 하지만 동양을 역사적으로 정체된, 근본적인 개혁과 계몽이 필요한 지역으로 인식하여, 근대화라는 미명하에 실제 역사 속에서 서양 제국주의의 정치적 · 경제적 지배와 착취 대상으로 삼았던 것 역시 사실이다. 한마디로 "이상화된 유토피아, 매혹적이고 이국적인 꿈의 나라이거나 아니면 영원히 정체된 나라, 정신적으로 우둔한 나라 그리고 무지한 나라"[2]로 보았던

1 J. J. Clarke, *Oriental Enlightenment: The Encounter between Asian and Western Thought*, London · New York, 1997, p.3.

2 Zhang Longxi, "The Myth of the Other: China in the Eyes of the West," *Critical Inquiry*, vol.15, no.1, Autumn 1988, pp.108–131, 여기서는 p.127.

것이다.

객관적이고 공평한 지식의 형식인 듯 보이는 오리엔탈리즘이 실제로는 서양이 동양을 재구성하고 지배하면서, 동양에 대해 권위를 갖고, 서양의 자기정체성을 강화하기 위한 식민주의적 지배 담론임을 밝힌 에드워드 사이드Edward William Said는 오리엔탈리즘에 대한 비판에 불을 붙였다고 해도 과언이 아니다. 그의 고찰은 학자들 사이에서 거의 정설로 받아들여지기는 하지만, 많은 논쟁을 불러일으키며 비판을 받은 것도 사실이다. 무엇보다도 그에게 '동양'은 지난 200여 년 간 영국과 프랑스의 영향력 하에 있던 아랍/이슬람 세계만을 의미한다. 그는 근동 팔레스타인 부근 지역 레반트를 벗어나는 극동에 대해서는 거의 관심을 갖지 않았다. 또한 독일이라는 다른 오리엔탈리즘의 발원지도 분석 대상에 포함시키고 있지 않다는 점도 종종 지적된다. 무엇보다도 결정적인 비판은 사이드가 오리엔탈리즘을 식민 지배 담론으로만 간주하여 단선적인 논리를 전개한다고 보는 데 있다. 예컨대 1800년에서 1950년에 이르는 식민지 시기에는 사이드 식 설명의 설득력이 인정된다 해도, 그 시기를 거슬러 올라가면 설득력이 떨어진다는 것이다. 제국 이전에 오리엔탈리즘이 있었기 때문이다. 이 밖에도 자주 거론되는 예외적인 경우가 바로 독일이다. 19세기 초부터 독일 학자들은 영국 식민지 고용인들을 통해 유럽으로 흘러들어온 고대 인도의 텍스트를 번역하고 주석을 다는 데 주도적인 역할을 했으나 당시 독일은 인도나 중국을 식민지화하려는 데는 관심이 없었다고 한다.

이러한 비판 의식에서 사이드 식의 편협성과 단선적인 논리를 극복하기 위해 오리엔탈리즘을 좀 더 다원적이고 복합적인 방식으로 접근하고자 하는 시도들이 있다. 앞서 언급한 클라크의 입장도 그 한 예이다. 그는 기본적으로 사이드를 토대로 자신의 입장을 전개하지만 사이드가 주목하지 않았던 부분, 예컨대 긍정적 오리엔탈리즘의 경우도 포착하며, 오리엔탈리즘이 단순히 유럽의 우월한 정체성을 확인하는 수단이 아니라 오히려 자문화를 교정하는 거울로서의 기능을 보이기도 한다고 밝힌다. 그 밖에 아랍권의 이슬람 세계만을 대상으로 한 오리엔탈리즘이 아닌 인도나 중국을 대상으로 한 오리엔탈리즘에 대한 연구서들이 발표되고 있다는 사실에서도 오리엔탈리즘 논의의 세분화 필요성을 알 수 있다.

오늘날 오리엔탈리즘 논의가 위와 같이 다원화되고 있기는 하지만, 역사적으로 보면 서양이 동양에 대해 가졌던 시각은 긍정적 오리엔탈리즘에서 부정적 오리엔탈리즘으로 변형되었다. 동양을 여행한 서양인들 경험 이야기로는 13세기의 마르코 폴로Marco Polo—물론 『동방견문록』의 신뢰성은 비판적으로 도마 위에 오르곤 한다—혹은 16세기 예수회 선교사로서 동양을 향해 리스본을 떠났던 마테오 리치Matteo Ricci의 경우가 상식처럼 알려지긴 했다. 이들 외에도 17~18세기 중엽까지 중국에 체류했던 여행가나 예수회 선교사들이 쓴 아시아의 위대한 문명에 대한 보고들이 상당량 쌓이기 시작했고 '중국의 환영幻影에 넋을 잃게 된' 유럽의 지식인들 사이에서 중국에 대한 광범위한 열정과 논쟁이 일어나게 되었다. 특히 볼테르나 백과전서파들의 계몽주의 시대에 이르면 아시아에 대한 체계적 연구가 많이 발표되었다. 장 바티스트 뒤 알드Jean-Baptiste Du Halde가 쓴 4권의 『중국총사*The General History of China*』(1736)가 가장 유명한 사례이다. 이렇게 중국에 대한 정보를 접할 수 있었던 서구 지식인들, 특히 볼테르Voltaire, 디드로Denis Diderot 등의 계몽사상가들은 동양 철학이나 중국에 깊은 관심을 보이고 심지어 중국 열풍까지 일으키며, 기독교가 지배했던 서양 중세의 대안을 중국에서 찾고자 했다.

그러나 이러한 열풍은 18세기 말엽이 되면서 차츰 식어갔고 이들이 제시했던 중국의 이미지가 다소 과장되었다는 의심이 고개를 들기 시작했다. 결국 프랑스 계몽사상가들이 가졌던 중국에 대한 긍정적인 이미지가 칸트, 헤르더, 헤겔에 이르는 독일 역사 철학에서 부정적인 이미지로 전도되었다. 오직 문명화된 유럽인들만이 보편사적인 인식에 도달했다는 유럽중심주의적인 견해를 피력했던 칸트Immanuel Kant는 『세계 시민적 관점에서 본 보편사의 이념*Idee zu einer allgemeinen Geschichte in weltbürgerlicher Absicht*』(1784)에서 사실상 서구 중심의 보편사 이념의 도식에 맞추어 비서구의 역사를 재단하는 오리엔탈리즘의 싹을 보이고 있고, 중국의 후진성을 예로 들어 중국을 '역사 없는 민족'으로 만들었다. 칸트의 보편사 이념을 부정하고 각 민족의 독특성을 강조하려는 취지에서 헤르더Johann Gottfried von Herder는 『인류의 역사철학에 대한 이념*Ideen zur Philosophie der Geschichte der Menschheit*』(1784)을 발표했으나, 결국 유럽 문명만이 보편적인 인간성의 이념을 실현할 수 있는 예외적이고 특수한 위치에 있다고 봄으로써 역시 유럽중심주의에 빠졌다. 헤르더 역시 중국인들은 역사의 진보를 이룰 수 없다고 보았다. 헤르더의 도식을 거의 그대로 답습하여 변증법적 역사 발전 과정으로 정식화한 헤겔Georg W. F. Hegel은 『역사철학 강의*Vorlesungen über die Geschichte der Philosophie*』에서 중국의 세계사적 위치와 의미를 규정했다. 그러나 그는 황제를 천자로 신성화하여 한 사람에게 모든 자연적인 권력을 일임하는 중국인들은 스스로의 힘으로 자신의 역사를 만들 자율적인 능력이 없었다는 부정적 중국세계론을 전개한다.

본고에서 다룰 단편 「만리장성 축조 때」를 집필하면서 카프카가 중국에 관한 지역학적 정보를 얻었을 것으로 추정되는[3] 율리우스 디트마Julius

3 Hartmut Binder, *Kafka-Handbuch Bd. 2, Das Werk und seine Wirkung*, Stuttgart, 1979, p.324. 1916년 10월 31일자 펠리체 바우어에게 보내는 편지에서 디트마의 이 책(쾰른에서 "Schaffstein's grüne Bändchen" 시리즈로 출판)을 의미하는 구절을 읽을 수 있다. "Für Knaben sind allerdings die grünen Bücher von Schaffstein, meine Lieblingsbücher, das Beste…", Franz Kafka, *Briefe an Felice und andere Korrespondenz aus der*

Dittmar의 여행기 『새로운 중국에서*Im neuen China*』(1912)도 위의 독일 역사 철학자들이 보여 준 중국 이미지와 같은 맥락에 서 있다. 디트마는 1910년 가을 세계 일주 도중 중국을 여행했다. 1910년의 중국은 바로 그의 여행기 제목 '새로운 중국'처럼 군주국에서 공화국으로 변하는 전환기에 있었다. 1644년 중국을 지배하기 시작한 청 왕조가 19세기에는 부담스러울 만큼 큰 나라의 규모에 비해 애처로워 보일 정도로 부적절한 정부 형태를 취했고, 중국의 세계적 위상을 잃어갔다. 결국 외세에 반발하는 1910년 의화단운동을 거쳐, 1911년 신해혁명으로 청 왕조가 무너지는데, 그 혁명이 몰아치기 직전의 중국을 디트마가 경험한 것이다.

한편으로는 내부의 제국이 무너지고 또 다른 한편에서는 서구 제국주의 열강의 압력에 저항하는 분위기 속에서 근대화를 향한 민주적인 신해혁명이 일어나기 반년 전 중국 땅을 밟은 디트마는 그의 동향인들에게 중국을 어떻게 전하고 있을까? 디트마는 중국과 한국의 경계에서부터 만주, 베이징北京, 칭다오青島를 거쳐 홍콩으로 가면서 중국의 절반가량을 둘러보았다. 그는 중국의 "고유하면서도 아름다운 모습"[4]뿐만 아니라 장유유서와 같은 공자의 가르침과 만리장성에 대해서도 상세히 기술하고 있고, "민중과 황제의 궁 사이에 전 지구만큼의 간격"[5]이 있음을 지적하기도 했다. "중국 고대 문화에 대한 존경심"[6]을 느끼며 당시 중국이 망하고 있기 때문에 서양인들이 이 부분을 간과하고 있다고 보기도 했다. 그러나 그의 중국 방문 시기가 시기인 만큼 중국 민중들의 불안과 동요를 감지하기도 했고 변화의 징후를 포착하기도 했다. 낡은 중국은 죽어가고 있다고 보았

Verlobungszeit, Erich Heller & Jürgen Born(eds.), Frankfurt, 1967, p.738 참조.

4 Julius Dittmar, *Im neuen China*, Köln, 1912, p.30.

5 *Ibid.*, p.34.

6 *Ibid.*, p.57.

고, 어디에서나 부패가 판을 치며, 그들의 성스러운 풍습이 멸시를 받아도 냉담하게 반응을 보이는 것 같다고 했다. 민중들은 "썩은 이 왕조를 전복시킬 기회"[7]를 기다리고 있는 것 같다고 썼다.

디트마는 무너져 가는 청 왕조의 분위기를 직접 목격했으나, 그의 관점은 유럽의 전통적인 오리엔탈리즘 담론에서 크게 벗어나지 않았다. 그는 기본적으로 서양의 우월성을 확신했고 식민주의의 정당성을 의심하지 않았다. 예를 들어 유럽인들이 건설한 중국의 철도를 유럽의 식민주의적 침입과 간섭을 위한 토대가 아닌, 개혁이 필요한 부패한 중국을 변화시키는데 도움을 줄 수 있는 방법이라고 보면서 유럽 식민주의자들의 권력 행사를 정당화했다. 디트마는 독일의 조차租借 지역이었던 칭다오 방문에 대해 보고하는 대목에서 더욱 분명하게 오리엔탈리즘의 시각과 식민주의 이데올로기를 드러낸다. 칭다오는 독일이 지배권을 가지고 있던 산둥성山東省 남쪽에 위치한 교주의 수도였다. 이곳을 방문한 디트마는 "위대한 민족의 훌륭한 정착지"[8]라고 묘사하고 독일의 문화, 독일의 유능함을 보여 준다고 했다. 이런 유능함을 보여 줌으로써 '대포'나 '철도'가 가져다 주지 못하는 승리를 얻을 수 있다고 보면서 독일 문화의 우월성을 재차 강조하고, 나아가 진보한 서구가 아시아를 계몽할 수 있다고 보았다.

> 우리가 그것을 인식한 이래로 식민지의 의미는 다음과 같이 확정되었다. 그것은 아시아의 민족들에게 인간적인 진보와 관련한 모든 영역에서 우리가 할 수 있는 것에 대해 일종의 수업, 즉 실질적인 자료를 이용하여 구체적인 수업을 해 주어야 한다는 것이다. 그러면 그들은 우리의 물건을 사고, 정책적

7 *Ibid.*, p.66.
8 *Ibid.*, p.72.

으로는 우리와 함께하는 것이 유익한지의 여부에 대해 숙고해 볼 것이다.[9]

디트마의 논리는 서구가 아시아보다 우월하고 진보했으며, 서구의 식민 정책을 통해 아시아를 가르칠 수 있다는 것이다. 거꾸로 뒤집어 보자면, 중국 곳곳에서 변화의 징후를 느낀 디트마는 아시아 민족들의 진정한 개선 및 변혁은 유럽의 계몽으로만 구체화될 수 있다고 보았다. 이로써 그는 유럽 식민주의자들의 중국에 대한 팽창적인 무역 정책, 군사력 등 일련의 권력 행사를 정당화했다.

작가 콘텍스트에서 본 '중국'과 '중국인'의 의미

위와 같은 유럽의 오리엔탈리즘 담론 및 역사적 콘텍스트에서만이 아니라 작가 콘텍스트, 즉 카프카 개인이 중국에 관해 어떤 관심을 갖고 있었는지를 살피는 작업이 필요하다. 아래의 작품 분석에서 밝혀지겠지만, 카프카는 기존 역사적인 담론들에 대해 나름 독자적인 방식으로 대응하고 있기 때문이다.

이 작품을 썼던 1917년 3월 카프카는 프라하의 센보른Schönborn 궁에 있는 방에 세들어 살며 집필에 몰두했다. 클라우스 바겐바흐Klaus Wagenbach에 따르면, 카프카가 이 집 근처에 있는 라우렌치 산의 '기아의 성벽'을 보고 「만리장성 축조 때」를 썼을 것이라고 추정한다.[10] 기아의 성벽은 어떻게든 사역을 당해야 하는 죄수들에 의해 아무런 목적도 없이 축조된 것이다. 카프카의 작품에서도 만리장성이 외부로부터의 방어를 목적

9 *Ibid.*, p.79.
10 클라우스 바겐바흐, 『카프카. 프라하의 이방인』, 전영애 옮김, 파주: 한길사, 2005, 182쪽.

으로 한다면서도 그것을 짓는 부분 축조 방식은 전혀 합목적적이지 않고 마치 시시포스의 작업처럼 묘사되기 때문에 바겐바흐의 추정에도 일리가 있기는 하다. 하지만 카프카의 '만리장성' 내지 '중국' 모티프는 작가가 자기 동네의 성벽을 쌓는 모습을 보고 썼다고만 하기에는 너무 오랫동안 그의 세계 안에서 숙성된 테마 영역이다.

중국 독문학자 웨이얀 멩Weyan Meng에 따르면, 카프카의 생애(1883-1924)는 독일에서 동아시아 붐이 일었던 1890년에서 1925년 사이의 시기와 일치하고 카프카의 중국 이미지 형성은 어린 시절부터 시작되었다는 것이다. "지리를 좋아하던" 카프카는 이미 학창 시절에 "먼 나라와 먼 과거 시기에 관한 글들"[11]을 즐겨 읽었고 스벤 헤딘Sven Anders Hedin의 아시아 여행기를 아주 좋아했다고 한다. 물론 "세계문학 청년"[12]이었던 카프카는 중국을 소재로 글을 쓴 괴테, 하이네Heinrich Heine, 호프만스탈Hugo von Hofmannsthal과 같은 독일어권 작가들의 작품을 통해서도 중국에 대한 이미지와 상상력을 키웠을 뿐만 아니라, 당시 동아시아 열풍을 타고 출판된 무수한 중국 여행기들을 통해 어렵지 않게 중국에 관한 정보를 접할 수 있었다. 예컨대 그는 앞서 언급한 디트마의 『새로운 중국에서』 이외에도 그의 또 다른 여행기 『세계일주*Eine Fahrt um die Welt*』(1911), 프리드리히 페르진스키Friedrich Perzyński의 『중국의 신들에 관하여*Von Chinas Göttern*』(1920) 등을 읽었다. 여행기 이외에도 리햐르트 빌헬름Richard Wilhelm이 번역한 『중국 전래동화*Chinesische Volksmärchen*』(1914), 마틴 부버Martin Buber의 『중국 귀신 및 연애담*Chinesische Geister- und Liebesgeschichten*』

11 Hartmut Binder, "Schüler in Prag. Franz Kafka im Spiegel seiner Zeugnisse," *Neue Züricher Zeitung*, 1984. 10. 19(no.243), p.32; Weyan Meng, *Kafka und China*, München, 1986, p.24.에서 재인용.

12 Reiner Stach, *Kafka. Die Jahre der Entscheidungen*, Frankfurt am Main., 2004, p.32.

(1911), 한스 하일만Hans Heilmann의 『기원전 12세기에서 현대까지의 중국시*Chinesische Lyrik vom 12. Jahrhundert v. Chr. bis zur Gegenwart*』(1905) 등의 독서를 통해 중국 문학을 접했고, 예술, 종교와 철학, 특히 도교와 유교에 관심을 갖고 다양한 서적들을 접했다.

펠리체 바우어Felice Bauer에게 보낸 카프카의 편지를 바탕으로 그들 관계의 모든 것을 『또 다른 소송*Der andere Prozeß*』이라는 제목의 에세이로 쓴 엘리아스 카네티Elias Canetti는 동물 모티프를 자주 사용하는 카프카의 문학을 중국 문학의 영향으로 본다. 그뿐만 아니라 그는 18세기 이후 유럽 문학에서 중국 테마가 관심을 끌기는 했어도, "진정으로 본질적으로, 서구가 제시할 만한 유일한 중국적인 작가는 바로 카프카"[13]라고 했다. 이러한 자신의 견해를 영국의 중국 학자 아더 웨일리Arthur Waley와의 토론에서도 확인했다고까지 강조하고 있다. 이런 외부자의 시각에서만이 아니라, 카프카 스스로가 자신을 중국인에 비유하는 대목이 있어 연구자들의 관심을 불러일으킨다.

카프카는 펠리체 바우어와 처음 만난 1912년부터 1917년 결별할 때까지 수많은 편지를 주고받았다. 그의 편지에서는 종종 중국시가 인용되거나 언급되었고, 결혼생활에 대한 공포나 불안 심리도 중국 시를 통해 거론되었다.[14] 카프카는 1916년 5월 중순 경 칼스바트와 마리엔바트로 혼자서 출장을 떠났다. 출장지에서 5월 14일자로 추정되는 편지를 한 통 보냈고 뒤이어 발송 날짜는 분명하지 않으나 내용으로 보아 5월 14일 이후에 발송한 것으로 추정되는 엽서를 펠리체에게 보냈다. 여기에서 카프카는

13 Elias Canetti, *Der andere Prozeß. Kafkas Briefe an Felice*, München · Wien, 1984[1976], p.89.

14 Kafka, Briefe an Felice, p.119; Canetti, Der andere Prozeß, p.38; Stach, Kafka. Die Jahre der Entscheidungen, p.264; Weyan Meng, p.26f 참조.

다음과 같이 적고 있다.

> 칼스바트는 정말 쾌적해요. 하지만 마리엔바트는 상상할 수 없을 정도로 아름답지요. [……] 내 생각에, 내가 중국인이어서 당장 집으로 돌아간다면 (사실 난 중국인입니다. 그래서 집으로 갑니다.) 난 곧 다시 여기에 오지 않을 수 없을 겁니다.[15]

이 엽서는 마리엔바트를 "떠나기 직전에"[16] 쓴다고 서두에 밝혔다. 떠나는 이유는 카프카 자신이 그곳에서 "중국인"이기 때문이라는 것이다. 5월 14일자 편지에서는 "사람들과 함께 하는 모임에 나타나는 유령과 고독한 상태에 나타나는 유령이 있습니다. 지금은 후자 차례입니다"[17]라고 마리엔바트의 분위기를 전하고 있다. 그곳의 자연과 환경을 아름답고 쾌적하다고 표현하면서도 그곳에서 카프카는 외롭고 고독한 감정 상태에 있었다. 이러한 고독한 감정 상태와 자신을 '중국인'으로 칭하는 것에 상관 관계가 있으리라고 추측하는 것은 어렵지 않다. 다시 말해 카프카는 이곳에서 "유럽인들 사이에 있는 중국인처럼 외롭고 고독한"[18] 것이다. 이는 곧 다른 사람들과 소통이 원활하지 않고, 마치 자신이 저 멀리 극동의 어느 나라에서 온 사람인 양 이해받지도, 그들을 이해하지도 못하는 상황이다. 물론 자신을 중국인으로 칭하는 것은 반어적인 뉘앙스를 풍기지만, 아무튼 카프카가 '이방인', '주변인', '소수자'로서의 자아정체성을 가지고 있다고 해도 무리는 아니다. 그는 이러한 자신의 실존적 상황을

15 Kafka, Briefe an Felice, p.657.
16 Ibid., p.657.
17 Ibid., p.655,
18 Meng, *Kafka und China*, p.31.

유럽과 중국의 관계에 빗대고 있다.

3. 카프카의 '만리장성'의 문화적 상징성 읽기

사실과 상상의 공간으로서 '중국'

1917년 3월에 쓰인 것으로 추정되는 카프카의 제법 긴 단편 「만리장성 축조 때」[19]는 당시의 원고에 "만리장성 축조 때"라는 제목도 없었고, 1931년 작가의 유고집이 출판될 때 비로소 세상의 빛을 본 작품이다. 이 작품에는 만리장성 축조의 이유를 캐다가 중국의 황제 제도와 같은 정치, 사회 문제까지 생각하게 되는 일인칭 화자가 등장한다. 이 화자는 "중국의 남동부"(BcM, 56)에 위치한 "티벳 고지"의 접경 지대(BcM, 58) 출신으로 "비교 민족사"(BcM, 57)를 연구하는 역사가로 설정되어 있다. 그 스스로 자신의 작업을 "하나의 역사적인"(BcM, 56) 연구로 명명한다. 지금 연구 대상인 '만리장성' 축조를 직접 경험한 '역사적 사건의 목격자'이기도 하다. 역사가답게 다른 사료나 서적을 통해 객관적인 접근을 하면서 역사가로서의 상상력과 사고력을 발휘하지만, 동시에 어린 시절 장성 축조와 관련하여 받았던 교육 등 자신의 경험을 회상하면서 자신이 던진 역사적 질문에 답을 찾기도 한다. 따라서 어조도 "[……] 추론만이 남는다", "[……] 추론이다"(BcM, 55) 등 냉철하고 분석적인 사고로 유추하는 식의 어법을 사용하지만, 동시에 "나는 [……]" 혹은 "우리는

19 Franz Kafka, "*Beim Bau der chinesischen Mauer*," *Beschreibung eines Kampfes. Novellen, Skizzen, Aphorismen aus dem Nachlaß*, Frankfurt am Main, 1983, pp.51–62. (이하 BcM으로 축약하여 본문에 페이지 수를 표기한다.)

[……]"이라는 일인칭 대명사처럼 자신의 주관적인 사고 과정 및 자기 성찰적인 표현을 많이 사용한다. "내 생각으로는"(BcM, 57)이라는 표현이나 의문문 형태를 통해 자신의 사고 과정을 표현하며, 언술 내용에 대한 화자의 주관적인 신뢰도를 표현하는 '아마도', '아마', '어쩌면', '확실히' 등과 같은 양태 표현을 매우 자주 사용한다. 게다가 중국의 중심인 황제의 성이 있는 베이징에 비해 자신은 남동쪽 변경 지방 출신이라고 밝힐 뿐만 아니라 "우리 중국인들은 [……]"(BcM, 57)이라는 표현에서처럼 중국인 전체와 동일시하면서도 이따금 "민중은 [……]"(BcM, 59)이라고 표현하여 그들과 거리를 둠으로써 아웃사이더로서의 시각을 내비치기도 한다. 얼핏 일인칭 화자의 서술 자세만을 본다면 흡사 포스트모던 역사가의 역사 서술을 한 편 읽는 것 같은 인상을 남긴다.

그러나 이 작품은 단순히 하나의 역사 서술 텍스트라는 인상만을 남기지 않는다. 구체적인 시간과 공간으로 완전히 못 박아 고정시킬 수 없는, 상징적이고 신비한 차원을 내포하는 환상적인 서사이기도 하다. 이러한 인상을 남기는 까닭은, 우선 화자가 구체적인 역사 속의 한 개인으로 잡히지 않는 데에 있다. 단순히 그가 익명으로 거론되는 것이 문제가 아니라, 그가 살았을 시간적인 길이를 분명하게 규정지을 수 없는 "아주 불확실한 인물"[20]이기 때문이다. '만리장성' 축조라는 역사적 사건의 목격자로서 자신을 밝힌 점을 생각하면 그 사건과 관련된 구체적인 역사적 시간대가 잡힐 수 있을 것 같지만 사실은 그렇지 않다.

이 대목에서 만리장성의 역사적 콘텍스트를 생각하지 않을 수 없다. 대략 2,696킬로미터 길이의 만리장성은 그 구축된 시기가 기원전 4~5세기

20 J. M. Rignall, "History and Consciousness in 'Beim Bau der chinesischen Mauer'," J. P. Stern & J. J. White(eds.), *Paths and Labyrinths*, London: Inst. of Germanic Studies, Univ. of London, 1985, pp.111–126, 여기서는 p.117.

[그림 1] 중국의 만리장성

로 거슬러 올라가는 구간도 있고, 기원전 214년 진시황제가 대대적인 프로젝트를 실행한 것으로 유명하다[그림 1]. 현존하는 장성의 대부분은 주로 명나라(1352~1644) 때 축조된 것이다. 이처럼 긴 역사적 시간 속에 이 작품의 일인칭 화자는 어디에 위치하고 있는가? 텍스트에서 "축조가 시작되기 50년 전부터"(BcM, 52) 축조 준비를 시작했고, 화자 자신은 축조술을 배워 장성 축조만 기다리며 빈둥대던 선배들과는 달리 운 좋게도 20세에 졸업 시험을 치르고 나서 장성의 축조가 시작되었다고 서술하고 있기는 하지만, 이 정보로 그가 서 있는 역사적 시간을 추정하는 것은 불가능하다. 게다가 화자가 만리장성 축조와 그 부분 축조 방식을 택한 이유를 추적하는 과정에서 관료 체제의 지도부와 황제 제도에 대해, 심지어 황제 제도의 몰락 분위기까지 이야기하고 있다는 점을 고려하면 화자가 서 있었을 수 있는 역사적 시간은 청나라(1644~1911) 말기로까지 확장될 수 있다. 이렇게 보면 화자는 흡사 한 자연인의 목소리를 들려 주는 것 같지만, 사실 그는 주변인 내지 소수자의 시각에서 긴 중국 고대 문명사를 되돌아보는 추상적인 역사 주체이다. 혹은 이 작품은 일반적인 통념의 역사적 '시간의 틀'을 따르지 않고 있다.

이 작품이 환상적인 서사의 인상을 남기는 두 번째 이유는, 일인칭 화자가 객관적이고 분석적인 문체 이외에 고도로 상징적이고 비유적이며 수사적인 문체를 빈번히 사용한다는 점에서 찾을 수 있다. 상징적이고 비유적인 수사로 인해 '이야기된 것'이 우화적인 특성을 보이기도 한다. 예컨대 황제의 칙령을 전하려고 길을 떠난 칙사가 구중궁궐을 나가고 또 나가 수천 년을 뛰어나가도 결국 수신인에게 황제의 메시지를 전하지 못하는 데 반해, 그것을 기다리는 민중의 한 개인은 매일 저녁 꿈을 꾸는 것으로 묘사하는 대목에서 '구중궁궐과 개인 집의 창가', '수천 년과 매일 저녁'이라는 극단적인 시 · 공간의 배치로 그로테스크한 우화 같은 인상을 불러일으킨다. 또 다른 이유로는 일인칭 화자가 분명히 중국인 역사가로 설정되어 있는데, 그가 추적하고 있는 중국의 역사적 사건인 '만리장성'의 축조 동기에 '바벨탑 신화'가 함께 작용하고 있다(BcM, 54)는 점을 들 수 있다. 물론 일인칭 화자가 '비교 민족사' 연구가이므로 중국 내 다른 민족사만이 아니라 서양 민족사와도 비교 연구할 수 있기는 하지만, 일반 독자의 평범한 상식을 비껴가는 대목이다. 이러한 묘사로 인해 이 작품이 중국의 역사를 소재로 취한 '사실의 공간'인 동시에 작가의 '상상이 가미된 공간'이라는 결론을 내릴 수 있다. 이런 면에서 카프카가 중국의 이미지를 빌어 무엇을 표현하고자 했는지 해석해 볼 수 있는 여지가 있는 것이다.

이와같이 '사실과 상상의 공간으로서 중국'을 이야기하는 카프카가 소위 '사실의 중국 이미지'로 어떤 중국의 모습을 작품에 도입하고 있는지, 그 이미지들을 당대 유럽 오리엔탈리즘 담론의 콘텍스트에 비추어 보았을 때 얼마나 비슷하고 얼마나 다른지를 분석해 보아야 카프카의 중국 이야기가 지니는 의미를 밝힐 수 있을 것이다. 우선 카프카가 원고에서 잘라냈던 미간행 원고 「'만리장성 축조 때'를 위한 단편Fragment zum 'Bau der Chinesischen Mauer'」을 이 작품의 텍스트와 비교해 보면 흥미로운 점을 발견할 수 있다. 이 단편에서는 만리장성 축조 소식이 발표된 지 30여 년 뒤늦게, 즉 일인칭 화자가 열 살 때, 그의 아버지와 함께 그 소식을 접하는 것으로 시작한다. 이 장면에서 아버지 묘사로 '곰방대', '변발', '수놓은 비단 예복' 등의 이미지가 사용되었다.[21] 이는 서양인들에게도 친숙해졌으면서도 카프카가 이 작품을 쓰고 있던 당시에도 여전히 유행했던 중국인의 모습이다.[22] 그러나 카프카는 이 부분을 최종 원고에서 삭제했다. 또한 디트마의 『새로운 중국에서』에서 언급된 중국의 전통적인 유교 풍속이나 '고유하면서도 아름다운 모습'을 다루고 있지도 않다. 중국만의 고유한 외적인 특성이라고 할 수 있는 면모들은 삭제한 것이다.

카프카의 작품에 그려진 이미지에 따르면, 중국은 북방 오랑캐들이 사실은 남쪽까지 오지도 못할 정도로 지리적으로 광활한 나라이고, 역사적으로 만리장성과 같은 건축물을 생산해 낸 나라이다. 사회정치적 시스템이 억압적이고, 평민들은 제국의 기관이나 제도들로부터 무한정 소외되거나 정치적으로 미성숙한 나라이며, 황제는 천자로 간주되는 신정주의적 아우라를 지니고 있는 나라이다. 이처럼 그는 당대 유럽의 오리엔탈리즘에서 종종 언급되는 일반적인 토포스topos를 거의 그대로 사용하고 있다. 그뿐만 아니라 황후나 황제 측근 관료들의 부패상은 물론 '중국의 역사는 정체되어 진보하지 못한다'는 부정적 오리엔탈리즘의 전형적인 담론도 바

21 Franz Kafka, "Fragment zum 'Bau der Chinesischen Mauer'," *Beschreibung eines Kampfes. Novellen, Skizzen, Aphorismen aus dem Nachlaß*, Frankfurt am Main, 1996, pp.243-244, 여기서는 p.243.

22 조너선 D. 스펜스, 『칸의 제국』, 김석희 옮김, 서울: 이산, 2000, 291쪽.

로 「황제의 칙령」 부분에서 절묘하게 묘사하고 있다. 황제도 민중과 똑같은 사람으로 죽을 수밖에 없는 존재일 텐데도 황제 제도는 영원히 지속되는, 그러나 민중은 그것을 꿰뚫어볼 수 없는 "가장 불분명한 기구"(BcM, 57)로 묘사된다.

> 칙사는 즉시 길을 떠났다. [……] 그는 얼마나 헛되이 애만 쓰고 있는가. 그는 여전히 아직도 내궁의 방들을 통과하느라 억지를 부리고 있다, 그는 결코 그 방들을 벗어나지 못할 것이다, 설령 그가 해낸다고 해도 얻는 것은 아무것도 없을 것이다, 계단을 내려가려고 싸우지 않을 수 없을 것이다, 그가 그것을 해낸다고 해도 얻는 것은 아무것도 없을 것이다, 뜰을 가로질러 지나가야 할 것이다, 그 뜰을 지나면 그것에 에워싸인 두 번째 궁이 있고, 그리고 다시금 계단과 뜰이 나오고, 또다시 궁이 나오고, 그렇게 수천 년을 지나와 마침내 그가 맨 바깥쪽 문으로 뛰쳐나와도,—그러나 결코, 결단코 그런 일이 일어날 수 없다—비로소 세계의 중심, 그 침전물이 가득 높이 퇴적된 군주의 수도가 놓여 있다. 어느 누구도 여기를 통과하지 못한다. 고인의 메시지를 가지고 있어도 말이다.—그러나 그대는 그대의 창가에 앉아 저녁이 오면 그 메시지를 꿈꾼다(BcM, 59-60).

죽어가는 황제의 칙령을 전해 주기 위해 길을 떠난 칙사의 발걸음이 깊고 깊은 구중궁궐, 즉 고질병이 된 관료제를 벗어나지 못해 제자리걸음을 하고 있다. 마치 고장 난 비디오 필름이 되풀이하여 한 장면만을 보여 주듯 반복되고 있을 뿐이다. 그렇게 수천 년이 흘렀으나, 황제 치하의 한 개인인 '그대'는 "그렇게 희망이 없으면서 동시에 희망에 차"(BcM, 60) 매일 창가에 앉아 수동적으로 그것을 꿈꾸고만 있다. 매일같이 수천 년을 그런 답보 상태로 살아온 중국의 '정체된 역사'를, 즉 중국은 역사적 진보를 이룰 수 없다는 오리엔탈리스트들의 시각을 '공간적으로' 형상화하여 절묘하게 묘사하고 있는 대목이다.

카프카는 이 작품에서 디트마의 여행기에서 볼 수 있는 신해혁명 직전의 변화 분위기와 서구의 계몽 및 도움으로 중국이 역사적 진보를 이룰 수 있다는 식의 식민주의적 관점은 전혀 도입하지 않는다. 그러나 그는 유럽의 부정적 오리엔탈리즘에서 보인 중국 이미지를 거의 그대로 수용한다. 카프카는 청 왕조 말기 근대화를 시도하던 당시의 중국, 이른바 '새로운 중국'에 관심을 두지 않고 '황제 제도'가 이어져 온 과거 중국 문명사 쪽으로 관심을 기울였다. 물론 카프카는 항상 혁명 내지는 역사적 진보에 대해 회의적이긴 했지만 그가 작품 집필 당시의 '새로운 중국'에 눈길을 주지 않은 데는 그 나름의 의도성이 엿보인다. 집필 시기인 1917년 유럽의 역사적 콘텍스트를 이 대목에서 생각해 볼 필요가 있다.

발칸 지역의 첨예해진 민족 문제로 인해 제1차 세계대전이 발발하여 진행 중인 상황이었고, 1916년에는 전쟁의 선포자인 오스트리아-헝가리 이중왕국의 황제 프란츠 요제프Franz Josef가 사망했으며, 1918년에는 대전의 참패로 이중왕국이 붕괴, 해체되었다. 디트마가 전한 청 왕조 말기의 분위기와 오스트리아-헝가리 이중왕국의 붕괴 직전 상황은 '무너져 가는 제국'이라는 면에서 유사성을 보인다. 그뿐만 아니라 카프카의 작품에서 그려진 중국의 무너져 가는 어느 왕조 이야기 역시 마찬가지로 유사한 범주로 묶을 수 있다. 카프카의 이 작품에서 이야기되는 '중국'은 "낯선 이국적인 것이 아니라", "유교적인 기관이랄 수 있는 관료제의 제국 합스부르크 상황을 표현하고 있다"고 보는 체코의 작가 지리 그루사Jiři Gruša의 견해는 타당성이 있다.[23] 더욱이 "오스트리아Österreich"의 어원이 "동쪽의

23 Jiři Gruša, *Franz Kafka aus Prag*, Frankfurt am Main, 1983, p.10.

제국das östliche Reich"이라는 사실[24]을 상기하면, "비교민족사"를 연구하는 일인칭 화자의 이야기는 먼 나라 중국 이야기라기보다는 자문화 성찰을 위해, 즉 정치적으로 이미 무너져 가고 있으나, 여전히 민중들의 의식 속에 남아 있는 오스트리아-헝가리 이중왕국을 성찰하기 위해 문학적으로 투사시킨 결과라는 가설을 제기할 수 있다.

'만리장성'의 틈, 제국의 틈

카프카가 유럽의 자문화 성찰을 위해 타문화, 즉 중국 문화를 빌려와 이야기하고 있다는 가설을 좀 더 구체적으로 작품에서 확인하기 위해서는 카프카가 상상으로 가미한 중국 이미지, 다시 말해 '만리장성'이라는 중국 문화에 서구 유럽의 '바벨탑' 신화를 혼합시키는 대목에 주목할 필요가 있다.

비교민족사를 연구하는 일인칭 화자는 북방의 오랑캐 침입을 막기 위해 짓는다는 만리장성에 부분 축조 시스템 때문에 생겨난 어쩔 수 없는 틈들을 보면서 왜 지도부가 그러한 "합당치 않은"(BcM, 55) 방법을 사용했는지를 캐묻는다. 축조에 동원된 민중노동자들은 여러 곳으로 파견되면서 자연스럽게 노마드nomad가 되고, 각 마을의 환영과 환송 행렬에서 민족의 단결, 통합의 감정을 느끼게 된다.

> 동향인이라면 누구나 그를 위해 방벽을 쌓아 주는 형제, 그리고 가지고 있는 물심 모든 것으로 평생 그것에 감사하는 형제였다. 단합! 단합! 가슴에

24 Alexander Honold, "Kafkas vergleichende Völkerkunde: 'Beim Bau der Chinesischen Mauer,'" Axel Dunker(ed.), *(Post-)Kolonialismus und Deutsche Literatur*, Bielefeld, 2005, pp.203-218, 여기서는 p.208.

가슴을 맞대고, 잇닿은 가슴 가슴, 민족의 윤무, 피, 이젠 더 이상 육신의 보잘것없는 순환에 갇혀 있지 않고 달콤하게 구르고 다시 돌아오며 무한한 중국을 두루 섭렵하며(BcM, 53-54).

이러한 민족 대단결을 꾀하기 위해 지도부가 부분 축조 방법을 선택했다고 일인칭 화자는 이해한다. 그러나 그는 그 밖에 다른 이유들이 있을 거라고 보며 계속 조사하다가 "축조 초창기에"(BcM, 54) 쓰인 어느 지식인의 책자를 발견한다. 여기에서 그는 만리장성이 "인류 역사상 처음으로 하나의 새로운 바벨탑을 위한 확실한 토대를 마련할 것"(BcM, 54)이라는 주장을 접하게 된다. 화자는 이 저자의 주장이 믿을 만한지 논하기 바로 직전에 다음과 같은 비교를 한다.

우선적으로 거론되어야 할 바는, 아마도 바벨탑의 축조에 그다지 뒤지지 않는 업적이 당시에 이루어진 것이라는 점이다. 그러면서도 신의 마음에 들어, 적어도 인간의 헤아림으로는 바로 저 탑의 정반대를 의미하는 것이다(BcM, 54).

비교민족사학자인 일인칭 화자는, 만리장성의 업적이 곧 서양의 바벨탑 축조에 비교해도 손색이 없을 뿐만 아니라, 신에 대한 도전이자 '악마의 작업'[25]으로 받아들여져 인간이 다시는 하나의 언어로 소통하지도, 한 집단으로 단합하지도 못하도록 흩어지게 했다는 성경(창세기 11장)의 이야

25 Bernhard Greiner, "Leben vor dem Gesetz: Die Geschichte des Turmbaus zu Babel(Genesis 11) und Kafkas Umschrift (Beim Bau der chinesischen Mauer)," *Beschneidung des Herzens. Konstellationen deutsch-jüdischer Literatur*, München, 2004, pp.11-30, 여기서는 p.12.

[그림 2] 피터 브뤼겔, 〈바벨탑〉(1563)

기와는 정반대를 뜻한다고 보았다. 화자는 '만리장성'의 업적과 그 의미를 서양의 바벨탑 신화를 세속화하여 '정치적'으로 해석하고 있는 것이다 [그림 2]. 중국의 황제는 천자로서 신과 같은 아우라를 지녀 왔듯이, 만리장성의 축조로 그어진 경계선 '안'에 속하는 다언어, 다민족을 천자인 황제 지배 질서 아래 단일한 집단으로 만들어 천자의 마음에 들도록 함으로써, 서양의 바벨탑 신화와는 정반대의 의미를 지닌다는 것이다. 북방의 오랑캐 침입으로부터 보호하기 위해 축조한다는 '만리장성'은 지리적 국경의 차원에서만이 아니라 정신적 · 이념적 차원에서도 하나의 질서와 통일성을 부여하는 정치적인 상징 장치였던 것이다. 그래서 화자가 읽은 책의 저자는 만리장성이 "하나의 새로운 바벨탑을 위한 확실한 토대"(BcM, 54)라고 '새로운'이라는 형용사를 부가하여, 서양에서의 바벨탑이 지니는 문화적 상징성을 변형하면서 만리장성에 중첩시키고 있는 것이다. 아울러 화자는, 어떻게 "4분의 1 원 혹은 반원밖에 짓지 못한"(BcM, 54) 장성이 그런 탑의 토대가 될 수 있을까라고 의심하며 이 책

저자의 주장을 반박한다. 그러면서 "이것은 정신적인 차원만을 의미하는 것일 수 있다"(BcM, 54)고 덧붙인다. '만리장성'이 구체적인 물리적 공간에 '새로운 바벨탑'을 쌓기 위한 토대라기보다는 '만리장성'이 지니는 정신적 · 이념적 차원의 상징성을 강조하는 것이다.

오늘날의 중국사 서술에서도 만리장성 자체가 "아무리 육중하다고 해도 공격자들이나 침입자들을 막아내지 못했고 일반적으로 다른 방어 전략이 비용면에서 더욱 효율적"[26]이었음에도 불구하고 장성을 짓는 까닭은, "방어 차원 이상"[27]의 의미를 지니기 때문이라고 설명한다. 즉 만리장성은 "질서와 무질서, 중화제국과 야만인들을 구분하는" 경계선이었고, 장성을 통해 "중국이 세계에서 유일하게 문명을 소유한 민족이라는 믿음을 반영"[28]한다는 것이다. 카프카의 작품에서도 '만리장성'은 거의 이와 같은 의미로 기능하고 있다. '북방 오랑캐'의 침입을 방지하기 위해 만리장성을 축조한다는 지도부의 설명이 설득력이 없다고 의문을 제기하는 일인칭 화자의 반론에서 만리장성이 지니는 군사적 방어벽 이상의 의미를 볼 수 있다. 광활한 중국의 남동부 변방 출신인 화자는 북방 오랑캐의 위협을 받지도 않지만, 그들을 본 적도 없다고 한다. 그들의 잔혹함은 예술가들이 그린 그림이나 이야기로 전해지고, 그런 것은 아이들이 말을 안 들어 겁을 줄 때나 사용한다는 것이다. '북방 오랑캐'는 황제 지배 체제의 권력 유지를 위해 만들어 낸 "정신적 허구의 가면"[29]일 뿐이다. 광활한 중국 땅 위의 다양한 인종과 민족을 하나의 제국 안에서 통치 · 지배하기 위

26 패트리샤 버클리 에브리, 『케임브리지 중국사』, 이동진 · 윤미경 옮김, 서울: 시공사, 2003[2001], 227쪽.

27 앤 팔루던, 『중국 황제』, 이동진 · 윤미경 옮김, 서울: 갑인공방, 2004, 25쪽.

28 앞의 책, 같은 곳.

29 Christian Gooden, "The Great Wall of China: An Intellectual Dilemma," Franz Kuna(ed.), *On Kafka: Semicentenary Perspectives*, London, 1976, pp.128–145, 여기서는 p.136.

해 '우리라는 의식'이 필요했고, 또 그것을 위한 '그들의 존재'가 필요해서, '우리'와 '그들'을 가르는 엄청난 길이의 '만리장성'을 물리적인 공간과 민중들의 의식에 쌓았던 것이다.

민족적 단합을 위해 부분 축조 방법으로 지을 수밖에 없었던 만리장성은 아이러니하게도 '틈'이 있다. "완성되었다고 공포된 뒤에"야 메워지기도 했고 "메워지지 않은 틈들이 있다는 주장도" 있어 장성에 관한 숱한 "전설들"이 생겨났다(BcM, 51). 이는 개개인의 눈으로 직접 "확인할 수 없을"(BcM, 51) 정도로 장성이 길어졌기 때문이다. "불분명한 현상의 원인을 파헤치는 것에 항상 마음이 끌렸던"(BcM, 57) 일인칭 화자는 이러한 만리장성의 틈을 생각하는 과정에 중국의 기구들 중에서 "가장 불분명한 기구"인 "황정Kaisertum"(BcM, 57)을 고찰한다. 학교 교육은 이를 분명하게 설명하는 것 같지만 사실은 "안개와 연기에 싸여 영원히 미지의 것"(BcM, 58)으로 남겨둘 뿐이다. 황정, 황제 제도에 대해서는 민중들에게 물어보아야 한다며 민중으로 화자는 시선을 돌린다. 그러나 민중들은 "많은 것을 듣기는 하지만, 그 많은 것들 중에서 아무것도 취할 만한 것이 없다"(BcM, 58)고 한다. 민중들은 결국 진짜 황제에 대해 아는 바가 없다. 이렇게 만리장성의 틈에 대한 화자의 숙고는 '황제와 민중 사이의 틈'에 대한 숙고로 전환된다. '황제와 민중 사이의 틈'은 바로 만리장성을 통해 갖추고자 했던 정치적 이념의 통일성에도 틈을 만든다. 이 틈은 폭동이 일어난 이웃 지방과 화자의 마을 사이에 있는 "본질적으로 상이한"(BcM, 61) 사투리로 표출된다. 만리장성을 토대로 "새로운 바벨탑"을 쌓겠다는 본래의 목적은 실현되지 못한 것이다. '만리장성의 틈'은 결국 황제와 민중 사이의 틈, '제국의 틈'을 상징한다. 죽어가는 황제의 칙령을 전하기 위해 궁을 빠져나가려고 하나 시시포스처럼 제자리에서 맴돌고 있는 칙사의 모습이 보여 주듯이, 황제와 민중 사이에도 관료제의 고질병으로 진정한 소통이 있을 수 없고, 지방의 민중들 사이에도 '본질적으로 상이한' 언어로 진정한 소통이 이루어지지 않는다. 설사 거지가 가지고 온 쪽지에 이웃 지방의 폭동에 관한 소식이 있었다고 하더라도 화자의 마을 사람들은 이를 시대착오적인 "낡은 것"으로 치부해 버리면서 "현재를 소멸시킬 준비가 되어 있다"(BcM, 61)고 화자는 진단한다. 이미 황제는 죽었어도 여전히 매일 저녁 황제의 메시지를 꿈꾸던 변방의 개개인들의 의식 속에는 아직도 황정의 질서가 남아 있어 변화하는 현재를 받아들이지 못하는 것이다. 그래서 변방의 삶은 "현재의 법칙 하에 있는 삶이 아니고 오직 옛날부터 [……] 내려온 지혜와 경고에만 따르는" (BcM, 62) 삶이라는 것이다.

일인칭 화자는 중국 황제 제도의 문제점, 즉 중국의 중심 베이징과 변방 사이의 틈, 단절의 원인이 정부와 민중 양쪽 모두에게 있다고 진단한다. 황제 제도의 기구들을 투명하게 만들어 유지해서 나라의 최전방 국경 지역의 변방에까지 영향력을 미칠 수 있게 하지 못한 정부의 소홀한 면도 문제가 있고, 민중에게도 현재성을 가지고 생동감 있게, 무너져 가고 있는 베이징의 황제 제도를 신민의 마음으로 자신의 가슴으로까지 껴안을 만큼 상상력이나 믿음이 충분하지 않다는 데에도 문제가 있다는 것이다. 그러나 그렇다고 해서 화자는 황제와 민중 사이의 틈을 없애고 완전히 투명한 관계로 중앙의 황제가 변방의 민중까지 치밀하게 지배하거나, 거꾸로 민중들이 몰락하고 있는 황제를 "신민의 가슴으로" 부활시키는 것이 "미덕"은 아니라고 본다. 오히려 "그 반대"(BcM, 62)라고 본다. 여기서 화자의 시각은 근대적인 것처럼 보인다. 그러나 그럼에도 불구하고 그는 이내 민중의 황제에 대한 '상상력과 믿음의 약함'이 역설적이게도 제국의 가장 중요한 통일 수단의 하나라고 보면서 황급히 연구를 중단한다. 이 문제를 계속 파헤치면 양심이 흔들리는 문제가 아니라 "우리의 두 다리를 뒤흔들"(BcM, 62), 즉 삶의 토대를 전복시킬 문제를 건드리게 된다는 것이다. 연구를 중단하는 순간 그는 사실 무너져 가는 제국의 본질을 통찰했음에도 불구하고 기존 질서의 붕괴를 두려워하듯 더 이상 캐묻지 않는다. 차라리 그는 지금과 같이 민중의 황제에 대한 상상력과 믿음의 약함 내지 부족함이 '만리장성의 틈'처럼, 그런대로 부족함이 있는 채로, 제국의 기본 질서를 이어갈 수 있다고 보는 듯하다. 그의 마을 사람들이 그랬던 것처럼 그도 변화하는 "현재를 소멸시키고"(BcM, 61) 있는 것과 다르지 않은 태도로 자신의 연구와 이야기를 끝맺는다.

중심과 주변의 역설적 유희

앞에서 살펴보았듯이, 카프카는 「만리장성 축조 때」에서 디트마의 여행기를 통해 전해지는 신해혁명 직전 변화하는 중국의 모습도, "중국의 진정한 개혁은 서구의 도움을 통해서만 구체화할 수 있다"는 식민주의적 낙관론도 다루고 있지 않다. 오히려 그런 변화 '이전'의 중국 이미지에 초점을 맞추고 있고, 대체로 유럽의 오리엔탈리즘 담론이 보여 주었던 부정적인 중국 이미지, 특히 "부패하고 역사적으로 정체되어 진보가 있을 수 없다"는 식의 중국 이미지를 거의 그대로 작품에 수용한다. 마치 카프카 자신 역시 '서유럽 중심주의'적 시각에서 '중국'을 하나의 '주변'으로 폄하하기라도 하듯이 말이다. 그러나 동시에 '만리장성'이라는 건축물을 통해 고대 중국이 문명을 소유한 제국이었음을 일깨우면서 바벨탑의 신화를 가지고 있는 유럽의 이미지를 오버랩시킴으로써 유럽의 오리엔탈리즘 담론에 내포된 부정적인 중국 이미지를 고스란히 유럽으로 반사시켜 되돌려 주고 있다. 다시 말해 카프카는 '중국'이라는 동양의 낯선 문화를 빌려와 유럽의 자문화를 성찰하고 있는 것이다. 만리장성을 쌓으며 문명과 야만의 경계선을 긋고 경계선 안쪽의 다언어, 다민족을 이념적으로 통합하여 하나의 제국을 이루어 오던 중국의 신정주의적 황제 제도에 관한 이야기에 주위 소수민족들을 합병하면서 제국을 키워 온 합스부르크 왕가, 곧 오스트리아-헝가리 이중왕국의 양상들이 문학적 유희를 통해 투사되고 있다. 황제에 대한 묘사, 민중들과 황제 사이의 관계, 만리장성에 비유될 수 있는 오스트리아제국의 군대를 떠올리는 것은 어렵지 않다. 이러한 투사를 가능하게 하기 위해 그의 초고에서 사용했던 중국만의 고유한 외적인 특성은 삭제했던 것이라고 볼 수 있다.

카프카의 작품 속에서 황제와 민중의 관계는 단절된 것이나 다름없는 양상으로 그려졌다. 민중들이 황제에 대해 숱하게 듣기는 하나 실제로 그에 관해 알 수 있는 것은 아무것도 없었고(BcM, 58), 황제도 민중과 다름없는 사람인데 그는 현실적 존재라기보다는 신화화된 실체 없는 존재처럼 민중들의 의식에 남아 있다. 작품 속의 이런 황제는 오스트리아-헝가리 이중왕국의 황제이자 왕인 프란츠 요제프(1830-1916)와 상당히 유사하다. 그는 합스부르크-로트링엔 가문 출신으로 1848년부터 오스트리아의 황제였고 1867년부터는 헝가리의 왕위도 겸했다. 다민족 국가의 엉성한 체제를 유지하며, 1910년 당시 무려 열 개의 언어를 공식어로 관청에서 사용해야 했을 정도로 다언어, 다민족의 문제를 품고 있던 이중왕국의 프란츠 요제프는 자신의 통치 불능을 은폐하기 위해 허울 좋은 형식주의적 의례에 의존하는 경향이 있었다. 작가 로버트 무질Robert Musil은 『특성 없는 남자*Der Mann ohne Eigenschaften*』에서 프란츠 요제프를 다음과 같이 묘사한다.

> 카카니아의 왕이자 황제인 그는 전설적인 노신사였다. 그 이래로 그에 관해 엄청나게 많은 책들이 쓰였다. 그래서 그가 무슨 일을 했는지, 무슨 일을

막았는지 혹은 중단했는지 사람들이 알고 있다. 그러나 정작 당시에, 그와 카카니아의 생명이 아직 붙어 있던 마지막 십 년의 세월 동안 [……] 젊은이들은 정말로 그가 존재하는지 종종 의심하기도 했다. 사람들이 본 그의 초상화 수는 그의 제국 안에 거주하는 사람의 수만큼이나 많았다. [……] 그의 존재를 믿는 것은 수천 년 전에 없어지고만 어떤 별을 지금까지 보고 있는 것과 다를 바 없다는 얘기가 쉽게 나올 법했던 것이다.[30]

이러한 황제 치하의 관료 체제가 명시한 행정의 목적은 "비독일 민족을 합스부르크 본국에 동화시켜 칙명에 따르도록 온 제국에 일체성을 확장하는 것"[31]이었다. 카프카의 작품에서 민중에게 "베이징은 피안의 삶보다 더 낯설"지만 마을 어귀에는 베이징을 향해 불길을 뿜고 있는 "성스러운 용" 상이 세워져 있듯이, 프란츠 요제프의 제국 곳곳에도 일치의 상징으로 검은 쌍두독수리가 그려진 노란 방패 문장이 걸려 있었다. 제국의 단합에 결정적으로 기여한 것은 '관료제'와 '군대'였다. 합스부르크 제국의 관료제도 카프카의 작품에서 묘사된 것 못지않게 부패하여 행정기관의 뇌물이 성행했을 뿐만 아니라, '관청의 까다로운 형식주의'도 유명했다. 이러한 관료제가 외적으로는 일치와 질서의 요새였지만, 사실은 부패와 파멸의 온상이었던 것이다. 합스부르크의 군대는 사실 주요 전쟁에서 패배만 기록하여 방위기관으로서는 낙제였지만, 제국을 떠받치고 있는 대들보였다. 군대는 황제나 왕실 못지않게 존경의 대상이었는데, 제국에 상존하며 평화를 유지했기 때문이었다. 여러 민족으로 구성된 군인들의 애국심이 다민족들을 하나로 통합하는 구실을 했다는 것이다. 황제는 민족들의 연

30 Robert Musil, *Der Mann ohne Eigenschaften*, Hamburg, 1952, p.83.

31 윌리엄 조스턴, 『제국의 종말 지성의 탄생, 합스부르크 제국의 정신사와 문화사의 재발견』, 변학수 · 오용록 외 옮김, 서울: 문학동네, 2008, 84쪽.

계를 위해 바로 군의 일체감에 큰 가치를 두었다. 그러나 다양한 언어의 민족 구성원으로 이루어진 군대라서 언어 장애가 사병과 장교 사이에 부작용을 낳기도 했다. 대다수의 시민들은 군인들의 화려한 제복을 좋아했고 그들의 행렬이 수도 빈Wien의 거리에 활기를 불어넣는다고 생각했다. 1916년 프란츠 요제프가 사망한 뒤 제1차 세계대전이 장기전으로 돌입하여 소수민족들의 불만이 불거지면서 결국 패전하고 이중왕국이 해체되었음에도 불구하고, 1920년대 빈의 시민들은 군대의 화려한 의전 활동을 보지 못해 아쉬워하기도 했다고 한다. 이런 점에서 합스부르크 제국의 군대는 카프카의 '만리장성'이 가지는 문화적 상징성을 공유하고 있다고 볼 수 있다.

카프카는 유럽 오리엔탈리즘 담론의 부정적 중국 이미지를 거의 그대로 사용하여 얼핏 보기에는 유럽중심주의적 입장에서 중국을 보고 있는 것 같다. 그러나 실은 유럽 자신의 모습을 먼 동양의 중국이라는 역사적 · 문화적 공간에 투사시킴으로써, 유럽의 자문화를 '중심'의 위치에서 이탈시켜 '주변'의 위치에 정위시켜 봄으로써 스스로에 대한 비판적 성찰의 거리를 확보하고 있는 것이다. 이러한 문학적 유희 전략을 통해 유럽중심주의적인 오리엔탈리즘 담론의 부정적인 중국 이미지가 결국은 자문화의 문제로 부메랑처럼 되돌아오게 하는 효과를 낳고 있다.

4. 나오는 말

카프카의 단편 「만리장성 축조 때」에 반영된 중국 이미지와 그 기능의 분석을 유럽의 전통적인 오리엔탈리즘의 담론 및 역사적 · 문화적 콘텍스트와의 관계 속에서 살펴보았다. 작품 분석 과정에서 밝혀졌듯이, 카프카는 결국 중국이라는 먼 동양의 타문화를 빌려와 제1차 세계대전 발발의 주범이자 대전의 패배로 붕괴, 해체되어 역사 속으로 사라진 오스트리아-헝가리 이중왕국을 중심으로 유럽 문화에 대한 비판적 성찰의 장을 제시하고 있다.

작품 형성 과정에서 이미 작가 카프카에 의해 문화적 경계 넘기 내지는 문화적 차이가 전제되어 있는 이 경우 역시 상호문화적인 문학작품으로 볼 수 있을 뿐만 아니라, 타문화를 빌려와 자문화를 성찰하는 몽테스키외Charles de Montesquieu의 『페르시아인의 편지』와 같은 범주로 생각할 수 있다. 이는 문학사적으로 몽테뉴Michel E. de Montaigne로까지 거슬러 올라갈 수 있는 오랜 전통의 문학적 장치이기도 하다. 페르시아에서 프랑스로 여행 온 우즈벡과 같은 이방인의 눈을 빌려 자문화인 프랑스 문명의 편견과 모순을 비판하는 것과 유사한 효과를 카프카의 작품에서도 확인할 수 있다. 물론 카프카의 작품에서는 몽테스키외의 작품에서처럼 이방인의 시각이 '텍스트의 틀' 안에서 조우하거나 충돌하고 있지는 않다. 그러나 텍스트의 틀 밖으로 조금만 관찰 영역을 확장하여 카프카의 이 텍스트가 생성된 당시의 역사적 · 문화적 콘텍스트에서 함께 생각하면 상이한 문화 간의 교차 지점이 이내 드러난다.

문화적인 콘텍스트에서 읽는 「만리장성 축조 때」는 '상상의 공간'으로서 중국을 이야기하지만 동시에 '사실의 공간'으로서의 중국도 내포하고 있기 때문에 '문학'이라는 '허구적인' 장르의 경계 밖을 넘어서 '역사학'의 연구 대상으로도 읽힌다.[32] 아울러 카프카의 독특한 시각, 즉 소위 유럽 중심적 입장에서 '주변' 문화인 중국이라는 공간에 '중심' 문화인 유럽

32 예일대학교 역사학과의 강의에서 중국에 관한 서양인의 기록물들 중 하나로 카프카의 이 작품도 선정, 분석되고 있다. 조너선 D. 스펜스, 『칸의 제국. 서양인의 마음속에 비친 중국』, 김석희 옮김, 서울: 이산, 2000, 287-294쪽 참조.

을 오버랩시키는 카프카의 문학적 유희는 오늘날 오리엔탈리즘의 논의를 한층 더 다원적이고 풍요롭게 할 수 있다고 본다. 카프카의 이러한 문학적 유희는 그가 늘 유럽의 한가운데서 '프라하의 이방인'으로서 스스로를 '중국인'이라 칭하는 소수자의 시선을 갖고 있었기에 가능했을 것이다.

참고 문헌

1. 1차 문헌

Goethe, Johann Wolfgang v., "Gingo Biloba," Johann Wolfgang v. Goethe, *West-Östlicher Divan*, HA Bd. 2. *Gedichte und Epen II*, München, 1998.

Kafka, Franz, *Briefe an Felice und andere Korrespondenz aus der Verlobungszeit*, Erich Heller & Jürgen Born(eds.), Frankfurt am Main, Fischer Verlag, 1967.

______, "Beim Bau der Chinesischen Mauer," Franz Kafka, *Beschreibung eines Kampfes. Novellen, Skizzen, Aphorismen aus dem Nachlaß*, Frankfurt am Main, 1983.

_____, "Fragment zum '*Bau der Chinesischen Mauer*'," Franz Kafka, *Beschreibung eines Kampfes. Novellen, Skizzen, Aphorismen aus dem Nachlaß*, Frankfurt am Main, 1996.

Musil, Robert, *Der Mann ohne Eigenschaften*, Hamburg, 1952.

2. 2차 문헌

김기봉, 「독일 역사철학의 오리엔탈리즘: 칸트, 헤르더, 헤겔을 중심으로」, 『담론 201』 7-1, 2004.

김연수, 「카프카의 '유형지에서' 만난 유럽인과 비유럽인」, 『카프카연구』 16집, 2006.

바겐바흐, 클라우스 , 『카프카. 프라하의 이방인』, 전영애 옮김, 파주: 한길사, 2005.

박희, 「'세계'와 '타자: 오리엔탈리즘의 계보 (I)」, 『담론 201』 5-1, 2002.

스펜스, 조너선 D., 『칸의 제국』, 김석희 옮김, 서울: 이산, 2000.

에브리, 패트리샤 버클리, 『케임브리지 중국사』, 이동진 · 윤미경 옮김, 서울: 시공사, 2003[2001].

이동희, 「헤겔과 부정적 중국 세계론」, 『철학』 48, 1996.

이영목, 「끊어진 사슬 잇기: 『페르시아인의 편지』의 페르시아 이야기」, 『불어불문학연구』 30, 2004.

정진농, 『오리엔탈리즘의 역사』, 서울: 살림, 2003.

조스턴, 윌리엄, 『제국의 종말 지성의 탄생, 합스부르크 제국의 정신사와 문화사의 재발견』, 변학수 · 오용록 외 옮김, 서울: 문학동네, 2008.

팔루던, 앤, 『중국 황제』, 이동진 · 윤미경 옮김, 서울: 갑인공방, 2004.

하비, 데이비드, 『포스트 모더니티의 조건』, 구회동 · 박영민 옮김, 서울: 한울, 1994[1989].

Bachmann-Medick, Doris, "Spatial Turn," Doris Bachmann-Medick, *Cultural Turns. Neuorientierungen in den Kulturwissnsschaften*, Reinbek bei Hamburg, 2006.

Binder, Hartmut, *Kafka-Handbuch Bd. 2, Das Werk und seine Wirkung*, Stuttgart, 1979.

Bub, Tillmann, "Eine Mauer des Verstehens. Die literarische Gestaltung eines hermeneutischen Grundproblems in Franz Kafkas *Beim Bau der chinesischen Mauer,*" *Wirkendes Wort*, vol.3, 2006.

Canetti, Elias, *Der andere Prozeß. Kafkas Briefe an Felice*, München · Wien, 1984[1976].

Clarke, J. J., *Oriental Enlightenment. The Encounter between Asian and Western Thought*, London · New York, 1997.

Dittmar, Julius, *Im neuen China*, Köln, 1912.

Goebel, Rolf J., "Constrution Chines History: Kafka's and Dittmars Orientalist Discourse," *PMLA*, vol.108, no.1, January 1993.

_____, "Kafka's "An Old Manuscript" and the European Discourse on Ch'ing Dynasty China," Adrian Hsia(ed.), *Kafka and China*, Berne, 1996.

Gooden, Christian, "The Great Wall of China: An Intellectual Dilemma," Franz Kuna(ed.), *On Kafka: Semicentenary Perspectives*, London, 1976.

Greiner, Bernhard, "Mauer als Lücke. Die Figur des Paradoxons in Kafkas Diskurs der Kultur," Bernhard Greiner & Christoph Schmidt(eds.), *Arche Noah. Die Idee der 'Kultur' im deutsch-jüdischen Diskurs*, Freiburg, 2002.

_____, "Leben vor dem Gesetz: Die Geschichte des Turmbaus zu Babel (Genesis 11) und Kafkas Umschrift (Beim Bau der chinesischen Mauer)," Bernhard Greiner, *Beschneidung des Herzens. Konstellationen deutsch-jüdischer Literatur*, München, 2004.

Gruša, Jiři, *Franz Kafka aus Prag*, Frankfurt am Main, 1983.

Halbfass, W., *India and Europe: An Essay in Understanding*, Albany · New York, 1988.

Honold, Alexander, "Kafkas vergleichende Völkerkunde: 'Beim Bau der Chinesischen Mauer,' Axel Dunker(ed.), *(Post-)Kolonialismus und*

Deutsche Literatur, Bielefeld, 2005.

Longxi, Zhang, "The Myth of the Other: China in the Eyes of the West," *Critical Inquiry*, vol.15, no.1, Autumn 1988.

Lützler, Paul Michael, "Erfahrung und postkolonialer Blick: Zu Romanen von Timm, Born und Grass," Axel Dunker(ed.), *(Post-)Kolonialismus und Deutsche Literatur*, Bielefeld, 2005.

Meng, Weyan, *Kafka und China*, München, 1986.

Quian, Zhaoming, *Orientalism and Modernism*, Durham · London, 1995.

Rignall, J. M., "History and Consciousness in 'Beim Bau der chinesischen Mauer'," J. P. Stern & J. J. White(eds.), *Paths and Labyrinths*, London: Inst. of Germanic Studies, Univ. of London, 1985.

Stach, Reiner, *Kafka. Die Jahre der Entscheidungen*, Frankfurt am Main, 2004.

'경계' 개념에 대한 문화기호학적 접근: 구별의 원리에서 교환의 메커니즘으로*

김수환

1. 들어가는 말: 탈경계의 시대와 경계 개념의 재고

각종 경계 넘기 혹은 가로지르기 현상을 향한 비상한 관심은 학문적 추세를 넘어 문화적 유행이 된 듯하다. 가깝게는 '국경'에서 시작해 인종과 민족의 구분, 남성과 여성이라는 이분법적 성 정체성, 나아가 의식과 무의식, 정신과 육체, 주체와 타자라는 좀 더 근본적인 경계에 이르기까지, 기존의 모든 분할과 구별의 양태들이 새롭게 문제시되고 있다.

또한 이런 '트랜스' 열풍은, 주지하다시피 '경계인들'의 실존을 새롭게 이슈화했다. 디아스포라Diaspora로 대변되는 각종 월경자越境者들의 삶, 체계로부터 배제되거나 혹은 주변으로 내몰린 자들의 실존은 당면한 시대적 과제로서 첨예하게 대두되었다. 한국의 경우도 다르지 않아서, 다문

* 이 글은 『기호학연구』 23집(2006년 6월)에 게재되었던 논문을 수정·보완한 것이다.

화 가정, 이주 노동자, 탈북자 등 대단히 빠른 속도로 21세기 한국 사회에 새롭게 등장한 '타자他者'들과 어떻게 공존할 수 있을지, 또 우리 사회가 이들 배제된 소수자들에게 어떻게 '응답'해야 하며, 그들을 어떻게 '환대'할 수 있을지의 문제는 이제 철학적 사변의 주제가 아니라 우리 사회가 껴안고 가야만 하는 동시대의 문제적 현실이 되었다.

이런 과정의 배경을 이루는 보편적 콘텍스트는 여러 각도에서 고찰될 수 있을 것이다. 하지만 역시 무엇보다 중요한 것은 경제적 · 문화적 세계화globalization의 상황일 것이다. 전 지구적 자본주의화를 골자로 하는 세계사적 흐름은 단일(민족)문화의 경계를 넘어선 자본 · 정보 · 인력의 탈경계적 무한 이동 및 소통을 가능케 했다. 그뿐만 아니라 그것은 이른바 '외부 없는 세계'의 상황을 창출함으로써, 안과 밖을 가르는 근본적인 경계를 소거하고, 내부 공간을 가로지르는 수많은 경계의 재편을 불러왔다. 가령 오늘날의 세계가 자본주의적 질서의 '외부'를 상실했다는 인식은 '세계 체제론'의 월러스틴Immanuel Wallerstein이나 '제국론'의 네그리Antonio Negri와 하트Michael Hardt가 공통적으로 지적하는 바다. 제국은 외부를 가지지 않는데, 왜냐하면 "제국주의와 달리 제국은 결코 영토적인 권력 중심을 만들지 않고, 고정된 경계나 장벽에 의지하지도 않[는] [……] 탈중심화되고 탈영토화하는 지배 장치"[1]이기 때문이다.

이 과정에서 흔히 제1세계와 제3세계로 불리는 중심-주변의 관계 구도가 다각화되는 한편, 제3세계 자체가 주변부의 내적 차이를 발생시키게 되었다. 과거에 민족국가라는 완충적 매개를 거쳤던 지역적인 것the local과 지구적인 것the global의 만남이 직접적 대면의 양상을 띠게 되었고, 이에 따라 갖가지 새로운 형태의 횡단적 · 혼종적 문화 접변 현상을 만들어

1 마이클 하트 · 안토니오 네그리, 『제국』, 윤수종 옮김, 이학사, 2001, 17쪽.

내고 있다. 하지만 그와 동시에 생산의 초국화와 대규모 노동 이주의 상황이 중심부과 주변부 사이에 새로운 종류의 정치적 · 경제적 불평등을 야기하고, 나아가 공동체 내부에서 새로운 경계와 분할을 발생시키고 있는 것 또한 엄연한 사실이다. 요컨대 경계는 계속해서 지워지고 횡단되고 있는 (것처럼 보이는) 동시에 끊임없이 새로 그어지고 더욱 더 공고해지고 있다는 것이다.

만일 우리가 이 모든 현상을 '탈경계'라는 모종의 메타 개념으로 지칭하고자 한다면, 그때의 '탈脫'의 의미는 반드시 역설적인 이중성을 담아야만 할 것이다. 즉 그것은 언젠가 '구조'와 '구축'이 '포스트post-'와 '탈de-'이라는 접두사를 통해 조준하고자 했던 바로 그 지점, 그러니까 탈구조주의poststructuralism와 해체 혹은 탈구축deconstruction의 사유가 지향했던 철저한 자기 반성의 차원을 겨냥해야만 한다. 요컨대, 탈경계의 개념과 사유는 '경계' 개념 자체에 대한 좀 더 철저하고 근본적인 되묻기再考의 과정이 될 필요가 있다. 탈경계의 구호를 외치기 이전에 경계 자체의 의미와 본질을 좀 더 면밀하게 재검토해야만 한다는 것이다. 그 과정에서 지금껏 누락되거나 간과된 것을 찾아내고, 그 안에 잠재해 있는 대안적 가능성들을 부각시킬 수 있어야만 할 것이다. 이는 경계라는 개념이 모든 종류의 '나(우리)'를 만드는 가장 기본적인 정체성의 작동 범주라는 사실 때문만이 아니다. 위계의 전복은 그것이 중심과 주변을 가르는 틀 자체의 작동 원리에 관한 좀 더 근본적인 이해와 반성을 동반하지 못할 때, 흔히 끔찍한 '반복'만을 가져올 뿐이라는 점을 우리가 잘 알고 있기 때문이기도 하다.

요컨대, 오늘날 세계가 직면하고 있는 각종 탈경계 현상을 온전히 이해하고 적절히 대응하기 위해서는 경계 개념에 대한 근본적인 재검토가 불가피하다. 이런 문제 의식 하에 이어지는 글에서 '경계'의 개념에 대한 문화기호학적인 접근, 그 중에서도 러시아의 문화기호학자 로트만Yuri M. Lotman의 이론적 논의를 검토하고자 한다. 기호학적 공간의 내/외적 경계가 갖는 다양한 함의와 그것의 역동적인 메커니즘을 이론화하고자 했던 그의 시도는 오늘의 관점에서 새롭게 읽힐 필요가 있다. 경계를 기호학적으로 개념화하는 과정에서 로트만이 제시했던 몇몇 이론적 개념(문화유형론, 기호계, 혼종성, 비대칭성, 중심/주변)을 면밀히 검토하고, 이를 오늘날의 사회문화적 현실에 비추어 적극적으로 재해석해 보고자 한다. 말하자면 이 시도는 이론의 문헌학적 고증보다는 그것의 현실적 적용을 목표로 하며, 기호학이라는 (분과)학문의 경계 내에 머물기보다는 그것을 벗어난 (이질적 담론들과의) 열린 대면과 소통을 지향한다. 이런 나름의 '번역' 시도가 우리 시대의 문화적 정황을 가리키는 핵심적 용어 중 하나인 '탈/경계'의 개념을 이해하고 정초하기 위한 의미 있는 통찰과 시사가 될 수 있기를 기대한다.

2. 문화유형론과 경계: 안과 밖의 대립적 분할

로트만의 기호학에서 소위 '공간적 모델'이 갖는 중요성은 잘 알려져 있다. 공간적 모델과 관련된 로트만의 사유는 그의 기호학 이론의 가장 중요한 특징 중 하나로서, 기호학적 체계로서 문화를 사유하는 그의 방식의 토대를 이룬다. 종교, 경제, 사회 등의 개념 대립이 (위상기하학의 모델에 기초한) '공간적 언어'를 통해 표현될 수 있다는 생각, 흔히 "공간적 모델링"이라는 용어로 표현되는 이런 사고는 문화유형론typology of culture을 비롯한 로트만의 각종 이론적 논의의 바탕에 깔려 있다.[2]

로트만의 문화유형론은 기호 체계로서의 문화가 세계를 특정한 방식으로 모델링하고 있다는 사실을 전제로 한다. 문화는, 마치 각각의 언어가 나름의 방식으로 현실을 분절하고 개념화하고 있듯이, 현실을 '나름대로' 모델링하고 있는데, 문화가 만들어 낸 자화상('자기 모델')이라 할 이 세계상은 보편적으로 동일한 것이 아니라 (문화의 유형에 따라) 상이하게 나타날 수 있다는 것이다. 시대와 지역에 따라, 정확하게는 '문화가 그 자신을 표상하는 방식에 따라' 달리 나타나는 이런 문화의 모델들을 일정한 유형으로 '분류'하고 그런 분류의 방식 자체를 기호학적으로 정식화하는 일, 바로 그것이 로트만이 말하는 문화유형론이다.

그런데 문화유형론의 기본 프레임으로 사용되는 여러 분류의 범주 중에서 가장 기본이 되는 것이 바로 '경계' 설정의 범주이다. 기호학적 체계로서 문화는 그것이 자신의 '내부'와 '외부'를 어떻게 경계짓는지에 따라 구분되고 분류될 수 있다. 바꿔 말해, 문화의 '안'과 '밖'을 나누는 경계의 특질들이 해당 문화의 '유형'에 따라 달리 나타날 수 있는 상대적인 것이라면, '포함'과 '배제'라는 대립의 원칙 자체는 문화 일반에 보편적인 기초적 원리가 되는 것이다(가령, 그것은 '진짜 종교 대 거짓 종교', '계몽 대 무지', '특정한 인종적 그룹에 속함 대 속하지 않음'과 같은 안티 테제로 나타날 수 있다).[3]

요컨대, 모든 문화는 세계를 '자체의' 내적 공간과 '그들의' 외적 공간으로 나눔으로써 시작된다. 죽은 것으로부터 산 것을, 유목민으로부터 정착민을, 평야로부터 도시를 분리하는 경계는 국경일 수도 있고, 사회적·민족적 혹은 여하한 종류의 또 다른 변경邊境일 수도 있다. 경계를 통해 분리된 이 내적 공간은 '우리의', 또는 '나 자신만의', '문화화되고' '안

2 로트만 기호학 전반에서 '공간'의 개념이 갖는 이론적 의미와 그 변모 과정에 관한 논의는 김수환, 「유리 로트만 기호학에 있어서 '공간'의 문제」, 『기호학 연구』 11권, 2002, 213-244쪽을 참조.
3 유리 로트만, 『기호계』, 김수환 옮김, 문학과지성사, 2008, 101쪽.

전하며', '조화롭게 조직화된' 공간인 반면에 '그들의 공간'은 '적대적인' '다른' 공간, '위험스러운', '혼돈의' 공간이 된다."[4]

또한 문화의 유형은 내부와 외부의 관계, 그러니까 경계를 통해 분할된 '이 세계'와 '저 세계' 사이의 관계를 해당 문화가 어떻게 바라보는지에 따라 구분될 수 있다. 예를 들어, (우리의) 이 세계와 (그들의) 저 세계가 원칙적으로 구분되는 별개의 세계로 간주될 경우, '저곳'은 비인간적이며 불가해한 신적 존재들 혹은 사회적 · 윤리적으로 적대적인 존재들이 거주하는 공간이 된다(이 경우 불가해한 신적 존재와 적대적 괴물은 동일선상에 놓이는데, 왜냐하면 둘 모두는 인간적 척도를 벗어난 다른 차원의 거주자, 그래서 제외되어야 하는 존재라는 점에서 다르지 않기 때문이다).[5]

반면, '여기'와 '저기'가 동일한 차원을 갖는 것으로, 즉 '그들의' 세계가 원칙상 '나의' 세계와 다르지 않은 것으로 여겨질 수도 있다. 그 경우에 '저곳'은 적대자 또한 인간에 불과함이 드러나는 장소 혹은 괴물의 본모습이 인간으로 판명되는 장소가 된다. 휴머니즘 이념의 기초로 해석될 수 있는 이 도식은 가령 톨스토이의 『전쟁과 평화』에서 프랑스 포로들을 두고 러시아 병사가 던지는 '그들도 인간이다'라는 말이나, 등장인물 로스토프가 자신이 기대했던 '적' 대신에 또 다른 인간의 얼굴을 마주 대하고서 총을 쏘지 못하는 장면에 해당하는 것이다.[6]

한편 문화의 기본 모델을 경계를 통해 분할된 두 세계로 간주하는 로트만의 이런 입장은 그 경계를 횡단하는 '경계 이월'의 가능성을 원칙적으

4 Yuri Lotman, trans. by Ann Shukman, *Universe of The Mind A Semiotic Theory of Culture*, Indiana University Press, 1990, p.131.

5 리처드 커니, 『이방인, 신, 괴물: 타자성 개념에 대한 도전적 고찰』, 이지영 옮김, 개마고원, 2004.

6 로트만, 『기호계』, 33-34쪽.

로 전제하고 있다. 로트만에 따르면, (흔히 플롯plot으로 영역되는) 슈제트syuzhet의 기본 단위인 '사건'은 경계의 횡단, 즉 '의미론적 경계의 돌파'가 감행되었을 때 비로소 성립할 수 있다. 이른바 주인공이란 이 특별한 길(선분)을 긋는 텍스트의 수행 주체로서, 가령 민담의 주인공이나 지옥을 순례하는 단테의 주인공, 상류 사회로 진입하고자 하는 라스티냐크, 혹은 금지를 뛰어넘어 사랑을 감행하는 로미오와 줄리엣은 모두 경계를 넘어 움직이는 인물인 것이다. 요컨대, 사건의 총체로서의 슈제트란 "주어진 세계상과의 관련 속에서 발생하는 혁명적 요소"[7]가 된다.

이렇듯 문화를 '유형학적' 관점에서 바라보는 로트만의 접근은 체계의 내부와 외부를 가르는 경계의 메커니즘을 다양한 각도에서 유연하게 파악하고 있다. 그의 접근은 내부와 외부, 그리고 둘 간의 경계로 이루어진 기본 모델을 텍스트의 수행적 주체의 '시점'과 결합함으로써 다양한 변이형을 도출해 내고, 나아가 주어진 세계상 안에 '움직임'의 요소(사건성)를 도입함으로써 내러티브의 단초를 심어놓고 있다.

하지만 이런 변용과 확장의 생산성에도 불구하고, 부정하기 힘든 사실은 로트만의 유형학적 문화 모델 역시 본질적으로 말해 경계를 통한 배제(/타자화)의 논리라는 '정체성의 기본 형식'에 기초하고 있다는 점이다. 주지하다시피 경계를 통해 특정 대상의 내부와 외부를 분할하는 행위는 자아와 타자를 대립적으로 구분함으로써 전자를 완결된 형식과 균형잡힌 구조로 세우려는 관념적 의지의 기본 전략이다(가라타니 고진柄谷行人에 따르면, 이런 '건축에의 의지'는 플라톤에서 시작해 구조주의에 이르는 서양 사상사의 흐름을 지배한다. 즉 그것은 관념적 건축의 역사, "은유로

7 Ю. Лотман, *Структура художественного текста*, М., 1970, p.228.

서의 건축"의 역사인 것이다).[8] 여기서 '경계'의 메커니즘은 나와 남, 주체와 타자, 내부와 외부를 가르는 '대립적 분할'의 기능에 전적으로 귀속되는데, 그것은 개인 심리의 개체적 차원에서 특정한 민족 문화의 차원까지 걸쳐 있는 정체성의 일반 원리에 복무한다.

문제는 안과 밖의 대립에 기초하는 이런 형식이 (앞선 로트만의 모델이 보여 주듯이) 경계로 나뉜 내부와 외부를 '실체화'하고 있다는 점이다. 이런 실체화된 대립 구도는 선을 자아 정체성 및 동일성의 개념과 등치시키고, 악을 우리 밖의 이질적 존재와 연결시키는 사유의 흔적이다.[9] 또한 주체 이전에 타자가, 타자 이전에 주체가 존재한다는 이런 환상은, 약간 다른 각도에서 보자면 정치란 '친구'와 '적'의 구분이라는 하나의 선분 위에서만 작동한다는 슈미트Carl Schmidt의 우적이론友敵理論을 떠올리게 한다. 그뿐만 아니라 이런 사유 형식이 암묵적으로 전제하는 것은 타자란 내가 속한 사회와 세계의 외부, 즉 내가 속한 커뮤니티의 '바깥'에서만 존재한다는 생각이다. 체계의 내부에 존재하는 이질적 타자, 공동체에 내속內屬하는 타자의 가능성을 그것은 인정하지 않는다.

하지만 무엇보다 문제가 되는 것은 이와 같은 사유의 형식이 '경계'의 개념과 그것의 메커니즘이 가질 수 있는 훨씬 더 적극적이고 창조적인 잠재성을 허용치 않는다는 점이다. 여기서 경계는 대립적 분할의 표지, 기껏해야 극복해야 할 '장벽'으로서 간주되고 있을 뿐, 경계의 메커니즘이 갖는 본질적인 양면성과 이중성을 탈각하고 있다.

흥미로운 사실은 문화 체계의 모델을 사유하는 로트만의 관점이 이후에 일정한 변모를 겪었으며, 그 최종적인 결과로 '기호계記號界;

8 가라타니 고진, 『은유로서의 건축: 언어, 수, 화폐』, 김재희 옮김, 한나래, 1998, 47쪽.
9 리처드 커니, 앞의 책, 116쪽.

semiosphere'라는 독특한 이론적 개념을 도출했다는 점이다. 로트만 기호학의 후반기(1980년대 이후)에 창안된 이 개념, 흔히 '세미오스피어semiosphere'로 불리는 이 개념은 여하한 종류의 기호학적 행위와 소통이 이루어지는 총체적인 장, 즉 일종의 기호 생태계를 뜻한다. 그것은 "모든 살아 있는 생명체의 유기적 통일성과 그들의 삶을 지속하기 위한 조건"을 지칭하기 위해 러시아의 생물학자 베르나츠키Vladimir I. Vernatsky가 만든 생물계biosphere 개념에 빗대어 창안된 것으로, 상이한 언어와 다양한 기호 체계의 단순한 축적이 아니라 그것들의 존재와 기능을 위해 선재하는 기호학적 조건, 한마디로 모든 구체적 기호 작용에 앞서 존재하는 단일하고 총체적인 메커니즘을 의미한다. 로트만에 따르면 "기호학적 경험은 기호학적 행위에 선행하는 바, 기호계의 외부에서는 그 어떤 커뮤니케이션도, 언어도 있을 수 없다."[10] 요컨대 기호계 개념은 대립적 경계로 이루어진 기존의 문화 모델을 대체하기 위해 창안된 새로운 총체적 공간 모델에 해당한다고 할 수 있다.

여기서 특별한 관심을 끄는 것은 이 새로운 개념을 오늘날의 문화적 현실, 전 지구화와 더불어 대두된 모종의 '보편적 상황'에 비추어 다시 읽어볼 가능성이다. 내/외부 공간의 대립적 분할에 기초한 기존의 모델이 본질상 '민족 국가'의 형태에 조응하는 것이라면, 이 새로운 총체적 모델은 수많은 내적 경계를 포함하면서 그 모두를 아우르는 훨씬 더 큰 형태의 체제에 더 적합하다. 어떤 영토적 경계도 한정하지 못하는 새로운 체제, "공간적 총체성을 효과적으로 망라하면서 사실상 문명 세계 전체를 지배하는 체제를 설정하는"[11] 네그리와 하트의 '제국' 개념에 동의하는지

10 Lotman, *Universe of The Mind*, p.124.
11 네그리 · 하트, 『제국』, 19쪽.

의 여부와 관계없이, 오늘날의 현실이 급진적인 탈영토화의 힘에 따르는 자본의 순환, 언젠가 맑스Karl Marx가 "실재적 추상의 지배"라는 말로 표현한 바 있는 매우 '특수한 보편성'의 상황에 처해 있다는 점은 부정하기 어렵다. 후기 자본주의 글로벌 시장이라는 오늘날의 현실에서, 탈영토화하는 자본의 힘은 맥락에 따른 특수한 조건들을 능동적으로 무시하면서 전 지구적으로 진행되고 있다.[12]

공간적 총체성의 양상을 띠면서 새롭게 대두된 이 보편적 상황을 어떻게 가치 판단할 것인지의 문제와는 별도로, 분명 의미심장한 것은 (사유하는) 세계의 전체성을 뜻하는 이 기호계의 개념이 더 이상 '안'과 '밖'의 나눔이 불가능한 '무한'의 세계를 의미하는 것이라는 점이다(기호계의 바깥은 또 다른 기호계의 안쪽이기에, 기호계는 사실상 비기호학적인 외부 세계와 만날 수 없다).[13] 그것은 무한을 통해 세계를 닫음으로써 안과 밖의 구별 자체를 무화시켜 버리는, 더욱 중요하게는 그런 구별 자체를 복수화하고 내부화하려는 기획에 해당한다. 외견상 내부와 외부 공간의 구별과 차이를 무화無化시킨 듯 보이는 기호계의 개념은 따라서 지금껏 '바깥'으로만 투사했던 이질성과 타자성을 내부로 끌어들이는 중대한 변모일 수 있다.[14] 또한 "기호학적 경험이 기호학적 행위에 선행한다"는 기호계의 공리는 '친구(내부)'와 '적(외부)'의 구분이라는 하나의 선분 위에서 작동하는 이념(가령, 카를 슈미트)으로부터 '교통 공간이란 논리적

12 따라서 오늘날에는 무언가를 특정한 근거에 위치시키려는 급진적 역사화나 콘텍스트화의 시도가 오히려 (후기 자본주의 글로벌 시장이라는) 현실을 이데올로기적으로 은폐하게 된다. 슬라보예 지젝, 『전체주의가 어쨌다구?』, 새물결, 2008, 12-13쪽.

13 로트만, 『기호계』, 329쪽.

14 '기호계' 개념의 창안에 이르는 로트만 기호학의 발전 과정을 문화적 타자성의 내부화 과정, 즉 '체계 외적 타자성'이 '체계내적 이질성'으로 점차 변모해 가는 (외부의 내재화) 과정으로서 읽어낸 시도로 김수환, 「로트만의 문화기호학: 구조적 대립에서 비대칭적 대화로」, 『기호학연구』 16집, 2004, 135-158쪽 참조.

으로 공동체의 발생에 선행한다'는 생각(가라타니 고진)으로, 혹은 '서로 다른 두 언어는 단지 번역 행위의 효과로서만 나타난다'는 주장(사카이 나오키)으로 옮아가는 과정으로도 이해될 수 있을 것이다.

이 새로운 기획 아래서 앞서 지적한 이질적 타자성의 문제가 어떻게 사유될 수 있는지, 나아가 경계의 메커니즘이 지니는 능동적 잠재성이 어떻게 실현될 수 있는지를 고찰하기 위해서는 기호계 개념의 주요한 특징들을 하나씩 점검해 볼 필요가 있다. 만일 '기호계로서의 전 지구화', 혹은 '전 지구화로서의 기호계'가 일방적인 동일화와 균질화의 시스템이 아니라고 한다면, 내적 창조와 갱신의 가능성은 어디에서 찾을 수 있을까?

3. 기호계의 이질성과 비대칭성: 중심과 주변의 동역학

앞서 지적했듯이, 기호계 개념의 가장 중요한 특징은 고립된 정적 체계가 원칙적으로 불가능하다는 점이다. 즉 그것이 가정하는 공리란 모든 체계는 온전히 기능(작동)하기 위해 '언제나-이미' 기호계라는 일정한 기호학적 공간 연속체continuum 속에 잠겨 있어야만 한다는 것이다. 소통과 교환이라는 기호학적 경험은 (개별적인) 기호학적 행위에 선행하는 것이므로, 여기서는 이른바 '로빈슨 크루소의 원리'가 적용되지 않는다. 원형적 모델로서의 개별 대상을 격리시킨 후 그것을 다시 일반 모델로 추상화하는 이 원리는 데카르트René Descartes의 『방법서설』에 나오는 세 번째 원리, '가장 단순한 것에서 가장 복잡한 것으로'의 법칙에 상응하는 것이다(문화유형론에 관한 로트만의 앞선 접근에서도 사실상 이 법칙이 적용되었다). 근대적 학문 방법론의 이와 같은 일반 원리에 기호계의 개념이 부합하지 않음을 지적하면서, 로트만은 다음과 같이 설명한다. "조각조각의 비프스테이크를 이어 붙여서 송아지를 얻을 수는 없지만 송아지를 잘라내면 비프스테이크를 얻을 수 있는 것처럼, 개별 기호학적 행위들의 집산을 통해 기호학적 총체를 구현할 수는 없지만 그런 세계의 존재 자체는 일련의 기호적 행위들을 현실로 만들어 준다."[15] 즉 우리는 개별 기호 체계의 분석에 앞서 단일한 하나의 메커니즘이자 추상적 공간인 '기호계'를 고려해야만 하며, 이때 좀 더 1차적인 것은 그 메커니즘(건물)을 이루는 개별 부분(벽돌)이 아니라 기호계라 불리는 거대한 체계 자체인 것이다.

한편, 문화를 구성하는 다양한 메커니즘들이 결코 자족적으로 독립해서 존재·기능할 수 없으며, 오직 서로 간의 긴밀한 기능적 상관성 속에서만 작동할 수 있다는 인식으로부터, 전 지구화 개념을 수식하는 가장 주요한 개념 중 하나인 '복합 연계성complex connectivity' 개념[16]을 떠올리게 되는 것은 매우 자연스럽다. 전례 없는 밀도로 진행되는 상호 연계 및 상호 의존망의 급속한 발전은 고도로 복합적인 연계성을 세계화라는 경험적 현실의 가장 두드러진 특성으로 만들었다.

문화 체계를 구성하는 요소들의 기능과 상호 관계가 오직 기호계라는 '총체'의 관점을 통해서만 온전히 파악될 수 있다는 로트만의 사고는 또한 전 지구적 연계성의 구조가 만들어 낸 새로운 상황에 적절히 상응한다. 전 지구적 네트워크와 상호 의존성의 강화로 인해 이제 특정한 지역적local 사건은 결코 해당 지역의 한정된 맥락에만 머물 수 없게 되었다. 그것은 필연적으로 단일 세계의 전 지구적global 지평으로 끌어올려져 글로벌한 맥락 속에서 해석하게 된 것이다.[17] 로트만의 표현으로 바꿔 말하

15 Лотман Ю. М., "О семиосфере," *Избранные статьи*, Таллинн, 1992, p.13.

16 존 톰린슨, 『세계화와 문화』, 김승현 옮김, 나남, 2004, 13쪽.

자면, "기호계의 단위, 즉 기능하는 메커니즘의 가장 작은 단위는 개별 언어가 아니라 문화의 전체 기호학적 공간인 것이다."[18]

하지만 기호계 개념이 전 지구화라는 오늘의 현실에 시사하는 무엇보다 중요한 통찰은 그것의 내적 구조가 보여 주는 본질적인 특성이다. 기호계의 내부는 결코 동종의 균질적 요소들로 이루어져 있지 않다. "기호학적 공간은 다양한 이질적 언어와 그들 사이의 무수한 경계로 가득 차 있는바, 그것들은 완벽한 상호 번역 가능성으로부터 절대적인 번역 불가능성에 이르는 (넓은) 스펙트럼을 따라 갖가지 방식으로 연관된다."[19] 다시 말해 기호계의 내적 공간은 (그것을 외부와 분리시키는 1차적 경계 이외에도) "무수한 내적 경계로 절단되기 때문에 그것을 횡단하며 이동하는 각각의 메시지는 수없이 번역되고 변형되어야만 하며, 새로운 정보를 생성하는 과정은 그에 의해 눈덩이처럼 불어나게 되는 것이다."[20]

기호계의 내적 공간이 보여 주는 '이질성heterogeneity'과 관련해 또한 흥미로운 것은 기호계의 공시적 단면에서 확인되는 '복합 시간성'이다. 기호계 개념에서 반드시 고려할 것은 그것의 내부를 상이한 언어들이 상이한 '속도'로 순환하고 있다는 점이다. 즉 "기호계의 모든 공시적 단면을 가로질러 상이한 발전 단계에 처해 있는 이질적인 언어들이 충돌하고 있으며, 어떤 텍스트들은 해독을 위한 코드가 전적으로 부재한 상황에서 그 자신의 것이 아닌 언어 속에 잠겨 있기도 하다."[21] 말하자면 여기서 '작동하고 있는 것'은 가장 최근의 시간적 단면이 아니라 문화 텍스트의

17 R. Robertson, "Globalization: Time-Space and Homogeniety-Heterogeneity," Mike Featherstone, Scott Lash, & Roland Robertson(eds), *Global Modernities*, Sage Publications, 1995, pp.25-44.

18 Lotman, *Universe of The Mind*, p.125.

19 *Ibid.*, p.125.

20 *Ibid.*, p.140.

21 *Ibid.*, p.126.

'압축된 전체 역사'인 것이다. 이와 같은 혼종적인 시간성은 분명 전 지구화가 수반하는 독특한 시간 경험을 떠올리게 하는바, 흔히 '비동시성(의 동시성)'이라는 말로 표현되는 '혼합 시간성mixed temporality'이 바로 그것이다.[22] 이런 중층적 상황을 표현하기 위해, 로트만은 다음과 같은 '박물관'의 비유를 들고 있다.

> 공시적으로 관찰된 단일 세계의 예로 박물관의 홀을 떠올려 보라. 거기엔 알려지거나 혹은 알려지지 않은 언어로 서명된 각기 다른 시대의 전시물들이 그 언어의 해독을 위한 설명서와 나란히 전시돼 있다. 게다가 거기엔 박물관 직원들이 작성한 설명문, 관람 계획서, 방문객의 행동 준칙 등이 함께 놓여 있다. 이 홀 안에 관람 안내원과 방문객이 있다고 상상하라. 그런 후 이 모든 것을 단일한 하나의 메커니즘으로서 상상해 보라. 바로 이것이 기호계의 이미지다. 그 후 우리는 기호계의 모든 성분들이 정적이지 않은 역동적 상태에 있음을, 그것들의 관계가 끊임없이 변화하고 있다는 점을 또한 기억해야 할 것이다.[23]

분명 이와 같은 복잡하고 다층적인 이미지는 전 지구화의 과정에 대한 단종론적單種論的 입장, 즉 그것을 서구화 · 동질화 · 근대화로 요약되는 협소하고 평면적인 과정으로 파악하는 견해에 맞서는 혼종론混種論의 대안적 모델로 받아들여질 만하다(로버트슨에 따르면, 세계화 문제를 두고 단종론자homogenizer와 혼종론자heterogenizer들이 대립한다. 전자에 사회

22 시간 경험의 혼합성은 혼종성의 중요한 차원 중 하나다. 전근대성, 근대성, 탈근대성이 공존하고 산재하는 이런 상황은 전 지구화 시대 제3세계 문화의 일반적 특징을 이룬다. Jan Nederveen Pieterse, "Globalization as Hybridization," Featherstone, Lash, & Robertson(eds), *Global Modernities*, p.51.

23 Lotman, *Universe of The Mind*, pp.126-127.

학자 기든스를 비롯한 마르크시스트, 기능주의자들이 속한다면, 후자에는 사이드, 바바Homi K. Bhabha, 홀Stuart Hall 등이 속한다).[24] 무수한 (내적) 경계로 이루어진, 이질적 언어들의 소통과 번역의 장인 기호계는, 전 지구화의 복잡하고 모순적인 과정이 그러하듯이, 부분(지역)과 전체(세계) 양쪽으로 동시에 진행되는 운동의 장이다. 그것은 통일과 통합을 구축할 뿐 아니라 끊임없는 차이와 분열을 만들어 내는 기제인 것이다.

하지만 기호계의 내적인 이질성과 지구화 과정의 복합적인 혼종성이 그것의 내부 공간을 규정하는 실질적인 힘의 질서와 권력의 위계 문제를 무화시키는 것은 결코 아니다. 지구화 과정에 대한 문화론적 시각은 그 과정 속에 엄연히 상존하는 정치적 · 경제적 불균등의 문제를 비껴갈 수 없다. "제3세계 안에도 부富의 제1세계가 존재하고, 제1세계 안에도 빈곤의 제3세계가 존재한다"는 사실이 곧바로 우리가 이제는 "아무데도 중심이 존재하지 않으며 동시에 모든 곳에 존재하는" 그런 체제 속에 살고 있음을 뜻하지는 않는 것이다. 중심과 주변의 대립은 (탈중심화된 전 지구적 제국 안에서) 극복된 것이 아니라 오히려 더욱 복잡해졌을 뿐이라는 비판은 이런 점에서 온당한 것이다. 예컨대, 네그리와 하트의 제국론을 엄연히 상존하는 중심-주변 대립과 불평등을 허구적으로 은폐하는 미국식 자유주의로의 투항 담론으로 비판하는 아민Samir Amin에 따르면, "인류의 미래를 좌우할 가장 중요한 싸움, 즉 지배 자본인 북north과 지구 인구의 85퍼센트를 차지하면서도 삼국 동맹이 추구하는 제국주의 프로젝트의 희생양이 되고 있는 남south 사이의 싸움"은 여전히 진행 중이다.[25]

기호계의 두 번째 특성은 내부 구조의 비대칭성이다. 로트만에 따르면

24 Robertson, *Global Modernities*, p.4.

25 Samir Amin, "Empire and Multitude," *Monthly Review*, vol.57, no.6, 2005. http://www.monthlyreview.org/1105amin.htm

"기호계의 구조는 비대칭적이다."[26] 기호계를 구성하는 상이한 언어들은 서로 비대칭적인바, 그 언어들 간의 상호 번역을 정보의 발생기로 만드는 것은 바로 그것들 사이의 비대칭성이다. 그런데 이런 비대칭성이 무엇보다 명백하게 드러나는 것은 다름 아닌 기호계의 '중심centre'과 '주변periphery'에서이다. 기호계의 중심과 주변에서 벌어지는 역동적인 메커니즘에 관한 사유, 이른바 중심-주변 관계에 관한 로트만의 모델은 기호계와 관련된 논의에서 가장 흥미로운 부분이다.

그렇다면 기호계의 '중심'에는 무엇이 자리하는가? 기호계의 '중심'에는 구조적 조직화의 관점에서 "가장 발달된 언어"가 자리한다. 이런 언어의 가장 뚜렷한 예는 자연 언어인 바, 기호계에 잠기지 않은 상태에서 어떤 언어도 온전히 기능할 수 없듯이, 일찍이 벤베니스트Emile Benveniste가 말한 "구조적 핵으로서의 자연 언어"를 자신의 '중심'에 갖지 않는 기호계란 있을 수 없다. 이와 같은 중심적 구조는 그것이 체계 전체의 통합적 조직화에서 주도적인 기능을 담당하기 때문에 반드시 필요하다. 그렇다면 이런 구조적 조직화는 언제, 어떻게 일어나는가?

기호학적 체계의 구조적 조직화는 "그것이 스스로를 기술할 때" 최고조에 이른다. 체계가 그 자신을 기술하기 시작하는 단계, 이는 해당 체계의 "문법이 씌어지는 단계이며 관습과 법률이 코드화되는 시기"이다. 문화사에서, 흔히 이런 자기 기술은 지방어가 보편어가 되는 경우, 그러니까 문화사의 일정 국면에서 문화 내의 특정한 하위 그룹이 돌출되어 해당 문화 자체의 기술을 위한 메타 언어가 되는 경우에 해당한다. 가령, 르네상스기에 피렌체 지방의 방언이 이탈리아 전체의 문학어로 대두된 것, 로마의 법 규범이 전체 제국을 위한 규범이 된 것, 루이 14세 시대의 궁중

26 Lotman, *Universe of The Mind*, p.127.

에티켓이 전 유럽적 궁중 에티켓이 된 것 등이 그 예이다. 로트만에 따르면, "우리가 언어를 다루건 정치나 문화를 다루건 메커니즘은 모두 같다. 기호계의 한 부분[……]이 자기 기술의 과정에서 그 자신의 문법을 만든다. [……] 그리고 나서 이 규범들을 기호계의 전 영역으로 확장시키려 애쓰는 것이다."[27] 물론 이런 확장은 완벽하게 이루어지지 않는다. 언어의 문법적 자기 기술 내에서 아무리 명확하게 정의된다 하더라도 세미오시스semiosis의 실제 안에서 언어들은 부식되고 각종 전이적 형식들transitional forms로 가득 차 있기 마련이다."[28]

그렇다면, 이런 확장의 대상 영역인 기호계의 '주변'에서는 어떤 일들이 벌어지는가? 기호계의 중심, 즉 세미오시스의 메타 차원으로부터 동떨어진 그곳에는 생생하고 구체적인 '일상적 현실'이 자리한다. 구체적이고 일상적인 이 현실은 메타 차원의 조직화된 중심이 부여하는 규범적 언어와 '충돌'하게 된다. 실제의 기호학적 환경에서 태어난 유기적인 창조물들이 중심이 제시하는 인공적인 규범들과 대립하게 되는 것이다. 로트만의 표현을 빌면, 만일 "중심에 '우리의' 언어가 있다면, 주변부에서 그 언어는 그 아래에 놓인 기호학적 현실을 온전히 반영하지 못하는 '다른 누군가'의 언어로 여겨진다. 말하자면 그것은 마치 외국어의 문법처럼 여겨지는 것이다."[29]

중심의 언어가 외국어로 느껴지는 상황, 이는 결국 뒤집어 말하면 주변부의 현실이 자신을 표현할 언어를 갖지 못함을 뜻하는 것이다. 체계의 주변부가 중심의 언어로부터 멀어져 타자화되는 과정, 더 정확히 말해 권력의 메커니즘이 특정한 집단이나 담론을 주변화함으로써 효과적으로

27 *Ibid.*, pp.124, 128.
28 *Ibid.*, p.124.
29 *Ibid.*, p.134.

'배제'하는 원리는 사회학자 푸코Michel Foucault의 핵심적인 관심사였다. 로트만 역시 체계의 자기 조직화에 매우 본질적인 하나의 측면으로서 주변의 '비존재화'를 지적하고 있다.

그에 따르면, 자기 조직화가 진전되는 과정에서, 체계의 일정 부분이 (자기 기술의 해당 프리즘을 통해 봤을 때) '마치 존재하지 않는 것처럼' 여겨질 수 있다. 이는 주어진 메타 언어의 관점에서 봤을 때 주변적이라 할 문화적 현상들의 특정 층위가 해당 문화의 이상적 자화상과 아무런 관련을 맺지 않게 된 상태를 말하는데, 그것은 마치 '존재하지 않는 것non-existent'처럼 간주되는 것이다. 문화적 주변에서 '실제로 일어난' 어떤 일이 마치 '존재하지 않는 것'처럼 간주되면서 완벽하게 '배제'되는 이런 상황이 어떻게 가능할까?

로트만의 예에 따르면, 작가 앙드레 르 샤플랭Andreas le Chapelain은 중세풍 서적 『사랑론*De amore*』에서 연인에 대한 충성, 침묵, 헌신적 봉사, 순결, 예의 따위의 기준을 설정함으로써, 궁정식 사랑을 신중하게 코드화한 바 있다. 그런데 이 작가는 독자에게 "농부 아가씨들의 경우에는 설사 폭력에 의존했다 할지라도 자신의 행위를 부끄러워할 필요가 없다"고 충고했던 것이다. 이런 충고는 쉽게 해명될 수 있는데, 『사랑론』을 쓴 작가의 견해에 따르면, 시골 농부 처녀는 오직 '자연적 사랑'에만 해당되기 때문에 궁정식 사랑의 영역 내에서 그녀는 마치 존재하지 않는 것과 같았던 것이다. 그러므로 이런 유형의 인간을 대상으로 하는 행위 역시 (비록 그것이 강간에 해당한다 하더라도) 마찬가지로 존재하지 않는 것으로 간주될 수 있었던 것이다.[30]

여기서 흥미로운 것은 체계 내의 특정 부분(주변)이 배제되어 '비존재

30 로트만, 『기호계』, 186-187쪽.

화(유령화)'되고 있을 뿐만 아니라 그 '존재하지 않는 자'를 상대로 한 행위 (가령 강간) 또한 마찬가지로 존재하지 않는 것으로 간주되고 있다는 점이다. 체계의 바깥에 놓여 있기보다는 오히려 체계의 문법에 의해 '유기되어 있는abandoned' 상태, 이와 같은 비존재화의 예는 자연스럽게 '배제된 인간 삶의 조건'에 대한 아감벤Giorgio Agamben의 성찰을 떠올리게 한다. 이른바 '호모 사케르*Homo sacer*' 개념으로 대변되는 '내부적 타자'의 상황이 바로 그것인데, 법질서로부터 최대한 배제된 인간 삶의 형태, 아감벤이 '예외 상태'라 부른 이 삶의 상황은 주지하듯이 "노모스Nomos의 외부에 위치하는 것이 아니라 반대로 [……] 모든 의미에서 근본적이라고 할 계기로서 노모스 속에 포함된다."[31] 즉 여기서 말하는 "예외 상태"는 내/외부의 경계짓기를 통해 외재화된 상태가 아니라 일종의 "포함적 배제"의 상태로 내부화되어 있는 것이다. 그것은, 체계 내에 존재하지만 실은 존재하지 않는 것과 같은, 즉 포함되지만 사실상 배제되어 있는 타자로서, 이런 '예외적' 실존은 역으로 체계(주권 권력) 자체의 진짜 본질을 (체현하면서 동시에) 폭로하게 되는 것이다. 즉 "실제로 발생함에도 불구하고, 주어진 문화 체계에 의해 '존재하지 않는 것'으로 간주되는 것들의 목록은 해당 체계를 유형학적으로 기술하는 데에 본질적이다."[32]

하지만 로트만이 말하는 기호계의 '주변'이란 결코 이런 극단적인 '내던져짐(유기)의 상태'만을 의미하지 않는다. 중심의 언어로부터 이탈된 상황, 중심이 제시하는 규범적 언어를 외국어로 느끼게 되는 상황은 동시에 바로 그 주변부로부터 새로운 가능성, 새로운 언어가 생겨나게 되는 전제 조건이 된다. 중심부의 자기 기술이 주변부를 부정함으로써 그것을

31 조르조 아감벤, 『호모 사케르-주권권력과 벌거벗은 생명』, 박진우 옮김, 새물결, 2008, 96쪽.
32 Lotman, *Universe of The Mind*, p.129.

비존재의 층위로 번역하게 된다는 점과 함께 또 한 가지 명백한 사실은 기호학적 공간 안에서 조직화의 정도는 균등하게 배치되지 않는다는 점이다. 즉 조직화의 엄격성은 중심에서 주변부로 갈수록 반드시 '약화'되는 바, '새로운' 언어가 존재하게 되는 갱신과 창조의 영역은 반드시 주변부가 될 수밖에 없는 것이다.

> 이 '주변부'는 기호학적 역동성의 영역이다. 이것은 새로운 언어들이 생겨나는 긴장의 장이다. 예컨대, 이미 지적되었듯이, 예술에서 주변적 장르들은 문화의 중심에 자리한 것들에 비해 더 혁명적이다. 그것들은 더 큰 특권을 누리며 동시대인들에게 진정한 예술로 인식된다. 20세기 후반은 문화의 주변적 marginal 형식들의 공격적인 융기를 목격했다. [……] [영화는] 장터의 구경거리에서 출발해 [……] 중심적인 예술 형식이 되었다. [……] '반역적인 가장자리'로서 삶을 시작했던 아방가르드는 시대 전체에 자신의 법칙을 지시하고 전체 기호계에 자신의 색깔을 부여하는 중심의 현상이 되었던 것이다.[33]

사실 체계의 주변이 갖는 유연성과 그로 인한 창조적인 잠재력은 문화와 예술의 사례에만 국한된 것이 아니다. 중심-주변의 지정학을 세계사적 차원에서 파악해 보면 매우 흥미로운 법칙성을 도출할 수 있는데, 가령 아민에 따르면 고대 그리스는 당대의 중심이었던 선진국 이집트의 '주변'에 위치한 섬나라였기 때문에 찬란한 문화를 꽃피울 수 있었던 것이다. 예컨대 이집트 같은 제국은 이미 완성되어 있었기 때문에 경직되고 정체된 데 비해, 미완성인 반도국가 그리스는 그 주변부에 있었기 때문에 유연하고 자유롭게 문화를 발전시킬 수 있었다는 것이다(이집트와 그리스

33 *Ibid.*, p.134.

의 유사한 관계는 로마제국과 그 주변인 서유럽의 관계, 서유럽 대륙의 제국과 주변의 섬나라인 영국, 더 나아가 중국 제국과 주변의 섬나라인 일본의 관계에서도 찾아볼 수 있다).[34]

결국 로트만의 기호계를 중심과 주변이 경쟁하는 비대칭적 패러다임으로 볼 수 있다면, "담론이 격돌하는 장소, 즉흥성과 갱신이 발생하는 곳, 무질서와 다수성, 그리고 변화가 생겨나는 곳은 다름 아닌 주변이다. 모든 특수하고 모호한 것, 예측하기 힘들고 변화무쌍한 텍스트가 창조되는 장소는 바로 주변인 것이다."[35] 주변, "일상적 삶"의 처소이자 "기호계의 낡아빠진 가장자리ragged edges"[36]인 그곳에서 중심을 대체할 미래의 동력이 생성된다. 그렇다면 중심과 주변의 이와 같은 동역학은 경계의 기호학적 개념과 그 메커니즘에 어떤 새로운 통찰을 부여해 줄 수 있는가? 이른바 '주변적' 경계는 체계의 내부와 외부를 대립적으로 분할하는 기존의 경계와 어떻게 다른가?

4. 기호계의 경계: 이중 언어적 교환의 메커니즘

분명히 강조할 것은 기호계의 '주변'이란 사실상 문화적 변경 지대frontier에 다름 아니라는 점이다. 앞서 지적했듯이, 기호계는 그것의 내부를 외부로부터 분리시키는 '1차적 경계' 이외에도 그 내부를 채우고 있는 수많은 '내적 경계'로 가득 차 있다. 사실상 이는 기호계가 무수한 '기호

34 사미르 아민, 『유럽 중심주의』, 김용규 옮김, 세종출판사, 2000. 25-34쪽.

35 A. Schönle, "The Self, Its Bubbles, and Its Illusions," Andreas Schönle(ed.), *Lotman and Cultural Studies-Encounters and Extensions*, University of Wisconsin Press, 2006, p.192.

36 Jonathan H. Bolton, "Writing in a Polluted Semiosphere-Everyday Life in Lotman, Foucault, and de Certeau," Schönle(ed.), *Lotman and Cultural Studies*, p.324.

학적 나ı들', 즉 더 작은 규모의 '기호계들'을 내부에 포함하는 커다란 '기호계들의 복합체'로서 나타난다는 것을 뜻한다.[37] 그렇다면 기호계 내부에서 체계의 주변이란 당연히 해당 체계가 인접하고 있는 또 다른 체계와의 '경계' 지대가 될 수밖에 없다. 모든 기호계는 반드시 또 다른 기호계와 접촉하고 있기에, 사실상 체계의 주변이란 그것의 한계 영역, 즉 외부(타자)의 항시적인 영향과 침투에 노출되어 있는 경계 지대일 수밖에 없는 것이다.

경계로서의 주변은, 그래서 중심으로부터 소외된 채 버려진 공간이 아니라 체계의 바깥과 관계하는 영역, 외부의 새로움을 먼저 접하는 장소, 체제 내적이지 않은 변화의 시발점이 되는 장소가 될 수 있다. 또한 바로 그런 이유로 기호계의 경계 지대는

> 기호학적 적극성이 최고조에 달한 곳이다. 바로 그곳에서 다수의 '메타포적 번역'의 메커니즘이 작동하고 있을 뿐 아니라 양 방향으로 펌프질을 하고 있는 변형된 텍스트들이 기능하고 있다. 그리고 바로 그곳에서 새로운 텍스트가 격렬하게 생성된다. [……] 위대한 제국(가령, 로마제국)이 내부의 문화 발생 메커니즘을 거의 다 소진했을 때, 다름 아닌 그 경계 지대에서 문화적 적극성이 증대하는 경우가 이에 대한 예가 될 수 있다. 로마의 이방인화와 이방인의 로마화가 동시에 일어났던 것, 이는 우리 앞에 놓인 것이 일방적인 수용의 과정이 아니라 복잡하게 약동하는 대화의 과정이라는 점을 보여주는 확실한 증거이다.[38]

37 Ю. М. Лотман. "О семиосфере," p.17. 로트만은 다른 곳에서 스스로 총체이자 총체의 부분을 이루는 이런 이중적 상황을 라이프니츠Gottfried W. von Leibniz의 단자monad 개념에 빗대 해명하고자 시도했다. 이에 대해서는 로트만, 『기호계』, 314-331쪽을 참조.

38 로트만, 『기호계』, 330쪽.

요컨대 기호계의 경계들, 그것은 기호학적 과정의 가장 뜨거운 지점이다. 경계는 언제나 변경을 맞댄 두 문화, 인접한 두 기호계 모두에 속하며, 이 점에서 본질상 "이중 언어적이고 복수 언어적이다."[39] 기호계라는 추상적 공간이 지니는 경계 개념은 '내/외적 공간 모두에 동시적으로 속해 있는 일련의 점'을 경계로 간주하는 수학적 의미의 경계나 혹은 '선택과 거부의 메커니즘을 통해 유기체의 외적 자극을 자신에게 맞는 생화학적 구조로 변형해 섭취하는 생물학적 여과기filter'와 유사하다. 말하자면 그것은 "외적 전언을 특정한 기호계의 내적 언어로 번역하거나 혹은 그 반대로 번역하는 이중 언어적 메커니즘"[40]인 것이다.

그렇기 때문에 이 양면적인 이중 언어의 공간에서 작동하는 언어는 원칙적으로 모순어법oxymoron이 될 수밖에 없다. 키예프Kiev 시기 러시아의 국경 지대에 정착했던 유목민들—이들은 러시아령 국경지에 정착해 농사꾼이 되었는데, 러시아 제후들과 동맹하여 유목민 동족에 맞선 군사 행동에 참여하기도 했다—을 부르는 형용 모순적인 이름인 "우리의 이교도pogany"는 이런 경계의 상황을 잘 요약해 준다. 나(의 것)이면서 남(의 것)이기도 한, 어쩌면 나(의 것)도 남(의 것)도 아닌 예외적인 이중성의 지대, 바로 그것이 '경계'인 것이다.

한편 경계 지대에서 작동하는 이런 '이중 언어적 메커니즘'은 타자와의 만남, 넓게는 외부 문화와의 접촉 문제에서 흥미로운 시사점을 제공할 수 있다. 타자 혹은 낯선 외부와 소통하려면 문화가 자신의 내부 세계에 외부의 이미지를 '통합'해야만 하는데, 이를 위해서는 타자나 외부가 내부의 언어를 통해 표상(이미지화)될 필요가 있다. 그러나 분명 소통의 용이

39 Lotman, *Universe of The Mind*, p.137.
40 Ю. М. Лотман, "О семиосфере," *Избранные статьи*, Таллинн, 1992, p.13.

함에 복무하게 될 이 과정은 로트만에 따르면, 치명적인 모순을 안고 있다. 타자에 대한 내적 이미지를 만들어 내는 이런 재현의 과정은 "외적 대상이 지니는 특정 측면, 흔히 자극체로서 그것이 갖고 있는 가장 가치 있는 자질들을 불가피하게 희생시키게 되는 것이다."[41] 주지하다시피 바로 이런 모순, 즉 타자를 수용하고 그와 적극적 관계를 맺는 일 자체가 이미 타자의 타자성을 부정함으로써만(즉 동일자의 의지에 따라 전유함으로써만) 가능해진다는 역설로부터 여하한 종류의 통합이나 대상화에 대한 원칙적인 거부의 태도, 이른바 '환대의 윤리'가 대두한다. 마치 '메시아처럼 오는' 타자를 향한 레비나스Emmanuel Levinas나 데리다Jacques Derrida 식의 환대, 타인의 고통에 대한 '무한 책임'과 '응답'의 윤리를 강조하는 입장은 타자를 향한 적대적 공포의 태도와 완전히 반대되는 것이지만, 역설적이게도 그것과 닮아 있다. 후자가 타자의 이질성을 극단화함으로써 타자를 외부에 가둔다면, 전자는 '타자의 타자성'을 (그 어떤 재현 및 전유도 불가능한 것으로서) '절대화'함으로써 그것과의 실천적 접속을 차단하는 것이다. 반면, 이런 딜레마 상황에서 로트만이 강조하는 것은 경계적 형상, 즉 '이중적' 이미지 자체의 필수불가결성이다. 그것은 문화의 내적 언어로 번역됨으로써 더 이상 '낯설지' 않게 되는 동시에 (문화의 내적 언어로 번역되지 않는) '낯선 것'으로서 남아 있을 수 있어야만 한다. 바로 그것이 모순적 형상, 앞서 말한 '우리의 이교도'인 것이다. 로트만에 따르면, 바이런George Gordon Byron이라는 영국 시인이 러시아 문화에 들어오기 위해서는 문화적인 대역, 즉 러시아와 영국 문화 모두에 접해 있는 '러시아의 바이런'(이는 모순어법이다)이 반드시 필요했다. 즉 그는 '러시아인'이 되어 러시아 문학의 내적 과정에 유기적으로 포함되어야 하

41 로트만, 『기호계』, 289-290쪽.

지만 동시에 러시아 문학의 맥락 속에서 온전히 '기능'하기 위해서 반드시 (낯선) '영국'의 시인으로서 경험되어야만 했던 것이다. "개별 텍스트나 작가뿐 아니라 전체 문화들도 문화적 접촉이 가능해지기 위해 마치 이중 언어 사전과도 같은, 이런 이미지-등가물을 필요로 한다."[42]

중요한 것은 이런 모순적인 이미지-등가물을 통한 번역과 교환이 결코 일방적인 통합이나 수용의 과정이 될 수 없다는 점이다. 커뮤니케이션의 '수단'이자 동시에 '장애물'로 작용하는 이 모순적인 형상, 이 문화적인 '이중 언어 번역기'를 거쳐서 결국 생겨나게 되는 것은, 코이네koine를 향한 끊임없는 추구 속에서 만들어지는 각종 '혼합어의creolized 체계들'[43]이다. 그것은 일방적인 주입이 아닌 '약동하는 대화'의 과정이기에, "로마의 이방인화와 이방인의 로마화"는 반드시 동시에 발생할 수밖에 없는 것이다. 문화의 상호 작용에 관한 로트만의 사유를 '탈식민주의 이론postcolonial theory'의 체계에 적용할 가능성은 바로 이 지점에 있다. '주변'에 해당하는 수용 문화 내에서 발생하는 적극적인 재코드화recoding의 창조적/전복적 가능성을 강조하는 그의 입장은 분명 문화의 크레올화creolization를 이론화하기에 적합한 틀을 제공한다.[44]

지금까지 살펴본 바대로, 초기의 '문화유형학'에서 후기의 '기호계' 개념에 이르는 로트만 문화기호학의 발전 과정은 "기호학적 차별화의 가장 기초적인 메커니즘"이라 할 경계 개념을 둘러싼 다면적인 성찰과 뗄 수 없이 연관되어 있다. 로트만의 경계 개념은 나와 남, 우리와 그들을 가르는 '대립적 분할'의 원리로부터 창조적 변형과 혼종성을 가정하는 '이중

42 Lotman, *Universe of The Mind*, p.137.
43 *Ibid.*, p.142.
44 이에 관해서는 Schönle, 앞의 책, pp.195-197을 참조.

언어적인 교환의 메커니즘'에까지 걸쳐 있다. 이 넓고 풍부한 지대를 탐색하는 과정에서 자연스럽게 드러나는 것은 체계의 '사이 공간in between'에서 발생하는 그 어떤 '섞임'의 불가피성, 그리고 그런 한계marginal 지점들에서 만들어지는 온갖 '혼종'들이 지니는 역설적인 힘이다.

그렇다면 우리는 서둘러 경계의 극복과 소멸을 말하기에 앞서서 그것을 '다르게' 사유하는 법에 대해 더 많이 생각해야 할 것이다. 요컨대, 경계를 그저 넘는 것이 아니라 그것을 온전히 '타고 넘는' 일이 중요하다. 온전한 나도, 온전한 너도 아닌 (혹은 그 둘 다이기도 한) 어떤 '사이' 지대, 기호학적 적극성의 최대치가 발휘되는 이 '예외적인 모호성의 지대'가 지닐 수 있는 특별한 잠재력에 관해, 우리는 좀 더 적극적으로 사유할 필요가 있다.

모든 종류의 '탈脫'의 기획은 그것이 벗어나고자 하는 어떤 것에 물려 있다. 어쩌면 탈의 몸짓이 갖는 진정성이란 이 '물림'의 상황을 직시直視하고자 하는 태도에 달려 있을 것이다. 탈경계를 기획하는 첫걸음은 경계 자체에 대한 치열한 '되묻기'가 되어야만 한다.

참고 문헌

고진, 가라타니, 『은유로서의 건축』, 김재희 옮김, 한나래, 1998.

김수환, 「유리 로트만 기호학에 있어서 '공간'의 문제」, 『기호학연구』 11집, 2002.

_____, 「로트만의 문화기호학 : 구조적 대립에서 비대칭적 대화로」, 『기호학연구』 16집, 2004.

네그리, 안토니오 · 마이클 하트, 『제국』, 윤수종 옮김, 이학사, 2001.

로트만, 유리, 『기호계』, 김수환 옮김, 문학과지성사, 2008.

아감벤, 조르조, 『호모 사케르: 주권 권력과 벌거벗은 생명』, 박진우 옮김, 새물결, 2008.

아민, 사미르, 『유럽 중심주의』, 김용규 옮김, 세종출판사, 2000.

지젝, 슬라보예, 『전체주의가 어쨌다구?』, 한보희 옮김, 새물결, 2008.

커니, 리처드, 『이방인, 신, 괴물: 타자성 개념에 대한 도전적 고찰』, 이지영 옮김, 개마고원, 2004.

톰린슨, 존, 『세계화와 문화』, 김승현 옮김, 나남, 2004.

Лотман Ю. М., *Структура художественного текста*. М. 1970.

Лотман Ю. М., *Избранные статьи*. Таллинн. 1992.

Лотман Ю. М., *Семиосфера*. СПб, 2002.

Lotman, Yuri, *Universe of The Mind*, Indiana University Press, 1990.

Pieterse, Jan Nederveen, "Globalization as Hybridization," Mike Featherstone, Scott Lash, & Roland Robertson(eds.), *Global Modernites*, Sage Publications, 1995.

Robertson, Roland, "Globalization: Time-Space and Homogeniety-Heterogeneity," Mike Featherstone, Scott Lash, & Roland Robertson(eds.), *Global Modernites*, Sage Publications, 1995.

Samir, Amin, "Empire and Multitude," *Monthly Review*, vol.57, no.6 http://www.monthlyreview.org/1105amin.htm

Schönle, Andreas(ed.), *Lotman and Cultural Studies-Encounters and Extensions*, University of Wisconsin Press, 2006.

| 찾아보기 |

경계 5-6, 10-9, 25, 34, 81, 174, 176, 180, 209, 215-6, 220, 224-5, 233-5, 239, 244, 267, 272-97

고탄다Neil T. Gothanda 210, 213

공동체주의 122, 132, 143-5

괴테Johann W. von Goethe 153, 167, 239-40, 247

구티에레즈Gustavo Gutierrez 27

국제 혼인 이주 여성 12-3, 59-60, 63, 77, 82-3

기독교적 선한 문화 48

기든스Anthony Giddens 55, 117-8, 140-1, 144-5, 286

『기호계*Semiosphere*』 18, 275-94, 296

김Daniel Y. Kim 229

나카니시Don T. Nakanishi 227

네그리Antonio Negri 127-9, 146, 273, 280, 286, 297

『네이티브 스피커*Native Speaker*』 17, 215, 224-32

네트워크 효과 91

네트워킹 선교 24

노퍼Tamara K. Nopper 220-3

다문화주의 14-5, 78-82, 84-5, 117, 119-39, 143-6

다문화주의 시민권 122

다인종 권리 121

단일민족 담론 205

대각성운동 38

데리다Jacques Derrida 295

데이비스Mike Davis 25

도시 중산층 개신교 신자 12, 23, 25, 30, 53

독점가격 105, 109

동화주의 120

디지털 정보상품 12-4, 86, 88, 91-110

디트마Julius Dittmar 243-7, 254, 256, 263

래쉬Scott Lash 144

레비나스Emmdnuel Levinas 295

레싱Gotthold E. Lessing 149
로버트슨Roland Robertson 118, 146, 285
로우Lisa Lowe 210, 212, 217
로트만Yuri Mikhilovich Lotman 18-9, 275-93, 295-8
리David Leiwei Li 210, 215, 217-8, 225
린드그렌James Lindgren 218-20

마르크스Erich Marckes 156
만Thomas Mann 155, 160
만리장성 17-8, 238-9, 243-4, 246-7, 250-64, 266-7
맑스Karl Marx 87, 96-109, 281
맥고완Miranda O. McGowan 218-20
맥킨타이어Alasdair MacIntyre 122
모범 소수민족model minority 17, 215-26, 234
모스George L. Mosse 148
무페Chantal Mouffe 15, 137-41, 146
문화유형론 275-82
미국 주도문화America dominant culture 17, 209, 216, 224
민족대동단결론 205
민족 신화 15, 150-1, 167
민족 정체성의 형성 과정 16
민족주의 영화 158
밀러Donald E. Miller 40-1

바이마르 공화국 15, 148, 151, 156, 159, 162-3, 166, 169, 172-5, 178
배리언H. R. Varian 101-2, 108
버거Peter Berger 38
베르나츠키Vladimir Ivanovich Vernadsky 280
베버Max Weber 46-7
벡Ulich Beck 132, 140-1, 144-6
벤베니스트Emile Benveniste 287
벤하비브Seyla Benhabib 144
복합연계성 283
볼렌베르크Hans Wollenberg 164
비대칭성asymmetry 18, 275, 282, 286-7

사실과 상상의 공간 250, 253
사이드Edward W. Said 241, 286
사회통합 76-7
상호문화 80-1, 267
상호문화주의 13, 59, 77-8, 80-3
샌들Michael Sandel 122
샤피로C. Shapiro 101-2, 108
슈미트Carl Schmitt 137, 279, 281
신복음주의운동 39

아감벤Giorgio Agamben 290, 298
아른트Ernst M. Arndt 152
아민Samir Amin 286, 291, 293
아시아계 미국인 17, 214-5, 217-9, 221
알리Tariq Ali 50
앤더슨Benedict Anderson 209
연구개발노동 87-8, 92-111
열정의 정치학 139

영화전쟁 162, 172
오리엔탈리즘 17-8, 238-9, 241-6, 253-6, 263, 266, 268-9
오크쇼트Michael Oakeshott 141
왈쩌Michael Walzer 121
우드나우Robert Wuthnow 44
우익 민족담론 180-206
이민법 127, 209-10, 212-5, 233-4
이주 12-3, 33, 48, 58-66, 71-2, 75-9, 82-5, 119-20, 126-9, 146, 210-2, 216, 228-30, 233, 273-4
이질성heterogeniety 18, 50, 281-2, 284, 286, 295
이창래Chang-rae Lee 17, 215, 224, 226, 229-30, 232, 234
인정의 정치학 78, 122-3
일민주의 195-6

자본주의적 가치 53
자치권 121
장Edward T. Chang 214, 220, 323
정보상품 90
정보재 가치논쟁 86, 90-1, 107
지적 재산권 14, 95, 103-4, 106-11
지젝Slavoj Žižek 130-2, 140, 281, 298

초교파적 교회운동 37, 41, 52

카프카Franz Kafka 17-8, 238-9, 243, 246-50, 253-7, 260, 263-9
칸트Immanuel Kant 149, 243
코저Reinhold Koser 155-6
크라카우어Siegfried Kracauer 163, 165, 174
클라크J. J. Clark 239, 241
키플링Rudyard Kipling 239-40
킴리카Will Kymlicka 78, 121-2, 124-7, 132

테일러Charles Taylor 78, 122-4, 144, 146
특별대표권 121

파레크Bhikhu Parekh 125
팔웰Jerry Falwell 39
평균원리 94-5, 100, 106
푸코Michel Foucault 238, 289
프리드리히 대왕 15, 148-68, 172-7

하버마스Jürgen Habermas 135, 138-9, 146
하워드John Howard 126
하트Michael Hardt 127-9, 146, 273, 280, 286, 297
헌터James Hunter 50
혼합 시간성 285
황색위험 211, 217-8, 231

90년대형 교회 24-5, 29, 33, 35-8, 43-8, 50-4
L.A. 폭동L.A. riot 17, 215, 220-4, 226-7, 229-30, 234

| 저자 소개 |

백소영 : 이화여자대학교와 대학원에서 기독교학을 전공하고 미국 보스턴대학교 신학대학원에서 기독교사회윤리학을 전공했다. 한국 무無교회 운동에 대한 박사학위 논문 이래 주된 관심 영역은 공동체운동으로서의 현대 교회의 특성 연구이다. 현재 이화여대 이화인문과학원 지구지역성 분과의 HK연구교수로, 지구화 시대 한국 현대 교회의 지역적 반응 양상 분석과 대안 모색을 고민 중이다. 주요 저서로 『우리의 사랑이 의롭기 위하여 : 한국 교회가 무교회로부터 배워야 할 것들』, 『씨알 · 생명 · 평화』(공저) 등이 있다.

차옥숭 : 독일 프랑크푸르트대학에서 종교학으로 철학박사 학위를 받았다. 저서로 『한국인의 종교 경험 : 巫敎』, 『한국인의 종교 경험 : 천도교, 대종교』, 『한국인의 종교 경험 : 증산교, 원불교』, 『한국 생명사상의 뿌리』(공저), 역서로 『오늘날의 신학이란 무엇인가?』 등이 있다. 한일장신대 교수를 역임했으며, 현재 이화여대 HK연구교수로 이주, 생태, 종교 관련 연구를 하고 있다.

강성윤 : 서울대학교와 대학원에서 맑스주의 경제학을 전공하고 「소프트웨어의 가치와 가격에 대한 연구」로 박사학위를 받았다. 현재 이화여대 한국문화연구원 HK연구교수로 정보혁명이 초래한 자본주의의 변화가 신자유주의 세계화에 미치는 영향에 대한 연구를 하고 있다.

진은영 : 이화여자대학교와 대학원에서 서양철학을 전공하고 「니체와 차이의 철학」으로 박사학위를 받았다. 저서로 『순수이성비판, 이성을 법정에 세우다』, 『니체의 영원회귀와 차이의 철학』 등이 있다. 현재 이화여대 이화인문과학원 HK연구교수로 지구지역성 관련 연구를 하고 있다.

고유경 : 이화여자대학교와 대학원에서 서양사를 전공하고, 독일 튀빙겐대학에서 바이마르 공화국 시기 노동자 문화운동 연구로 박사학위를 받았다. 저서로 *Zwischen Bildung und Propaganda. Laientheater und Film der Stuttgarter Arbeiterkulturbewegung zur Zeit der Weimarer Republik*, 『서양문화사 깊이 읽기』(공저), 역서로 『부르주아 전』 등이 있다. 현재 이화여자대학교 한국문화연구원 HK연구교수로 재직 중이다.

김수자 : 이화여자대학교와 대학원에서 한국현대사를 전공하고 「대한민국 정부 수립 초 이승만의 권력기반 강화과정 연구」로 박사학위를 받았다. 저서와 역서로는 『이승만의 집권 초기 권력기반 연구』, 『한국 근현대 대외관계사의 재조명』(공저), 『현대 정치사상의 파노라마』(공역) 등이 있다. 대표 논문으로는 「이승만의 일민주의의 제창과 논리」, 「1948~1953년 이승만의 권력 강화와 국민회 활용」, 「대한민국정부 수립 직후 민족주의와 반공주의의 형성 과정」 등이 있다. 현재 이화여대 탈경계인문학연구단의 HK교수로 지구지역성 관련 연구를 하고 있다.

이선주 : 이화여자대학교와 대학원에서 영문학을 전공하고 「디킨즈의 소설에 나타난 근대성」으로 박사학위를 받았다. 저서로는 『디킨즈와 신분과 자본』이 있고 역서로는 I. A. 리처즈의 『문학비평의 원리』와 노라 옥자 켈러의 『여우소녀』가 있다. 현재 이화여대 이화인문과학원에서 HK연구교수로 지구지역성 관련 연구를 하고 있다.

김연수 : 이화여자대학교와 대학원에서 독문학을 전공하고, 독일 쾰른에서 우베 욘존의 역사소설 연구로 박사학위를 받았다. 저서로 *Modalität als Kategorie des modernen Erzählens. Uwe Johnsons Jahrestage im Diskursfeld zwischen Fiktion und Historie*, 역서로는 엘프리데 옐리네크의 『내쫓긴 아이들』, 하인리히 뵐의 『카타리나 블룸의 잃어버린 명예』가 있다. 현재 이화여자대학교 이화인문과학원 HK교수로 재직 중이다.

김수환 : 서울대학교와 대학원에서 러시아문학을 전공하고, 러시아 과학아카데미(학술원) 문학연구소에서 로트만의 문화기호학 이론으로 박사학위를 받았다. 저서로 『기호, 텍스트 그리고 삶』(공저), 역서로 『기호계』 등이 있다. 현재 이화여자대학교 이화인문과학원 HK교수로 재직 중이다.